Marianne J. Voelk

Daniel, mein jüdischer Bruder

Eine Freundschaft im Schatten
des Hakenkreuzes

BRUNNEN
Verlag GmbH · Giessen

Diese Geschichte beruht auf wahren Begebenheiten.
Verschiedene Schauplätze und Namen einzelner Personen
mussten jedoch geändert werden, um die Privatsphäre
zu schützen.

2. Auflage
1. Taschenbuchausgabe 2017
© 2016 Brunnen Verlag Gießen
www.brunnen-verlag.de
Umschlagfoto: FPG/Getty Images
Umschlaggestaltung: Wolfgang Staisch, ZERO Werbeagentur
Satz: Uhl + Massopust, Aalen
Druck: CPI – Ebner & Spiegel, Ulm
ISBN 978-3-7655-4315-9

Geleitwort

Wie kann in einer extrem judenfeindlichen Zeit wie der des Dritten Reiches eine Freundschaft zwischen einer christlichen und einer jüdischen Familie entstehen und bestehen bleiben?

Die Christin Ludwina und die Jüdin Mirjam freunden sich an, als Mirjam mit Ehemann und Stieftochter in der Nachbarsvilla einzieht, und bald werden die Männer in die freundschaftliche Beziehung integriert. Die Freunde nehmen einander wahr als das, was sie sind: als liebenswerte Menschen, und sie respektieren und schätzen sich gegenseitig.

Rosalie und der Nachbarsjunge Daniel werden 1933 im Jahr der Machtergreifung Hitlers geboren. Wie selbstverständlich schildert die Autorin, die sich später Marianne nannte, ihren Alltag, die Freundschaft zwischen den beiden Familien und deren Kindern, bis die nationalsozialistische Judenverfolgung immer stärker dieses Leben beeinträchtigt.

Die „Nürnberger Rassengesetze zum Schutz des Deutschen Blutes", welche Juden den Umgang mit „Ariern" unter Androhung empfindlicher Strafen untersagen, lassen die Familien jedoch Mittel und Wege finden, ihre Freundschaft weiterhin im Geheimen zu pflegen.

Von Kapitel zu Kapitel dramatischer nimmt die Autorin ihre Leser mit durch die Jahre der nationalsozialistischen Diktatur. Sie lässt uns die zunehmenden Schikanen gegen die jüdischen Freunde und das Grauen mit allem Schrecken, das ihnen widerfährt, wie auch ihre Hoffnung auf Rettung miterleben.

Marianne J. Voelk lässt ihre Leser daran teilhaben, wie der Krieg an der „Heimatfront" erlebt wurde. Aus eigenem Erleben als Kind beschreibt sie aufrüttelnd die Hilflosigkeit der Bevölkerung gegenüber dem Bombenterror und den täglichen Kampf ums Überleben. Man begegnet Menschen, denen man lieber aus dem Weg gehen würde, und wird doch auch Zeuge tiefer Mitmenschlichkeit.

Antisemitismus wird als gefährliche Dummheit entlarvt. Aus der Sicht des Mädchens Rosalie wird deutlich, wie unbegreiflich, widerwärtig und unsinnig die damalige Judenhetze war. Das Buch muntert dazu auf, anderen ohne Vorurteil zu begegnen und sie wahrzunehmen, wie sie sind.

Es ist erstaunlich, wie das der Autorin ohne moralischen Zeigefinger gelingt. Es reicht aus, dass sie diese berührende Geschichte erzählt. Sie kann dazu beitragen, dass die Erinnerung an die Schikanen und die Gräueltaten der Nazis im Dritten Reich im Bewusstsein der Deutschen nicht verloren gehen.

Das Buch ist ein packendes und ergreifendes Werk. Ich wünsche der Autorin und dem Buch viel Erfolg.

Dekan Christopher Krieghoff
Evangelischer Vorsitzender der Gesellschaft
für Christlich-Jüdische Zusammenarbeit Franken e.V.
in Nürnberg

Inhalt

Im Gedenken an meine geliebte Mutter,
die mich schon vor vielen Jahren dazu drängte,
unsere Geschichte aufzuschreiben.

1. Rosalie – das Glückskind

„Mein Gott, hat das Kind große Ohren und Füße", entschlüpfte es der Hebamme, als sie mich nach der Geburt an den Füßen hochhielt, um mir den obligatorischen Klaps auf den Po zu geben. Mein Vater erhob sich von seinem Platz neben Mutter, wo er während meiner Geburt gesessen und sie im Arm gehalten hatte. Er trat näher, begutachtete mich kritisch und nickte. „Stimmt!", lautete sein alarmierender Kommentar, der meine Mutter sofort in Tränen ausbrechen ließ, und ich leistete ihr sogleich lauthals mit kräftigem Schreien Gesellschaft.

Natürlich kann ich mich nicht wirklich an das Erlebnis meiner Geburt am Pfingstmontag im Juni 1933 erinnern, doch mein Vater und Oma Franzi mussten mir später, als ich größer war, von allen Ereignissen dieser Nacht und des folgenden Tages wieder und wieder jede Einzelheit erzählen, sodass sich in mir im Laufe der Zeit die feste Vorstellung entwickelte, ich hätte alles bewusst erlebt. Ebenso beruhen die in diesem Buch geschilderten späteren Ereignisse, bei denen ich noch zu jung war, um sie zu verstehen oder bei denen ich nicht persönlich anwesend war, auf Erinnerungen meiner Eltern, meiner Oma Franzi und der Familie Rosenholz.

„Gebt mir mein Baby!", forderte meine Mutter unter Tränen. Die Hebamme hüllte mich in ein vorgewärmtes Tuch und legte mich in ihren Arm.

„Hör gar nicht hin, meine Süße", flüsterte meine Mutter tröstend. „Du bist wunderschön!" Sie streichelte mir zärtlich über Kopf und Wangen, bis ich mich beruhigt hatte und hingebungsvoll an meiner kleinen Faust saugte. Als nach einer Weile die Hebamme die Hände nach mir ausstreckte, um mich zu reinigen und zu versorgen, gab sie mich nur zögernd frei.

„So, nun nehmen Sie Ihr Töchterchen einmal", sagte die Hebamme resolut und legte mich frisch gewaschen und gewickelt in Vaters Arme. „Sehen Sie, Ihre Frau ist vor Erschöpfung eingeschlafen."

Er trug mich mit vorsichtigen Schritten durchs Schlafzimmer hinaus auf die sonnige Veranda, wo uns aus dem Garten der süße Duft der Pfingstrosen entgegenströmte.

Während der Nacht waren heftige Gewitterstürme über Nürnberg hinweggezogen. Doch jetzt zeigte sich zwischen vereinzelten Wolken tiefblauer Himmel und eine strahlende Frühlingssonne umfing uns mit ihren wärmenden Strahlen.

„Sieh mal, meine Kleine, welch wunderschönen Regenbogen der liebe Gott dir zum Geburtstag geschenkt hat!"

Ein farbenprächtiger Regenbogen spannte sich hoch über dem Dutzendteich vom bewaldeten Ufer des Gewässers bis hinüber zum Luitpoldhain. Abziehende graue Wolken im Hintergrund ließen ihn in besonders kräftigen Farben erscheinen.

„Du bist ein Glückskind, weil du zum Pfingstfest auf die Welt gekommen bist, weißt du das?", erzählte Vater mit leiser Stimme weiter. „Ich wünsche dir alles Glück der Erde, meine kleine Pfingstrose, und einen Lebensweg so klar und so schön wie dieser Regenbogen!"

Nun, Regenbogen haben bei den tief greifenden Ereignissen, die ich im Dritten Reich erlebte, zwar keine Rolle gespielt, aber die gefährlichsten Situationen, die ich im Laufe dieser Zeit erlebte und verkraften musste, waren nicht selten von heftigen Gewittern begleitet, welche – bei Gott – nicht alle naturgegeben waren.

Am Nachmittag hatten sich rund um Mutters Bett auf herbeigeholten Stühlen Besucher gruppiert: die Eltern meines Vaters und Eva, die beste Freundin meiner Mutter, sowie Oma Franzi. Leider fehlte deren Mann, mein Opa, denn er war schon während Mutters Kindheit gestorben. Lisa, die treue Seele unseres Hauses, hielt sich ein wenig im Hintergrund, stets bereit, der Familie eine Gefälligkeit zu erweisen.

„Na, auf welchen Namen soll das Kind denn nun getauft werden?", fragte mein Großvater und machte Anstalten, sich eine seiner Havanna-Zigarren anzuzünden.

„Nein, lass das bitte!", rief Mutter entsetzt. „Willst du unser Baby mit deinem Rauch gleich vergiften?"

Unter den missbilligenden Blicken seiner Frau steckte er die Zigarren wieder weg und beugte sich in seinem Sessel vor: „Also, was ist? Bekommt sie den Namen ihrer Großmutter, wie ausgemacht?"

„Ja, sie erhält zwar den Namen Johanna", erklärte Vater, „aber nachdem unsere Tochter zur Blütezeit der Pfingstrosen geboren ist, wollen wir ihr einen Rufnamen geben, in dem die ‚Rose' enthalten ist."

Mutter saß lächelnd und mit geschlossenen Augen in ihrem Bett.

Vater berührte sanft Mutters Arm. „Ludwina, du sagst ja gar nichts!"

Meine Mutter öffnete die Augen und lächelte. „Rosalie wird sie heißen und Eva wie ihre Taufpatin", sagte sie. „Eva-Rosalie! Hinzu kommen die Namen ihrer Großmütter Franziska und Johanna und ihrer Urgroßmutter Maria-Anna."

Mutter beugte sich über die Wiege: „Einverstanden, Eva-Rosalie?"

„Eva-Rosalie! Das ist ja ein wunderschöner Name!", rief die Hebamme beim Betreten unseres Konferenzraums. Vater nickte zustimmend. Damit war die Namensgebung beschlossene Sache: Eva-Rosalie Bartels.

Mein Vater hatte mir prophezeit, dass Gott mich als „Glückskind" zum Pfingstfest auf die Welt geschickt habe. Ob es wirklich an dem, nach seiner Meinung Glück bringenden Pfingstmontag lag, bleibt dahingestellt. Rückblickend betrachteten meine Familie und Freunde mich als ein durchaus glückliches, unbeschwertes Mädchen, das trotz aller Miseren der Nazizeit die Gabe besaß, allen auftretenden Misslichkeiten vorbehaltlos entgegenzutreten oder sich zumindest erfolgreich aus ihnen herauszuwinden.

2. Daniel – mein Freund

Drei Wochen später wurde in der Nachbarvilla Daniel geboren und mit ihm eine tiefe Freundschaft, aber im Dritten Reich ein Ding der Unmöglichkeit, denn Daniel war Jude. Doch was kümmern Kinder Glaubensunterschiede oder Rassenwahn? Wir wuchsen so eng verbunden zusammen auf, als seien wir Bruder und Schwester.

Die jüdische Familie Rosenholz und meine christliche Familie inklusive Mutters Freundin Eva waren sich von Anfang an, das heißt, seit David und Mirjam mit Tochter Ruth und der Arztpraxis in die Nachbarvilla eingezogen waren, außerordentlich sympathisch und es entwickelte sich innerhalb kurzer Zeit eine herzliche Freundschaft. Die Familien tolerierten nicht nur ihre unterschiedlichen religiösen Glaubensrichtungen, sie nahmen auch gegenseitig an vielen ihrer Feste teil, die zu Hause gefeiert wurden.

Unsere Mütter fuhren uns täglich im Kinderwagen am Dutzendteich spazieren, und kaum konnten wir uns mit etwa sieben oder acht Monaten aufrichten, unternahmen wir schon Anstrengungen, zueinander in die Wagen zu krabbeln.

„Wir sollten einen Zwillingswagen kaufen", lachte Mutter, als sie unser unübersehbares Vorhaben zum ersten Mal beobachtete.

Was aber unser Aussehen anging, konnten wir keineswegs als Zwillinge gelten. Ich hatte blonde, glatte Haare und grüne Augen, während Daniel mit dunkelbraunen Augen unter dunkelbraunen Locken in die Welt blickte. Dagegen hätte man meine Mutter und Mirjam leicht für Schwestern halten können. Sie waren von schlanker, zierlicher Statur, trugen ihr kastanienbraunes, welliges Haar schulterlang, hatten beide dunkelbraune Augen und ein schmal geschnittenes Gesicht mit schmaler Nase und vollem Mund.

Die Familien hatten ähnliche Interessen, vor allem ihre Liebe zur Musik. Jeder von ihnen beherrschte ein Instrument. Vater spielte Geige, Mutter und Mirjam Klavier. Daniels Vater David glänzte mit Bratsche und Cello, während Ruth, Daniels vierzehn Jahre ältere Stiefschwester, die Querflöte liebte.

Die Familien setzten sich oft abends oder an Sonntagnachmittagen in unserem oder im Rosenholzschen Wohnzimmer zum gemeinsamen Musizieren zusammen.

Daniel und ich lagen nie ruhiger und braver in unseren Kinderwagen, als wenn musiziert wurde, und als wir etwas größer waren und schon krabbeln konnten, suchten wir jeweils unsere Lieblingsplätze auf: unter Mirjams großem Flügel oder neben Mutters Klavier, wenn das Konzert in unserem Haus stattfand.

Nur der Sabbat, der von Freitagabend bis Samstagabend gefeiert wurde, war ausgenommen. In dieser Zeit besuchten Familie Rosenholz und ihre Freunde die Synagoge und widmeten sich ihren Bräuchen.

Manchmal wurden alle Bewohner des Hauses Bartels, das heißt unsere gesamte Familie, einschließlich Mutters bester Freundin Evi, sowie Lisa, unsere getreue Hilfe, zum Sabbatausgang eingeladen. Schon als Baby faszinierte mich das Ritual, wenn die Flammen der mehrdochtigen Hawdalakerze die neue Woche ankündigten, während Onkel David das Abendgebet sang und den Segen der Woche über einem Glas Wein sprach. Jeder der Erwachsenen trank einen kleinen Schluck, dann wurde mit dem restlichen Wein die Kerze gelöscht. Tante Mirjam stellte eine kleine Dose mit Gewürzen auf den Tisch, deren Düfte noch tagelang an den Sabbat erinnerten, und wünschte allen „Schawua tow", das heißt „Gute Woche".

Tischgebete wurden bei uns natürlich auch gesprochen, wenn auch nicht mit besonderen Ritualen. Große Feierlichkeiten fanden an unseren wichtigen Festen wie Ostern, Pfingsten und Weihnachten statt. Da unsere Familie immer am Sonntagvormittag zum Gottesdienst ging, war am Nachmittag wieder Zeit für gemeinsame Freizeitaktivitäten mit Familie Rosenholz.

Daniel und ich durften nahezu jeden Tag einige Stunden miteinander verbringen. Unsere Mütter mussten bald feststellen, dass ihre Kleinen besonders ruhig und fröhlich waren, wenn sie beisammen sein konnten. Dies lehrte uns von Anfang an, dass die Spielsachen des einen ohne Vorbehalt auch die Spielsachen des anderen waren. Wir waren ein Herz und eine Seele und teilten im wahrsten Sinne des Wortes „Freud und Leid". Weinte der eine, weil er sich irgendwo gestoßen hatte, weinte der andere aus Mitleid mit, und wenn es etwas zu lachen gab, lachten wir beide.

Mit zunehmendem Alter interessierten uns jedoch die Turngeräte unserer Väter weitaus mehr als die schönsten Spielsachen. Da sie beide begeisterte Turner waren, sahen wir sie oft schon vor dem Frühstück im breiten Flur der oberen Etage unseres Hauses am Trapez oder an den Ringen trainieren und wollten es ihnen unbedingt nachmachen. Wir bettelten so lange, bis mein Vater uns an den Geräten einfache sportliche Übungen beibrachte, deren Schwierigkeitsgrad er von Zeit zu Zeit steigerte. Daniel zeigte sich besonders talentiert und setzte die Erwachsenen in Erstaunen, mit welcher Kraft und mit welcher Ausdauer er bereits als Zweieinhalbjähriger an den Geräten turnte.

Niemand hätte sich zu diesem Zeitpunkt träumen lassen, dass dieses Talent ihm eines Tages ausgerechnet in einer Vereinigung Anerkennung einbringen würde, in der man niemals einen Juden vermutet hätte.

3. Rassengesetze

„Ludwina, Mirjam, hört euch das an!", rief Vater auf dem Sofa hinter seiner Zeitung. „Unglaublich! Die Nationalsozialisten haben am 15. September, zum siebten Nürnberger Reichsparteitag, ein Gesetz ‚zum Schutze des deutschen Blutes' erlassen!"

„Und was bedeutet das?", fragte meine Mutter beunruhigt.

Mein Vater vertiefte sich weiter in den Artikel und schüttelte schockiert den Kopf.

„Na, nun sag schon, Friedrich!", drängte Mirjam.

„Ab sofort gelten Ehen zwischen Juden und Nichtjuden als Rassenschande. Es wird zur Auflösung dieser Ehen geraten und neue Eheschließungen oder Liebschaften zwischen Juden und Nichtjuden sind unter Androhung schwerster Strafe verboten. Das bedeutet es!"

„Nicht auszudenken, was diese Gesetze für solche ‚Mischehen' bewirken werden!", rief Mutter empört. „Welche Ängste diese Menschen ausstehen müssen, vor allem ihre Kinder!"

„Es ist doch ungeheuerlich, was die Nazis sich alles ausdenken!", pflichtete Mirjam ihr bei. Sie griff nach dem Blatt, um sich selbst von den Ankündigungen ein Bild zu machen.

Daniel und ich tummelten uns gerade mit Purzelbäumen auf dem Parkett und hatten unseren Spaß beim Üben des Spagats.

Erschreckt durch den erregten Tonfall der Erwachsenen, blickten wir verwirrt von einem zum anderen, bis wieder Ruhe eintrat. Wir verstanden ohnehin nichts von „Rassenschande" und „reinem deutschen Blut". Wir hatten uns lieb und wollten zusammen sein. Das war alles, was für uns zählte.

Für die Freundschaft zwischen unseren Familien waren die Rassengesetze ohne Bedeutung. Sie fühlten sich nicht von ihnen betroffen. Es gab schließlich kein Gesetz, das die Freundschaft zwischen Juden und Nichtjuden verbot. Dennoch ergaben sich im Laufe der Zeit Änderungen, die uns allen nach und nach bewusst wurden.

Etwa eineinhalb Jahre später, als unsere Familien Ende Mai, kurz vor meinem vierten Geburtstag, an einem sonnigen Sonntagnachmittag auf der Terrasse der Familie Rosenholz gemütlich am Kaffeetisch saßen, verkündete Mutter, dass es Neuigkeiten gebe: „Röschen, wir haben dich im Kindergarten angemeldet. Ab Montag darfst du in den gleichen Kindergarten gehen, den auch Tante Evis Nichte Helma und Neffe Heinz besuchen. Das ist doch schön für dich, dass du gleich Freunde findest, nicht wahr?"

Mutter hatte mich im Kindergarten angemeldet! In meinem Kopf läuteten die Alarmglocken, denn das konnte nur Trennung von Daniel bedeuten. Auf meinen Protest hin erzählte meine Mutter, dass sie ein Geschwisterchen erwarte, das im September auf die Welt kommen solle, und sie bis dahin Zeit und Ruhe für die Vorbereitungen benötige.

„Aber Mutti, ich brauche doch gar kein Geschwisterchen", sagte ich widerborstig, „ich habe ja Dani!", und nach kurzem Überlegen fragte ich hoffnungsvoll: „Oder kommt Dani mit mir in den Kindergarten?"

„Nein, das geht nicht, Rosalie. Daniel kommt in eine jüdische Vorschule, in der er die hebräische Sprache lernt", erklärte Onkel David.

Daniel wusste das offensichtlich schon. Er sah zwar nicht ausgesprochen glücklich drein, nickte aber brav.

Unsere Eltern hatten unserem kindlichen Fassungsvermögen entsprechend schon frühzeitig versucht, uns die Unterschiede zwischen unseren Glaubensrichtungen verständlich zu machen. Dazu gehörte, dass Daniel die Sprache seiner Urahnen lernen sollte, die früher in Ländern gelebt hatten, welche ich mir allerdings nur schemenhaft vorstellen konnte. Anscheinend war es jetzt so weit und ich musste mich damit abfinden.

„Weißt du", sagte Mutter tröstend, „du bist ja nur vormittags im Kindergarten und Daniel ist zur gleichen Zeit in seiner Vorschule. Nachmittags könnt ihr zusammen spielen, so lange ihr wollt."

„Nun gibt es noch eine Neuigkeit, bei der es um Ruth geht", meinte Onkel David. „Willst du selbst erzählen, Ruth?"

Daniels achtzehnjährige Schwester wirkte ausgesprochen unruhig. Sie wickelte unablässig das Ende ihres dicken Zopfes um die Finger. Nun hob sie ruckartig den Kopf. „Ja, ich … ich habe ja jetzt das Abitur gemacht, aber ich möchte nicht an eine deutsche Universität gehen. Tante Rebekka und Onkel Simon haben mich eingeladen, bei ihnen in Zürich zu wohnen, damit ich dort studieren kann." Ruth senkte wieder den Kopf und fuhr fort, mit ihrem Zopf zu spielen.

Ruth würde uns verlassen? Das war für Daniel und mich unfassbar. Ruth hatte sich immer liebevoll um uns gekümmert, wenn unsere Mütter verhindert waren. Sie spielte uns auf der Flöte vor, sang mit uns Kinderlieder, lehrte uns Kinderreime, reparierte für uns kleine Schäden an Spielzeugen und tröstete uns, wenn wir unglücklich waren, weil mal etwas nicht nach unserem Kopf ging.

Wir stürzten auf sie zu. Daniel kletterte auf ihren Schoß und legte die Arme um ihren Hals und ich umklammerte ihre Taille.

„Nein, Ruth, bleib hier!", rief Daniel, wobei ihm Tränen über die Wangen kullerten. „Du kannst doch auch in Nürnberg in die Unität!"

Ich sagte nichts, aber auch ich weinte ihr Kleid nass.

„Ruth möchte Ärztin werden, wie ich", erklärte Onkel David. „Das ist aber in Nürnberg nicht möglich. Stellt euch vor, sie müsste zum Studium in eine andere Stadt ziehen und ganz alleine wohnen, wo sie niemanden kennt. Da ist es doch besser für Ruth, sie geht zu meiner Schwester, eurer Tante Rebekka, und zu Onkel Simon. Das versteht ihr doch! Ihr wollt bestimmt, dass es Ruth gut geht, und bei Tante und Onkel ist es fast wie zu Hause."

„Aber sie hat dann uns nicht mehr", wandte ich ein. „Uns hat sie doch auch lieb!"

Für Onkel David war es wirklich nicht leicht, zwei Vierjährigen klarzumachen, warum Ruth nicht hierbleiben konnte. Für sie als Jüdin war es höchst unwahrscheinlich, in Deutschland einen Studienplatz zu bekommen, daher boten ihr die Schweizer Verwandten ihre Hilfe an.

Um Daniel und mich auf andere Gedanken zu bringen, zog Ruth uns in eine Gartenecke zur Schaukel. Sie schob uns an, bis wir höher und höher flogen. „Noch mehr, Ruth, noch mehr!", riefen wir und jauchzten vor Vergnügen.

Ruth hatte selbst große Bedenken, ob sie in Zürich nicht arges Heimweh nach uns allen plagen würde. Dennoch freute sie sich auf Tante Rebekka und Onkel Simon, die sie in sehr guter Erinnerung hatte. Im tiefsten Innern wusste sie, dass es für sie keine andere Lösung gab, als Deutschland zu verlassen. Das Land konnte ihr keine Zukunft mehr bieten.

„Das Vernünftigste wäre, ihr würdet gleich alle zusammen in die Schweiz auswandern", schlug Vater vor, obwohl er wusste, dass er mit diesem Rat bei David auf Granit biss. Auch die Züricher Verwandten bedrängten David seit Langem, mit seiner Familie das für Juden sich immer unsicherer entwickelnde Deutschland zu verlassen und über die Schweiz nach Amerika zu weiteren Verwandten auszuwandern.

Das lehnte David strikt ab. „Mir und meiner Familie wird nichts geschehen. Mein Vater ist im Vierzehner Krieg (dem Ersten Weltkrieg) gefallen und ich selbst habe als Freiwilliger für Deutschland an der Front gekämpft und sogar das Eiserne Kreuz für besondere Tapferkeit erhalten. Außerdem kann ich als Arzt meine jüdischen Brüder hier nicht im Stich lassen!"

Diese Begründung konnte Ruth als angehende Ärztin zwar verstehen, andererseits hielt sie ihrem Vater vor, dass ihm die eigene Familie doch am wichtigsten sein sollte. Aber seinem Argument, er sei als ehemaliger deutscher Soldat so sicher wie jeder andere Deutsche, hatte sie nichts entgegenzusetzen. (Tatsächlich waren ehemalige jüdische Frontkämpfer im Dritten Reich zunächst von einschneidenden Maßnahmen ausgenommen; das galt aber nur für eine gewisse Zeit; Anmerkung der Autorin.)

Meine Mutter hatte für mich einen evangelischen Kindergarten gewählt. Er wurde von zwei Schwestern und zwei jungen Kindergärtnerinnen geführt. Helma und Heinz, die Zwillinge von Tante Evas Schwester Maja, besuchten diesen Kindergarten bereits seit einem Jahr und fühlten sich dort sehr wohl.

Sie sprangen sofort auf mich zu, nahmen mich an beiden Händen, führten mich herum und zeigten mir die Einrichtung und alle Spielsachen. Entgegen meinen schlimmen Erwartungen, die natürlich kindlichem Trotz entsprangen, gefiel mir alles sehr gut.

Dann forderte eine Kindergärtnerin die Kinder auf, einen Kreis um mich zu bilden, und stimmte ein Begrüßungsliedchen an, in das alle Kinderstimmen einfielen.

Mit allerlei Spielen, dem Lernen eines neuen Liedes und dem Vorlesen einer spannenden Kindergeschichte verflog der Vormittag im Nu. Als Lisa mich um zwölf Uhr abholte, erzählte ich ihr auf dem ganzen Nachhauseweg ununterbrochen von allen Ereignissen während meines ersten Morgens im Kindergarten.

Am Nachmittag berichtete mir Daniel von seinen Erlebnissen in der Vorschule. Es handelte sich allerdings um keine offizielle Vorschule, sondern um die freiwillige Arbeit eines Rabbiners und zweier Lehrer, die abwechselnd in einem der Wohnräume der Teilnehmer stattfand. Sie kümmerten sich um acht Jungen im Alter von vier bis sechs Jahren. Zuerst las der Rabbiner einen Teil einer Bibelgeschichte vor, den sie anschließend gemeinsam nacherzählen mussten, dann sprach er ihnen einen kurzen Satz auf Hebräisch vor und erklärte ihnen dessen Bedeutung auf Deutsch. Die wenigen hebräischen Worte musste jeder Junge so lange nachsprechen, bis er sie fehlerfrei konnte.

Mit der Zeit gewann Daniel immer mehr Interesse an der Vorschule. Das Nachsprechen und Verstehen der hebräischen Worte machte ihm bald keine Schwierigkeiten mehr und auf die Bibelgeschichten freute er sich jeden Tag. Auch ich mochte sie sehr, und er musste mir nachmittags jedes Detail erzählen. Die Kinder wurden vom Rabbiner oder von einem der Lehrer täglich abgefragt, und Daniel war dank meiner Wissbegier, die ihn ständig zur Wiederholung zwang, bald der beste Schüler der Vorschule.

Allerdings hatte auch ich ihm einiges zu bieten. Die Kinderlieder und einfachen Reime, die ich im Kindergarten lernte, musste ich ihm gar nicht erst beibringen; er hörte ein bis zweimal zu und schon sang er fröhlich mit und Ruth begleitete uns manchmal auf ihrer Flöte.

Eines Nachmittags nahm Ruth sich besonders viel Zeit für uns. Sie spielte uns alle Stücke auf ihrer Flöte vor, die wir uns wünschten, erzählte Bibelgeschichten, las aus unseren Kinderbüchern vor und sang mit uns Kinderlieder.

Als es für mich eigentlich an der Zeit war, nach Hause zu gehen, nahm sie uns beide in die Arme und sagte: „Ich muss euch jetzt etwas erzählen, und wenn ihr versprecht, dass ihr nicht weint, dürft ihr heute Nacht bei mir im Bett schlafen."

Ab und zu gelang es uns nämlich, Ruth abzubetteln, dass wir bei ihr schlafen durften. Daher musste es schon etwas Außergewöhnliches sein, das sie veranlasste, uns dieses Vergnügen von sich aus anzubieten.

Eifrig nickten wir: „Ja, wir versprechen es!"

Offensichtlich fiel es Ruth sehr schwer, uns ihre Pläne mitzuteilen. Wie immer in schwierigen Situationen, wickelte sie gedankenverloren ihren langen, schweren Zopf um die Finger.

„Na sag schon, Ruth!", drängte Daniel.

„Ich fahre morgen früh nach Zürich", gestand sie mit verdächtig feuchten Augen.

„Nein, Ruth, nicht weinen!", bat Daniel.

Jetzt war es plötzlich an uns, zu trösten, denn Ruth weinen zu sehen, war uns unerträglich. Wir umarmten und streichelten sie.

„Du kannst uns doch bestimmt bald einmal besuchen", meinte ich.

„Ich werde euch ganz oft schreiben", wich Ruth aus. Sie gab sich einen Ruck und befahl: „Kommt, jetzt gibt es Abendbrot und dann ab ins Bett!"

Ruth hatte sich bereits am späten Nachmittag von Mutter, Oma Franzi und Tante Evi verabschiedet und fürsorglich gleich Zahnbürste und Pyjama für mich mitgenommen. Nachdem unsere Abendtoilette beendet war, schloss Ruth die Fensterläden in ihrem hübschen Mädchenzimmer und wir kuschelten uns zu dritt in Ruths großes, weißes Bett mit dem sternenbestickten Baldachin. Wir sprachen unsere Abendgebete, und damit nicht noch einmal Trauerstimmung aufkam, knipste Ruth ihre Nachtlampe an und las uns eine Gutenachtgeschichte vor. Das gedämpfte Licht und ihre ruhige Stimme taten ihre Wirkung und wir fielen bald in tiefen Schlaf.

Als wir am nächsten Morgen aufwachten, saß Ruth schon längst im Zug nach Zürich und reiste ihrem neuen Leben entgegen. Sie hatte auf einem Tischchen für Daniel und mich Geschenke zurechtgelegt: für Daniel einen Holzkreisel mit Schnurpeitsche sowie eine wunderschöne Samttasche für einen Gebetsschal. Die dunkelgrüne Tasche hatte sie mit viel Liebe und Geschick genäht, mit gleichfarbiger Seide gefüttert und die Nähte mit dünner Goldkordel verziert. Die Oberseite schmückten Daniels Initialen, mit Goldfaden in kunstvollen Schnörkeln gestickt. Für mich gab es eine ebenso wunderschöne, selbst genähte und bestickte Tasche, nur war sie aus dunkelrotem Samt gefertigt und sollte als Hülle für ein Gesangbuch dienen. Dazu erhielt ich ein Jo-Jo.

Wir waren beide von unseren Geschenken so begeistert, dass wir unseren Abschiedsschmerz für den Augenblick vergaßen. Die Samttaschen nahmen unsere Mütter vorerst in Verwahrung, bis wir alt genug sein würden, sie zu benutzen.

Am Anfang fehlte Ruth uns Kindern sehr, denn sie hatte sich doch fast jeden Tag wenigstens einige Minuten Zeit für uns genommen, um sich etwa meinen neu eingeübten Kinderreim anzuhören oder Daniels neu gelernte hebräische Vokabeln abzufragen. Offensichtlich hatte sie damit gerechnet, dass wir Sehnsucht nach ihr haben würden, daher wohl ihre Geschenke, die Spielsachen, die unsere volle Aufmerksamkeit verlangten.

Es stellte sich heraus, dass das Spielen mit Kreisel und Jo-Jo kein einfaches Unterfangen für vierjährige Kinder war, doch als unsere Eltern mit uns übten, beherrschten wir das Antreiben des Kreisels mit der Schnurpeitsche und das Schwingen und Hochwerfen des Jo-Jos bald sehr gut, und Daniel und ich avancierten zur Sensation unter den Kindern in unserem Bekanntenkreis.

Wenige Wochen später träumte ich in einer Septembernacht, dass ein Mann an unserem Haus vorbeiging, der in seinem Rucksack ein blökendes Schäfchen trug. Als ich morgens aufwachte, kam Oma Franzi mit strahlendem Gesicht in mein Zimmer.

„Oma Franzi, ich habe geträumt, dass auf der Straße ein Mann vorbeigegangen ist. Er hatte einen Sack auf dem Rücken. In dem war ein Schäfchen, das machte ‚mäh, mäh‘.“

Sie winkte mir nur zu, ihr zu folgen, und führte mich an Mutters Bett.

Glücklich lächelte Mutter mich an. „Sieh mal, du hast heute Nacht ein Schwesterchen bekommen“, sagte sie. Sie hielt ein winziges Wesen im Arm, so klein wie meine Babypuppe.

„Oh, ist die süß, und sooo klein! Darf ich sie mal tragen?" Ich versuchte, auf das Bett zu krabbeln, um das Baby zu nehmen.

„Vorsicht, Röschen", wehrte Mutter ab, „später darfst du Helga gerne halten, aber jetzt schläft sie, siehst du? Vielleicht gehst du erst ins Badezimmer und zum Frühstück. Wenn du dann zurückkommst, darfst du dein Schwesterchen in den Arm nehmen."

Schnell rannte ich zum Bad. Oma Franzi half mir beim Duschen und Anziehen, und im Nu war ich auch mit dem Frühstück fertig, um so schnell wie möglich zum Schwesterchen zurückzueilen.

Ein Blick auf ihr Gesichtchen sagte mir, dass sie wach war. Sie hatte die Augen geöffnet und lutschte eifrig an einem Däumchen. „Darf ich sie jetzt tragen, Mutti?", fragte ich.

„Ja, das darfst du", sagte Vater. Er erhob sich von dem Sessel, der neben dem Bett stand, und setzte mich hinein. Dann schob er noch ein Kissen unter meinen Ellbogen und legte mir mein Schwesterchen in den Arm. „Sei schön vorsichtig! Und drück sie nicht so fest wie deine Babypuppe!", warnte er.

Glücklich hielt ich das kleine, warme Bündel und streichelte vorsichtig über das Köpfchen, das von dichten, dunklen Haaren bedeckt war. „Helga ist aber ein schöner Name", sagte ich.

Als das Baby unruhig wurde und noch kräftiger an seinem Däumchen lutschte, meinte Mutter: „Ich glaube, Helga hat Hunger."

Sie knöpfte ihr Nachthemd auf, und als Vater ihr das Baby

übergab, legte sie es an ihre Brust, wo es sofort kräftig saugte und schluckte.

Ich sah eine Weile fasziniert zu, dann fragte ich: „Habe ich das auch gemacht, Mutti, als ich so klein war?"

„Ja, mein Schatz, alle Babys kriegen eine Zeit lang nur Muttermilch, weil sie nichts anderes vertragen können", antwortete sie. „Jetzt ist es aber an der Zeit, dich auf den Weg in den Kindergarten zu machen. Helga wird nach dem Trinken bestimmt wieder schlafen, aber heute Nachmittag darfst du sie wieder im Arm halten."

Nach meinem Mittagsschlaf, den ich trotz aller Proteste immer noch halten musste, eilte ich zu Mutter und Schwesterchen und kam gerade rechtzeitig, um zuzusehen, wie Helga in der Babywanne gebadet und anschließend gewickelt wurde. Dabei ließ ich mir auch gleich erklären, was es mit dem großen Pflaster auf ihrem Bäuchlein auf sich hatte.

Nachdem Helga frisch gekleidet und mit einer kleinen Wolldecke zugedeckt war, durfte ich sie noch einmal eine Weile im Arm halten. „Mutti, weißt du was? Ich bete jetzt abends auch für mein Schwesterchen und ich bitte Jesus, dass er Helga besonders gut beschützt. Sie ist ja noch so klein."

Als ob sie mich verstehen würde, blickte Helga mich mit ihren großen, blauen Augen an und umklammerte mit einem Händchen meinen Zeigefinger. Auf einmal öffnete sie ihr Mündchen weit zu einem herzhaften Gähnen und ich rief entsetzt: „Mutti, Helga hat ja gar keine Zähne!"

„Keine Sorge, Röschen! Babys kommen ohne Zähne auf die Welt. Sie trinken ja nur Milch. Ungefähr in einem halben Jahr kommen nach und nach die ersten Zähnchen."

Helga signalisierte schon wieder, dass sie Hunger hatte, und ich musste sie widerstrebend Mutter geben. Dafür erhielt ich die Erlaubnis, zu Daniel zu laufen, um ihm die Neuigkeiten mitzuteilen.

Auch bei Familie Rosenholz gab es neue Nachrichten. Daniel führte mich ins Wohnzimmer. Ruths ungeduldig erwarteter erster Brief war eingetroffen und Tante Mirjam las mir gleich daraus vor. Tante Rebekka und Onkel Simon hatten ihre Nichte sehr herzlich empfangen und sie sofort voller Stolz in ihr kleines, gemütliches Zimmer geführt. Von dessen Fenster aus könne sie einen grandiosen Blick über die Dächer von Zürich genießen. Sie habe sich gleich am ersten Tag nach ihrer Ankunft an der Universität eingeschrieben und nun freue sie sich auf den Beginn ihres Studiums im August. Ruths Eltern waren beruhigt, dass die Umsiedlung ihrer Tochter so problemlos vonstattengegangen war.

„Ruth wird doch zum Chanukkafest nach Hause kommen?", fragte Daniel hoffnungsvoll.

„Nein, Dinni", Tante Mirjam streichelte tröstend über seinen Kopf, „die Eisenbahnfahrten sind zurzeit sehr schwierig. Wir wollen hoffen, dass es im nächsten Jahr besser wird."

Gott sei Dank ahnten wir in diesem Augenblick nicht, dass acht Jahre voller Gefahren und Tücken vergehen sollten, bis wir Daniels große Schwester wiedersahen.

4. Die geheime Gartentür

Eines Tages erklärte Onkel David gleich zu Beginn unseres Besuchs mit resoluter Bestimmtheit, dass unsere regelmäßigen Treffen mit sofortiger Wirkung eingestellt werden müssten. „Wir können nicht mehr zusammenkommen und schon gar nicht mehr miteinander musizieren", sagte er, „man hört uns selbst bei geschlossenen Fenstern auf der Straße."

Unsere Einwände, die Leute könnten auch annehmen, die Musik käme aus dem Radio, wehrte er ab. „Wir wollen euch auf keinen Fall in Schwierigkeiten bringen. Auch wenn wir stets vorsichtshalber die Straße meiden und immer nur durch das hintere Gartentor an der Uferpromenade ins Haus kommen, irgendwann werden wir bei den Nachbarn zu große Neugier erregen. Es gibt immer Neider und missgünstige Menschen, die aus reiner Bosheit eine Meldung machen."

Er stand auf und unterstrich seine Worte mit ausladenden, theatralischen Gesten seiner Hände: „Ihr lest dann in der Zeitung: ‚Juden belästigen Arier in ihrem Haus!', oder: ‚Arier pflegen Freundschaft mit Juden!'"

Wir schwiegen alle und dachten über diesen drohenden Einschnitt in die gewohnte und lieb gewonnene Freizeitgestaltung in unserem Freundeskreis nach.

„Wir könnten uns aber doch weiterhin bei euch treffen", schlug meine Mutter vor. „Für uns bringt das ja keine Probleme!"

David schüttelte den Kopf: „Nein, nein, Ludwina! Ein kurzer Kontakt mit Juden, ein gelegentliches Gespräch auf der Straße, wird zwar noch geduldet, aber niemand weiß, wie die Lage sich weiter entwickelt."

„Kommt nicht infrage, dass wir unsere Freunde so einfach aufgeben!", rief meine Mutter aufgebracht. „Und wie stellst du dir das mit Rosalie und Daniel vor? Willst du ihnen sagen: Ab morgen ist aus und Schluss, ihr könnt euch nie mehr sehen?"

„Komm, Winnie, beruhige dich", meinte Vater, „David hat recht, wir müssen vorsichtig sein." Er wandte sich an David: „Aber auch Winnie hat recht. Wir sind nun seit fast zehn Jahren Freunde und das werden wir auch bleiben. Wir werden Mittel und Wege finden, wie wir weiterhin zusammenkommen können."

„Selbstverständlich gibt es Möglichkeiten", mischte Tante Eva sich ein. „Wir haben uns schließlich auch schon hin und wieder bei mir getroffen. Für meine Wohnung interessiert sich niemand. Da ist ohnehin ein ständiges Kommen und Gehen." Tante Eva hatte als Kunstmalerin und -lehrerin täglich viele Besucher, daher waren die Mitbewohner des Hauses an das rege Treiben gewöhnt. Günstigerweise lag ihre Wohnung mit Atelier im Parterre, so konnte sich niemand durch Treppengepolter gestört fühlen. Darüber hinaus war Tante Eva eine liebenswürdige und gesellige Frau, die sich gern ab und zu mit dem einen oder anderen Nachbarn zu einem Schwätzchen bei einer Tasse Kaffee zusammensetzte. Das machte sie im ganzen Haus sehr beliebt. Demnach bot sich uns Freunden die Möglichkeit, ohne Gefahr vor Aufdeckung bei ihr zusammenzukommen. „Nur keine Panik", schloss Eva die unangenehme Diskussion ab, „wir werden uns weiterhin sehen. Das Musizieren werden wir aber aufgeben müssen – leider."

Nach wenigen Tagen bestand Vater entgegen Onkel Davids Protest auf einem Treffen der beiden Nachbarsfamilien bei Familie Rosenholz. Diesmal gesellte sich auch Oma Franzi hinzu. Sehr zu unserer Freude hatte sie einige Monate vor Helgas Geburt ihr Geschäft verkauft und war zu uns gezogen. Sie hatte in Augsburg als Schneidermeisterin einen eigenen Betrieb mit mehreren Angestellten gehabt, aber aufgrund einer zunehmenden Sehschwäche konnte sie keine Lehrlinge mehr ausbilden. Es war ihr trotz Brille unmöglich, Feinarbeiten zu kontrollieren.

Vater gab sich sehr geheimnisvoll und als er den letzten Schluck Kaffee getrunken hatte, blickte er jeden Einzelnen von uns eindringlich an und fragte: „Findet ihr nicht, dass es sehr unpraktisch ist, erst zu eurer Haustür und zu eurem Gartentor hinauszugehen, ungefähr fünfzehn Meter auf dem Gehsteig zu laufen, um durch unsere Gartentür und die Haustür in unser Haus zu kommen?" Ohne eine Antwort abzuwarten, fuhr er fort: „Oder noch umständlicher, den langen Weg durch euren Garten zum hinteren Gartentor an der Uferpromenade zu gehen und von dort die Promenade entlangzulaufen bis zu unserem Gartentor und denselben langen Weg durch unseren Garten zurück bis zu unserem Haus?"

Wir wunderten uns, was mein Vater wohl mit dieser langatmigen Ansprache bezweckte. Er schweifte sogar in die Märchenwelt ab. „Das muss eine liebe Fee, die es gut mit uns meint, eingesehen haben. Kommt alle mit, ich will euch zeigen, was ich heute früh beim Heckenschneiden entdeckt habe!"

Er stand auf und führte uns durch die Terrassentür in Richtung der Büsche, die den Zaun zwischen unseren Gärten verdeckten. Dort schob er einige Zweige auseinander und wies mit der Hand auf einen Durchgang: „Bitte einzutreten!"

Staunend betraten wir einer nach dem anderen unseren Garten. Eines Nachts hatte Vater heimlich als Überraschung für uns alle diese schmale Pforte aus dünnem Metallrahmen in den Zaun eingesetzt. Sie lag auf direkter Linie zwischen den zwei Häusern und war von beiden Seiten derart gut durch Büsche verborgen, dass sie kein Uneingeweihter entdecken konnte. Selbst auf der Straße vom Gehsteig aus waren unsere Gärten aufgrund der hohen Thujahecke von Passanten nicht einsehbar; genauso wenig von der Uferpromenade aus. Auch die Fenster von Davids Praxisräumen boten neugierigen Patienten keinen Blick auf die Hecke mit dem geheimen Durchgang, denn die Praxis lag auf der anderen Seite seines Hauses. So konnten wir ohne Sorge vor Entdeckung von unserer Küchentür aus mit wenigen Schritten geradewegs durch die Heckenpforte zur Terrassentür der Rosenholz'schen Villa gelangen, oder in umgekehrter Folge von dort zur Villa Bartels.

Sprachlos bestaunten wir alle diese ideale Pforte. Noch bevor wir ein Wort herausbringen konnten, erklärte Vater uns beiden Kindern: „Die Fee warnte mich, dass die Heckenpforte ein ganz strenges Geheimnis sein muss, von dem niemand außer unseren Familien wissen darf. Sobald wir jemandem davon erzählen, wird die Pforte für immer verschwinden."

Wir verstanden das sehr gut, denn in vielen Märchen wurde von geheimen Dingen berichtet, die niemals preisgegeben werden durften, denn sonst würde der Zauber auf ewig verschwinden. Deshalb schwiegen wir konsequent und kein Mensch erfuhr jemals von unserer geheimen „Feenpforte".

Unser Alltag verlief eine Zeit lang weiter wie gewohnt – bis zu einem schwülen Spätnachmittag im August, an dem ich Tante Mirjam bitterlich weinen hörte, noch bevor ich ihre offene Terrassentür erreicht hatte. Bestürzt machte ich kehrt und schlüpfte durch die Pforte zurück zu unserem Haus. „Mutti, komm schnell!", rief ich aufgeregt, „Tante Mirjam weint ganz arg."

Mutter sprang von ihrem Sessel hoch und folgte mir durch die Hecke zur Terrasse des Rosenholz-Hauses.

Onkel David kam uns entgegen. „Es ist unfassbar!", rief er. „Unsere Hauptsynagoge am Hans-Sachs-Platz soll abgerissen werden!"

„Aber warum denn?", fragte Mutter entsetzt.

„Weil sie angeblich das Stadtbild stört. Vor einer halben Stunde teilten mir Freunde die Hiobsbotschaft mit. Sie hatten die Ankündigung auf dem Hans-Sachs-Platz selbst gehört." Er schüttelte betrübt den Kopf und setzte sich neben Tante Mirjam aufs Sofa. Sie hatte sich inzwischen beruhigt und tröstete ihrerseits Daniel, der durch den Kummer seiner Mutter völlig verstört war. Diese Atmosphäre der Niedergeschlagenheit hatte mich ebenfalls angesteckt. Als Mutter sah, dass auch ich mit den Tränen kämpfte, nahm sie kurzerhand Daniel und mich an den Händen und zog uns zur Wohnzimmertür. „Kommt, wir spielen in Danis Zimmer Domino."

„Ja, das ist eine gute Idee, dann kommen wir auf andere Gedanken", stimmte Tante Mirjam zu.

Sofort hellten sich unsere Mienen auf, denn nur selten hatten unsere Mütter Zeit, sich mit uns zu beschäftigen.

Eine Woche später war die schöne Synagoge und das angrenzende Gemeindehaus dem Erdboden gleichgemacht und

Familie Rosenholz und alle jüdischen Freunde ihres Gotteshauses beraubt.

„Alles, was gerettet werden konnte", berichtete Onkel David niedergeschlagen, „ist der große Gedenkstein mit der Inschrift zur Erinnerung an die vor 500 Jahren niedergebrannte erste Synagoge in Nürnberg. Einigen Gemeindemitgliedern gelang es kurz vor Abbruch der Synagoge, ihn heimlich zu entfernen und auf den jüdischen Friedhof transportieren zu lassen."

5. Die Entführung

Da der Vorschulunterricht abwechselnd in einer der Wohnungen der beteiligten Jungen stattfand, wurde Daniel stets von Mirjam oder Elli, ihrer Hausangestellten, begleitet. An dem aufregenden Tag, an dem er verschwand, war Elli an der Reihe.

Eigentlich hätten Daniel und Elli schon vor einer halben Stunde zurück sein müssen. Mirjam wurde unruhig. Sie war bereits in heller Aufregung, als sie bei uns anrief, ob Daniel etwa bei uns sei. Das mussten meine Eltern verneinen und boten ihre Hilfe bei der Suche an.

Zu dieser Zeit holte mich Oma Franzi gerade vom Kindergarten ab. So bekam ich von dem ganzen Drama vorerst nichts mit. Daniels und meine Eltern suchten die ganze Strecke ab, welche Daniel an diesem Tag zu gehen hatte, und überprüften sogar alle Nebenstraßen. Ohne Erfolg. Als Mirjam und David völlig erschöpft zurückkamen, fanden sie Elli weinend und schluchzend in der Küche. Auch Mirjam war jetzt in Tränen aufgelöst. Sie packte Elli an den Schultern und schüttelte sie: „Wo ist Daniel? Kannst du nicht besser auf ihn aufpassen?"

David hielt Mirjam zurück: „Mirjam, bitte, setz dich! Wir müssen vernünftig darüber sprechen. Was war los, Elli?"

Elli erzählte zwischen Schluchzen und Naseputzen: „Ich hörte ein Auto anhalten und plötzlich packte mich jemand von hinten, stopfte mir ein Tuch in den Mund und stülpte mir eine schwarze Kapuze über den Kopf. Dann zog er am Hals an einer Schnur, bis die Kapuze verschlossen war."

„Und Daniel, was war dann mit Daniel?", rief Mirjam ungeduldig.

„Dasselbe muss ein anderer Mann zur gleichen Zeit mit Daniel gemacht haben, denn ich hörte von ihm keinen Mucks. Als der Mann mich losließ, fuhr das Auto auch gleich davon. Bis ich meine Kapuze aufbinden konnte, war es schon um die nächste Ecke verschwunden."

„Waren denn keine Leute in der Nähe, die etwas gesehen haben könnten?"

„Nein, die Straße war ganz leer."

„Und warum bist du nicht sofort hergekommen und hast uns alles erzählt?"

Wieder fing Elli zu schluchzen an: „Ich bin erst in die Richtung gerannt, wohin das Auto vielleicht gefahren sein könnte, und weil ich es nicht gesehen habe, bin ich zu mir nach Hause gegangen. Ich habe mich nicht hergetraut."

Das Läuten des Telefons unterbrach das Gespräch. Mirjam und David eilten gleichzeitig zum Apparat.

„Sie werden Ihren Sohn vermissen!", sagte eine Männerstimme.

„Ja, selbstverständlich!", rief David. „Lassen Sie ihn sofort frei!"

„Oder was sonst? Sie wissen genau, dass es die Polizei nicht interessiert, wenn ein Judenbengel weniger auf der Straße ist. Ihrem Jungen geschieht nichts. Ich will ihn weder verletzen noch töten."

„Also, was wollen Sie? Geld?"

„Ja. Und ich werde es nur ausleihen. Sie bekommen es später wieder zurück. Ich will meiner Familie zur Auswanderung verhelfen. Nach Amerika. Seit in meinem Geschäft nicht mehr eingekauft wird, weil ich wegen meiner jüdischen Frau als

‚Rassenschänder‘ gelte, habe ich keine Einkünfte mehr und meine Frau musste ihr geerbtes Vermögen abliefern. Nachdem die Juden ständig vom Staat für Dinge geschröpft werden, die sie nicht einmal zu verantworten haben, bin ich völlig am Ende. Meine Frau und ich und mein Sohn leben von der Wohlfahrt. Das reicht vorne und hinten nicht. Wie gesagt, ich will das Geld nur geliehen, denn meine Frau hat vermögende Verwandte in Amerika, welche die Summe sofort an Sie zurückschicken werden.“

„Sie sind also mit einer Jüdin verheiratet! Wie heißen Sie?“

„Hm, sagen Sie einfach Konrad!“

„Sie sagen, dass Sie arm sind! Wie kommt es dann, dass Sie ein Auto haben, um Kinder zu entführen?“

„Das hat mir ein Freund geliehen, dem ich sagte, ich müsse etwas transportieren.“

„Aha, der hat Ihnen bei der Entführung geholfen. Meine Hausangestellte sagte, dass es zwei Männer waren. Warum sind Sie nicht einfach gekommen und haben mich gefragt, ob ich Ihnen das Geld für die Auswanderung Ihrer Familie leihe?“

„Dann hätten Sie mir gesagt, Sie könnten doch nicht an alle Juden Geld ausleihen, die welches nötig haben.“

„Und was geschieht, wenn ich Ihnen das Geld nicht geben kann?“

„Dann bleibt Daniel halt einfach bei uns und wir ziehen aufs Land zu Verwandten. Dort wird es vielleicht etwas besser sein.“

„Holen Sie mir meinen Sohn ans Telefon!“

„Das geht nicht! Ich habe kein Auto, kein Haus und kein Telefon. Ich rufe von einer Telefonzelle aus an.“

„Wie viel Geld wollen Sie?“

„Ich will nicht, ich brauche das Geld für die Ausreise, für

Schmiergelder und für das ‚Vorzeigegeld' in Amerika usw.",
erklärte Konrad und nannte eine bestimmte Summe.

„Glauben Sie etwa, bei mir liegt so viel Geld einfach in
Schubladen herum? Wie kann ich Sie erreichen?"

„Leider gar nicht. Ich rufe heute Abend um sieben Uhr
nochmals an. Bis dann!"

Nach dem abrupten Ende des Gesprächs saß David in sich
zusammengesunken – mit dem Kopf auf die Hände gestützt –
eine Weile auf dem Stuhl neben dem Telefon.

„Was machen wir jetzt?", fragte Mirjam ungeduldig.

David raffte sich auf. „Es wird uns nichts anderes übrig
bleiben, als ihm die geforderte Summe zu geben. Es stimmt
schon, was er sagt. Wir können die Polizei nicht hinzuziehen.
Er und seine Familie würden ins KZ kommen, und wir bleiben für ewig im Visier der Gestapo. Er hat ja recht. Wir Juden
halten uns besser unauffällig im Hintergrund."

„Aber wir haben doch gar nicht so viel Geld auf dem
Konto."

„Haben wir auch nicht. Ich habe alles, was ich sparen
konnte, Friedrich gegeben, der das Geld für uns in seinem
Banksafe aufbewahrt. Er wollte es in Aktien gewinnbringend
anlegen, aber ich fürchtete, dass hastige Verkäufe eventuell
auffallen würden. Ich muss jetzt einfach mit Friedrich darüber
reden." David schaute auf seine Uhr. „Es ist schon fast vier
Uhr. Ich habe Zweifel, ob er das Geld heute noch abholen
kann."

Diese Angelegenheit konnte telefonisch nicht besprochen
werden, daher musste er meinen Vater durch ein verabredetes
Telefonzeichen, das heißt dreimal läuten lassen und auflegen,
bitten, durch die Geheimpforte herüberzukommen.

Als David meinem Vater die ganze Sachlage darlegte,

wusste dieser auch keinen anderen Ausweg, als dem Erpresser den gewünschten Betrag zu übergeben. Mein Vater versprach, den erforderlichen Geldbetrag am nächsten Morgen gleich abzuholen, und schlich sofort wieder durch die Pforte zurück in sein Büro.

„Das ist ja schrecklich", klagte Mirjam, „dass Daniel bei fremden Leuten übernachten muss!"

„Ja, das ist leider nicht zu ändern", antwortete David, „aber er wird ja erfahren, dass er morgen wieder nach Hause kann."

Pünktlich um sieben Uhr abends rief Konrad wieder an: „Haben Sie das Geld bereit?"

„Nein, leider bekomme ich es erst morgen", antwortete David, „und Sie müssen gar nicht auf den Gedanken kommen, irgendwann noch mehr zu fordern. Das ist alles, was ich habe. Es war für die Auswanderung meiner eigenen Familie angespart."

„Nein, ich werde ganz sicher nicht noch mehr Geld fordern", versicherte Konrad, „ich denke, Sie werden als Arzt schon wieder das Nötige verdienen und mit der Zeit zusammenkratzen können, was Sie zur Ausreise brauchen."

David hatte kein Interesse, mit ihm über dieses Thema zu diskutieren. „Sagen Sie mir jetzt, wo wir uns morgen treffen!"

„Wir treffen uns um zwölf Uhr am Tiergarten vor dem Tor. Machen Sie kein Aufsehen! Sie wissen, es schadet uns beiden!"

Bevor David Grüße an Daniel ausrichten und fragen konnte, ob sein Sohn dabei sein würde, wurde schon aufgelegt.

Sowohl Daniels als auch meine Eltern hatten eine unruhige Nacht voller Sorge, ob alles gut gehen würde. Mich hatten sie fürsorglich nicht eingeweiht, um mich nicht aufzuregen.

Am nächsten Tag fand sich David mit einer einfachen Tasche, in der die geforderte Summe lag, pünktlich am Tiergartentor ein. Am Ende des Luitpoldhains war er mit seinem Auto an einem Lieferwagen vorbeigefahren. Bei dessen Anblick dachte er, dass es das Entführungsauto hätte sein können, und schrieb sich vorsorglich die Autonummer auf.

Vor dem Tor musste er nicht lange warten, bis Konrad ihn ansprach: „Kann ich mal in Ihre Tasche sehen?"

„Nicht bevor ich meinen Sohn gesehen habe!"

„Dann schauen Sie einfach durch das Tor geradeaus!"

David sah Daniel im Tierparkgelände mit einer Frau auf einem Mäuerchen sitzen und ihm zuwinken. Als er aufstehen wollte, hielt ihn die Frau fest.

„Setzen wir uns dort auf die Bank", schlug Konrad vor.

David schaute sich den Mann genau an: Eigentlich nicht unsympathisch, fand er. Jedenfalls kein Verbrechergesicht. Er öffnete die Tasche, damit Konrad die Banknoten überprüfen konnte.

„Gut, es wird schon stimmen", sagte er. „Bitte glauben Sie mir, ich habe das aus reiner Verzweiflung gemacht, um meine Familie zu retten. Sie bekommen Ihr Geld ganz sicher zurück!"

„Ja, das hoffe ich doch sehr. In der Tasche liegt ein Kuvert mit einem Zettel, auf dem die Adresse meiner Tochter in Zürich steht, mit dem Namen ihrer Bank und die Kontonummer. Ich lasse mich durch baldige Rückzahlung gerne überraschen." David stand auf, die Tasche immer noch fest in seiner Hand. „Nun gehen wir zum Eingang!", bestimmte er.

Konrad drückte David eine Eintrittskarte in die Hand, übernahm die Tasche und sagte: „Ich hoffe, Sie können mir verzeihen!"

David ging sogleich durch die Sperre, wo ihm Daniel lachend in die Arme sprang.

Mirjam hatte vorerst im Auto gewartet, aber dann trieb die Ungeduld sie doch in die Nähe des Geschehens, und sie beobachtete abseits hinter Büschen verborgen die Verhandlungen der beiden Männer. Nun eilte sie zur Kasse, um sich eine Eintrittskarte zu holen.

Hinter dem Eingang erdrückte Mirjam ihren Sohn fast vor Freude, ihn wiederzuhaben. Daniel musste haargenau erzählen, was er während der vergangenen vierundzwanzig Stunden erlebt hatte. Hierzu eignete sich nichts besser als ein ausgedehnter Spaziergang im Tiergarten. Hierbei setzte sich die Familie allerdings über das Verbot hinweg, das besagte, dass der Besuch von Parkanlagen und Gaststätten Juden untersagt war.

Während die Familie im Tiergartenrestaurant zu Mittag aß, rief David Vater an, um ihm von dem guten Verlauf zu berichten. Daraufhin weihte Mutter auch mich in die Ereignisse ein. Ich war so glücklich, dass Daniel wieder frei war, und so neugierig darauf, was er alles erlebt hatte, dass ich voller Ungeduld vom Fenster aus die Straße bis zur Ankunft des Autos beobachtete. Als Onkel Davids Wagen in die Garage fuhr, wollte ich sofort zu Daniel eilen. Aber Mutter hielt mich zurück: „Warte ein bisschen, Tante Mirjam wird uns sicher rufen, damit Daniel seine Erlebnisse allen gemeinsam erzählen kann."

David hatte noch einige Stunden in der Praxis zu tun, daher spielten Mutter und Tante Evi, die Daniel auch begrüßen wollte, mit mir Brettspiele und Domino, um meine Ungeduld zu zügeln. Wir verlegten unser Abendessen auf sechs Uhr und als Helga in ihrem Bettchen lag, schlichen wir nacheinander in gewissen Abständen durch unsere Geheimpforte zu Rosenholz' Terrasse.

Ich fiel Daniel gleich um den Hals: „Dani, ich bin ja so froh, dass du wieder da bist! Es ist dir doch gut gegangen bei den fremden Leuten, oder?"

Daniel schüttelte den Kopf und wir setzten uns alle um den Esszimmertisch, auf dem ein großer Krug Zitronenlimonade und für jeden ein Becher stand. Während Tante Mirjam Limonade eingoss, begann Daniel zu erzählen.

„Ich bin furchtbar erschrocken, als mir auf der Straße plötzlich jemand etwas in den Mund stopfte und die Kapuze überzog und schreckliche Angst hatte ich auch.

Aber die zwei Männer im Auto sagten gleich: ‚Du brauchst keine Angst zu haben, wir tun dir nichts.' Sie nahmen mir auch sofort die Kapuze herunter und zogen mir das Tuch aus dem Mund.

Ich weinte und bat: ‚Ich will nach Hause zu meiner Mutter und zu meinem Vater', aber der Mann, der Konrad heißt, sagte: ‚Du darfst bald wieder heim. Du machst nur einen Besuch bei uns. Ich habe einen Jungen, der spielt mit dir.'

Wir fuhren eine Weile durch viele Straßen, dann brachten sie mich in eine kleine Wohnung hoch oben in einem Haus. Da gab es nur eine Küche und ein kleines Schlafzimmer. Im Schlafzimmer schliefen die Eltern und in der Küche stand ein Sofa, auf dem Jonas immer schläft. Ich glaube, er ist zehn Jahre alt. Konrad versprach mir, dass ich am nächsten Tag wieder heimgehen darf, aber er erklärte mir nicht, warum ich dort bleiben musste.

Seine Mutter heißt Flora. Sie weinte und schimpfte mit ihrem Mann. Sie sagte, dass sie nicht gewusst hätte, dass ihr Mann mich herbringen wollte.

Sie waren alle sehr nett zu mir und es gab gutes Essen. Weil sie alle so freundlich zu mir waren, hatte ich auch keine Angst mehr. Jonas spielte mit mir und brachte mir Kartenspiele bei, weil er keine anderen Spiele hatte.

Abends gingen wir bald ins Bett. Ich sollte auf dem Sofa schlafen und bekam auch frische Bettwäsche. Und heute beim Frühstück sagte Konrad, dass er mich mittags zu meinem Vater bringen wird. Konrad und Flora fuhren mich in einem Lieferwagen zum Tiergarten und dort haben wir uns ja getroffen. Ich habe mir schon lange gewünscht, mit euch wieder in den Tiergarten zu gehen. Das war richtig schön."

Mirjam murmelte: „Unter anderen Voraussetzungen wäre es viel schöner gewesen."

Ich dachte eine Weile angestrengt nach und fragte dann Onkel David: „Warum haben die Männer Dani überhaupt von der Straße mitgenommen? Dani hat gesagt, die Leute wollten ihm nicht verraten, warum er bei ihnen bleiben musste. Aber warum musste er bei ihnen schlafen? Warum hast du Dani nicht einfach abgeholt?"

Meine Fragen machten David deutlich verlegen. Er rieb sich die Stirn und dachte offensichtlich intensiv nach, wie er mir das erklären sollte.

Vater kam ihm zu Hilfe: „Ich glaube, es ist das Beste, du erklärst den Kindern Konrads Situation, weswegen er Daniel entführt und welches Unrecht er damit begangen hat, obwohl er alles wiedergutmachen will."

Mutter, Tante Mirjam und Tante Evi nickten zustimmend, und so erfuhren wir schon als Fünfjährige, dass es Menschen gibt, die Kinder entführen, um Geld zu erpressen.

6. Besucher in der Reichskristallnacht

„David, wach auf!" Mirjam rüttelte seine Schulter. „Hörst du nicht? An der Haustür klingelt jemand Sturm."

Ein Blick auf den Wecker sagte ihm, dass es kurz nach zwei Uhr war. David schlüpfte in seine Pantoffeln, zog schnell den Hausmantel über und eilte zur Eingangstür. Davor standen zwei jämmerliche Gestalten, blutüberströmt und sich gegenseitig stützend, da sie sich kaum noch aufrecht halten konnten. David half den beiden Männern in sein Behandlungszimmer. Sie waren offensichtlich Vater und Sohn.

Während David den älteren Mann untersuchte, erzählte der jüngere von den Vorkommnissen in der Innenstadt. Auf dem Weg zu ihm in die Praxis hatten sie überall das gleiche Szenario gesehen, das sie selbst in ihrem Geschäft und ihrer Wohnung erlebt hatten. SA, Hitlers Sturmabteilung, war gegen Mitternacht wie eine Horde Wilder mit Äxten und Eisenstangen in jüdische Häuser, Wohnungen und Geschäfte eingebrochen und hatte die Einrichtung zerstört. Die Männer zerhackten die Möbel, zerschnitten Teppiche, Vorhänge und Wandbilder mit Messern, schlitzten Polster und Betten auf und schlugen alle Fensterscheiben ein. In den Läden demolierten sie die Regale mitsamt den Ausstellungsstücken und zertrümmerten die Schaufenster. Die Verwüstungen waren unbeschreiblich. Jeder jüdische Bürger, der etwas zu sagen wagte oder sich gar in den Weg stellen wollte, wurde gnadenlos niedergeschlagen und mit den schweren Stiefeln der SA-Männer in alle Körperteile getreten, bis er sich nicht mehr bewegte.

Dem älteren der beiden Männer war es offensichtlich schlecht ergangen. Er hatte Rippenbrüche davongetragen sowie mehrere Blessuren und Blutergüsse, die deutlich von Stiefelabsätzen herrührten. Während David den Verletzten versorgte, hatte Mirjam sich angezogen und ihrem Mann Kleidung und Praxiskittel gebracht. Dann half sie David, indem sie seine Anweisungen ausführte.

Der Sohn hatte eine Platzwunde am Kopf und zahlreiche Schnittverletzungen an den Fußsohlen. Als er von den SA-Berserkern mit Schlägen aus dem Bett gescheucht worden war, hatte ihm die Zeit gefehlt, feste Schuhe anzuziehen. Nachdem sich die SA-Männer im Laden und in der Wohnung ausgetobt hatten, jagten sie die Besitzer mit Stockschlägen auf die Straße. Die Gehsteige waren mit Glasscherben übersät, die von eingeschlagenen Fenstern und Schaufenstern der jüdischen Geschäfte und Wohnungen herrührten. Daher stammten die vielen Schnittwunden an den Füßen des jungen Mannes.

Auf der Straße sahen die beiden Männer, dass Menschen zusammengetrieben und auf einen großen Laster verfrachtet wurden. Da die meisten der Verhafteten mitten in der Nacht aus dem Schlaf gerissen worden waren, hatten nur wenige von ihnen in dieser rauen Novembernacht Mäntel und Straßenschuhe an.

Es gelang den beiden Misshandelten zu entkommen und eine größere Strecke mit ihrem Auto zu fahren. Kurz vor dem Dutzendteich wurden sie von zwei SA-Männern auf einem Motorradgespann angehalten. Die von vermutlich erbeutetem Alkohol sichtlich betrunkenen Männer warfen sie mit Gejohle aus dem Wagen. Froh darüber, nicht noch mehr gequält zu werden, überließen sie ihnen das Auto und schleppten sich zu Fuß weiter. Auf Davids Frage, warum sie denn nicht einen Arzt in der Nähe ihrer Wohnung aufgesucht hätten, antworteten sie, dass auch die Praxis ihres Hausarztes Dr. Frankenauer zerstört worden sei. Der hatte ihnen einmal von David, seinem Kollegen am Dutzendteich, erzählt, der so schlau gewesen war, seine Praxis und sein Domizil von der unsicheren Innenstadt hinaus an den Stadtrand zu verlegen.

Das war eine schlimme Nachricht für David. Sein Freund Dr. Werner Frankenauer war also auch in die Terrorwelle der Braunen geraten. Doch im Augenblick konnte er nicht darüber nachgrübeln, denn zwischenzeitlich hatte es an der Haustür noch mehrmals geklingelt, was bedeutete, dass weitere Patienten im Wartezimmer auf Hilfe hofften.

Im Augenblick behandelte er eine junge Frau und ein etwa zweijähriges Mädchen, das schluchzend auf ihrem Schoß saß. Die Frau hatte ein derart angeschwollenes Gesicht, dass sie kaum aus den Augen sehen konnte. Offensichtlich war sie mit harten Schlägen malträtiert worden. Das kleine Mädchen hatte eine Platzwunde am Kopf und dicke, blau angelaufene Striemen quer über den Schienbeinen.

Mirjam strich das Gesicht der Frau mit kühlender Salbe ein, die das Abschwellen förderte, während David die Beine der Kleinen auf eventuelle Brüche hin untersuchte.

„Wie können Menschen nur so brutal sein!" Er schüttelte voller Mitgefühl den Kopf. „Wie heißt du denn, meine Kleine?", fragte er sie sanft.

„Aua, Aua", jammerte sie statt einer Antwort und konnte nicht aufhören zu schluchzen.

„Bekka", sagte die Frau, „Bekka heißt sie."

„Es sieht nicht aus, als ob die Beinchen gebrochen wären. Da hat sie Glück gehabt", erklärte David, „wir geben abschwellende Salbe drauf und einen Verband. Die Kopfwunde braucht zwei kleine Nähte und wird schnell heilen. Ich habe zwar nicht mehr viel an Schmerzmitteln hier, aber Bekka werde ich eine kleine Spritze geben, damit sie sich beruhigt und schlafen kann. Meine Frau wird Ihnen gleich zeigen, wo Sie sich ausruhen können.«

Das häufige Klingeln und das Stöhnen und Jammern der Verletzten im Wartezimmer hatten schließlich auch Daniel aufgeweckt. Er stand auf und ging schlaftrunken den ungewohnten Geräuschen nach.

Als er im Wartezimmer die blutenden Menschen mit ihren provisorischen Verbänden sah, fing er vor Schreck laut zu weinen an. Mirjam eilte zu ihm und wollte ihn wieder ins Bett bringen, aber er umklammerte sie und schrie: »Nein, nein, ich will zu dir ins Bett!«

»Schatz, ich muss Vater ganz dringend in der Praxis helfen. Soll ich dich zu Rosalie bringen?«

Er nickte. Schnell riss Mirjam Daniels Mantel von der Garderobe und warf ihn über seine Schultern, dann nahm sie ihn hoch und trug ihn durch die Heckenpforte zu unserer Küchentür.

Während ich tief und fest schlief, war meinen Eltern die Unruhe bei Familie Rosenholz bereits aufgefallen. Helga hatte nachts geweint und als meine Mutter ihr in der warmen Küche ein Fläschchen gab, sah sie im Nachbarhaus überall Licht durch die Ritzen der Fensterläden schimmern.

Das war ungewöhnlich um diese Zeit. Als sie das Haus eine Weile beobachtete, bemerkte sie im Schein der schummerigen Straßenbeleuchtung, dass laufend weitere Personen ins Haus gelassen wurden. An ihrer Körperhaltung war erkennbar, dass diese Menschen unter Schmerzen litten.

Sie legte Helga in ihr Bettchen zurück und weckte Vater. „Fritz, steh bitte auf und komm herunter in die Küche." Mutter berichtete ihm, was sie gesehen hatte. „Das sieht ganz danach aus, als ob es irgendwo ein Unglück mit vielen Verletzten gegeben hätte."

„Aber wieso wurden diese Leute dann nicht in Krankenhäuser transportiert?", überlegte Vater. „Es ist doch sonderbar, dass sie in Davids abgelegene Praxis kommen!"

Während sie das mysteriöse Geschehen eine Weile sorgenvoll verfolgten, vernahmen sie plötzlich Daniels Schreien und Weinen aus dem Nachbarhaus. Meine Mutter wollte sich schnell anziehen und auf den Weg machen, um ihre Hilfe anzubieten, als Mirjam bereits an die Tür klopfte. Eilig legte sie ihr den schluchzenden Daniel in die Arme: „Winnie, bitte kümmere dich um ihn!"

„Ich werde dir Lisa schicken", rief Mutter ihr noch nach.

David und Mirjam hatten bis in den Vormittag hinein mit den Patienten alle Hände voll zu tun und hörten während der Behandlung deren unfassbare Berichte. Verletzte Juden, denen es gelungen war, aus den Wohnungen zu flüchten, nachdem ihre Peiniger ihre „Arbeit" vollendet hatten, stahlen sich auf Schleichwegen unter ständigem Verbergen in Hausnischen und -toren aus der Stadt. Manche trugen Menschen, die nicht mehr gehen konnten, auf dem Rücken oder transportierten sie auf dem Gepäckträger ihrer Fahrräder. Den traurigsten Anblick boten verletzte Kinder, die herzzerreißend weinten.

Familie Rosenholz konnte ihre versorgten Patienten natürlich nicht sofort wieder auf die Straße schicken. Einerseits waren die meisten der Patienten zu schwach, um in den nächsten Tagen zu ihren Wohnungen zurückzukehren, andererseits war es auch wegen der noch anhaltenden Straßenkontrollen der SA nicht möglich. Die Verbände mussten außerdem nach vierundzwanzig Stunden erneuert werden, wofür meine Eltern, Mirjams Tageshilfe Elli und unser Hausmädchen Lisa das Material in unterschiedlichen Apotheken kauften, um nicht aufzufallen.

Lisa und Elli hatten notdürftige Lager hergerichtet. Sie holten Matratzen vom Dachboden und suchten im Haus alle verfügbaren Decken zusammen. Frauen und Kinder durften in Ruths Zimmer ruhen und die Männer in Daniels Zimmer. Elli stellte in beiden Räumen große Kannen mit heißem Tee und Becher bereit.

Als ich am nächsten Morgen wie gewohnt gegen sieben Uhr aufwachte, wunderte ich mich, dass Daniel neben mir im Bett lag. Die Decken, die meine Mutter auf meinem kleinen Sofa für ihn hergerichtet hatte, waren kaum benutzt. Ich schickte mich an, ihn wachzurütteln, als ich an seinen rötlich gefleckten Wangen sah, dass er geweint hatte. Da musste etwas Schlimmes passiert sein! Vorsichtig stieg ich aus dem Bett und legte die Bettdecke wieder über Daniels Schultern. Er seufzte tief, schlief aber weiter. Schnell schlüpfte ich in meine Pantoffeln, holte meinen Morgenmantel im Bad und rannte die Treppe hinunter. Ich riss die Küchentür auf und sah, dass Oma Franzi gerade das Frühstück vorbereitete. „Wo ist Mutti?", rief ich.

„Erst mal ,Guten Morgen', kleine Dame! Ich weiß nicht, wo sie ist. Vielleicht ist sie gerade im Bad und zieht sich an."

„Nein, da war ich eben!" Ich wollte die Treppe wieder hochstürmen, um im Elternschlafzimmer nachzusehen, doch Oma Franzi hielt mich zurück.

„Vielleicht hat Mutti eine schlechte Nacht gehabt und

schläft noch. Sei ein großes Mädchen! Geh ins Bad! Wasch dich und zieh dich an! Dann sehen wir weiter."

„Warum ist Dani in meinem Bett?", platzte ich heraus.

„Was, Dani ist hier?", staunte Oma Franzi. „Davon wusste ich nichts."

Ich merkte schon: Das Rätsel war im Augenblick nicht zu lösen. Also folgte ich Oma Franzis Rat und ging ins Badezimmer, um mich fürs Frühstück fertig zu machen. Anschließend öffnete ich einen Spaltbreit die Tür zu meinem Zimmer und sah, dass Daniel gerade aufgewacht war. Ich setzte mich zu ihm aufs Bett und fragte: „Wieso hast du denn heute Nacht bei mir geschlafen?" Ich sah mich im Zimmer um. „Du hast ja gar keine Kleider dabei."

Daniel warf die Arme um meinen Hals und fing wieder an zu weinen. „Rosi, es ist so schrecklich! So viele Leute im Wartezimmer! Sie bluten so arg! Ein Junge hat einen Verband voller Blut auf dem Kopf."

„Oh, das ist ja schlimm, Dani! Wir gehen gleich hinüber und fragen, was los ist!"

„Nichts da!", kam Oma Franzis Stimme von der Tür. „Ihr bleibt schön hier! Ihr werdet noch früh genug erfahren, was passiert ist. Jetzt wird erst gefrühstückt. Dani, du ziehst am besten Rosis Morgenmantel über und nimmst ihre Pantoffeln."

Daniel verzog zwar das Gesicht, weil er Mädchenkleidung anziehen sollte, folgte uns aber gehorsam in die Küche.

Gegen acht Uhr setzte sich Vater zu uns und Oma Franzi schenkte ihm Kaffee ein. „Tante Winnie kommt gleich", wandte er sich an Daniel, „sie holt gerade Kleider für dich."

„Was ist denn heute Nacht passiert? Warum sind in der Dunkelheit so viele Leute zu Vater gekommen? Warum haben sie so arg geblutet?", fragte Daniel.

„Es gab nachts ein Unglück, wobei viele Menschen verletzt wurden. Die mussten natürlich zu Ärzten gehen. Aber sie werden bestimmt bald wieder gesund. Heute Nachmittag kommt dein Vater herüber. Der kann dir mehr sagen."

Mit dieser knappen Auskunft gaben wir uns vorläufig zufrieden. Wir beiden Fünfjährigen fragten uns nicht, warum die Verunglückten nicht sofort in Krankenhäuser geschafft worden waren.

Bald kam Mutter mit einem Paket Kleidung für Daniel zurück.

„Ich muss jetzt gleich zum Unterricht, Tante Winnie", sagte er.

„Nein, Dani, der fällt ein paar Tage aus und der Kindergarten auch, Rosi", antwortete sie. „Geht nach oben in Rosalies Zimmer und spielt ein bisschen", schlug sie vor.

Am späten Vormittag, als der letzte Patient versorgt war, legte David sich erschöpft für eine Stunde schlafen. Für Mirjam gab es noch keine Ruhezeit, denn sie musste ein Mittagessen für die Patienten ihres provisorischen Lazaretts zubereiten. Nachdem sie seit ihrer Heirat gewohnt war, öfters für viele Besucher zu sorgen, bedeutete es für sie keine Schwierigkeit, ein einfaches, aber schmackhaftes Gericht für die siebzehn verletzten Personen zu kochen.

Ausgerechnet mitten in Mirjams Arbeit wurde die kleine Bekka wach und fing an, jämmerlich nach ihrer Mama zu rufen. Mirjam eilte zu ihr und nahm sie auf den Arm, um sie zu beruhigen. Nachdem sie die junge Frau, die nachts mit Bekka in die Praxis gekommen war, in Ruths Zimmer nicht entdecken konnte, machte sie sich auf die Suche nach ihr und klopfte an die Bad- und Toilettentüren, doch sie konnte sie nirgendwo finden.

„Das ist seltsam", dachte sie, „vielleicht war die Frau gar nicht ihre Mutter. Vielleicht hat sie Bekka alleine und hilflos auf der Straße gefunden und hierhergebracht. Und jetzt hat sie sich aus dem Staub gemacht. Ich muss später auf ihrer Karteikarte nachsehen, wie sie heißt und wo sie wohnt."

Mirjam hatte keine Zeit für weitere Überlegungen. Bekka brauchte dringend intensive Betreuung, die sie ihr im Augenblick nicht geben konnte. Sie rief Mutter an und erklärte ihr in kurzen Zügen, was geschehen war.

„Natürlich nehme ich die Kleine. Wenn sie mit den Kindern zusammen ist, wird sie sich wohler fühlen und ihre Mama wird sich sicher bald melden."

Meine Mutter lief den Umweg über die Uferpromenade zu Mirjams Terrassentür und holte Bekka nebst einem Beutel Verbandsmaterial ab. Ein Gang durch die Geheimpforte war aufgrund der vielen Fremden im Haus bei Tageslicht nicht möglich. Sie trug den kleinen Gast gleich in Helgas Zimmer. Bekka stellte vor Überraschung sofort das Weinen ein, als sie die Kleine in ihrem Laufstall sah.

Meine Mutter setzte sie vor dem Gitter ab, damit die beiden sich kennenlernen konnten. Mein Schwesterchen krabbelte zu den Stäben und lachte die Besucherin freudestrahlend an. Auch Bekka lächelte zurück. Eine Weile bestaunten sich die zwei, dann setzten sie sich nebeneinander auf den Boden, die Holzstäbe zwischen sich. Helga reichte Bekka ein Spielzeug, das diese von allen Seiten begutachtete. Dann gab sie ihr ein weiteres und noch eines; offensichtlich war die Freundschaft nun geschlossen. Ohne die Kinder zu stören, tastete Mutter Bekkas Höschen ab. Alles trocken. Anscheinend war sie schon ans Töpfchen gewöhnt, dann war es höchste Zeit, sie draufzusetzen. Schnell holte sie es aus dem Badezimmer.

Sie zog vorsichtig, um Bekkas verbundene Schienbeine nicht zu berühren, ihr Höschen herunter und setzte sie aufs Töpfchen. Die Wirkung zeigte sich sofort.

Während die Kinder einträchtig weiterspielten, holte Mutter aus Helgas Schrank wollene Söckchen für Bekka. Dann rief sie Daniel und mich, um uns mit der kleinen Besucherin bekannt zu machen. Wir knieten uns neben Bekka nieder, die uns sehr genau musterte, bevor sie uns ein Lächeln schenkte.

„Ist die niedlich!", rief ich. „Genau das Gegenteil von Helga: dunkle Locken und dunkelbraune Augen, und Helga hat blonde Locken und blaue Augen. Aber wo ist denn ihre Mama?"

Mutter erklärte uns, dass ihre Mama sie wohl nachts bei dem Unglück verloren habe, aber sicher bald auftauchen würde. „Bleibt ihr ein wenig bei den Kleinen und passt auf sie auf? Berührt Bekkas Beinchen nicht, sonst bekommt sie Schmerzen. Sie sind voller blauer Flecken. Ich muss kurz nachsehen, ob Oma Franzi mich beim Kochen braucht."

Daniel und ich waren stolz, dass wir für fähig befunden wurden, zwei Kleinkinder zu hüten. Wir bauten ihnen Türme aus Bauklötzen, die sie mit Begeisterung sofort wieder umwarfen. Bekka versuchte einmal aufzustehen, doch offensichtlich schmerzten bei dem Versuch sofort ihre Beinchen, sodass sie lieber sitzen blieb.

Dann brachte meine Mutter zwei Fläschchen mit sämigem Grießbrei herein. „Wer will wen füttern?", rief sie.

Daniel sprang auf, nahm ein Fläschchen und setzte sich zu Bekka. Sie lehnte sich sofort an ihn und nuckelte hungrig am Sauger. Dabei sah sie ihn prüfend an. Dass er genauso dunkle Locken und die gleichen dunkelbraunen Augen hatte wie sie, schien auf sie vertrauenerweckend zu wirken.

Während die Kleinen tranken, fielen ihnen schon die Augen zu. Vorsorglich hatten Mutter und Oma Franzi Helgas Wiege hervorgeholt und neben ihr neues Bettchen gestellt. Widerstandslos überließ Helga ihrer neuen Freundin Bekka das Gitterbettchen und ließ sich in ihre Wiege legen, in die sie nur noch knapp hineinpasste. Mutter zog die Vorhänge der beiden Fenster zu und Bekka schlief sofort ein. Vermutlich war die Wirkung der nächtlichen Beruhigungsspritze noch nicht abgeklungen. Helga bekam in der Wiege schnell noch eine neue Windel, dann schlief auch sie bald tief und fest.

Nun konnten wir im Esszimmer in Ruhe die köstlichen, mit Zimt und Zucker bestreuten Grießschnitten genießen, die Oma Franzi für uns gebacken hatte.

Als David am Nachmittag eine kleine Pause einlegen konnte, kam er über einen großen Umweg auf den Straßen schließlich durch das Gartentor an der Uferpromenade in unser Haus. Er wirkte abgespannt und sorgenvoll. „Mirjam und ich sind übereingekommen, Daniel noch nicht die ganze Wahrheit zu sagen", erklärte er meinen Eltern. „Wie soll ein fünfjähriges Kind verstehen und verkraften, dass mitten in der Nacht eine Horde roher SA-Männer in die Behausungen von Juden eingebrochen ist und sie blutig geschlagen hat?"

„Richtig, das können wir den Kindern wirklich nicht erzählen. Aber wie sollen wir ihnen die schlimmen Verletzungen begreiflich machen?", fragte Mutter.

„Wir haben uns überlegt, Daniel von einer Gasexplosion zu erzählen, wodurch die Menschen von herumfliegenden Scherben verletzt worden seien. Von den Jungen aus der Vorschule wird er hoffentlich nichts erfahren, denn sie wohnen alle außerhalb der angegriffenen Stadtteile. Der Unterricht fällt ohnehin eine Weile aus, denn wir wissen noch nicht, ob auch unser Rabbiner und die Lehrer von den Vorfällen betroffen sind. Wenn einige Wochen verstrichen sind, werden die Jungen vermutlich nicht mehr davon sprechen." David schwieg einen Moment, um den anderen Zeit zum Überlegen zu geben.

„Ich finde den Plan gut. Was sagst du dazu, Fritz?", fragte Mutter. „Wenn wir Rosalie zwei bis drei Wochen lang nicht in den Kindergarten bringen, werden die Kinder dort auch nicht mehr über Ereignisse sprechen, die sie eventuell von den Erwachsenen aufgefangen haben."

„Ja", sagte Vater, „eine Explosion in der Stadt wird wohl für Daniel und Rosalie vorläufig die einfachste Begründung für die verletzten Leute sein. Wenn die Kinder älter sind, werden sie die ganze Wahrheit erfahren."

David und Mutter gingen sogleich die Treppe hoch in mein Kinderzimmer, wo sie uns einträchtig beim Halmaspielen vorfanden. Die Erklärungen, die uns Onkel David zum nächtlichen Geschehen gab, und die Beteuerung, dass die Verletzten bald wieder völlig gesund sein würden, beruhigten uns und verscheuchten unsere Ängste. Dass Daniel ein paar Tage bei mir bleiben dürfe, löste Jubel aus und lenkte unsere Gedanken wieder in kindgerechte Bahnen.

„Und Bekka? Wie lange darf sie hierbleiben?", fragte ich.

„Sie darf so lange hierbleiben, bis ihre Mama sie holt", antwortete Mutter.

„Da wird sich Helga aber riesig freuen, dass sie jemanden zum Spielen hat", sagte ich.

David bat Mutter, den Verband an Bekkas Beinchen zu erneuern, sobald sie vom Mittagsschlaf aufwachte. „Mirjam hat die Karteikarte, die sie für die junge Frau und Bekka angelegt hatte, herausgelegt und sobald sie etwas Zeit hat, schaut sie nach, wo die junge Frau wohnt, die das Mädchen hergebracht hat. Dann muss sie doch zu finden sein.“

Während der insgesamt drei oder vier Tage, an denen das gemischte Häuflein Elend bei Familie Rosenholz hauste, versuchten Mirjam, meine Mutter, Lisa und Elli die blutbefleckte und zum Teil beschädigte Kleidung zu reinigen und zu reparieren, oder was nicht mehr zu retten war, durch eigene Kleidung zu ersetzen. Manche der Verletzten waren in Schlafanzügen oder Nachthemden und Hausschuhen gekommen und konnten sich in diesem Aufzug selbstverständlich nicht auf der Straße sehen lassen.

Am Sonntagmorgen unternahm David eine Probefahrt in die Innenstadt. Es zeigten sich nur wenige Leute auf den Straßen. Dennoch wagte er sich nicht weiter vor als bis zum Maxtorgraben, da er in der Innenstadt auf der Fahrbahn Glasscherben in der Sonne aufblitzen sah. Offensichtlich hatte die Lage sich nunmehr beruhigt, doch die Aufräumungsarbeiten schienen noch nicht abgeschlossen zu sein. Wer sollte sie auch erledigen, wenn die Bewohner der beschädigten Häuser entweder verhaftet, zu schwer verletzt oder gar tot waren?

David wendete und fuhr zurück zur Praxis. Die Patienten hatten bereits alle ihren Teller mit dem Mittagessen auf dem Schoß und aßen das Gemüse mit Genuss.

„Gute Nachricht“, verkündete David, „in der Stadt ist Ruhe eingekehrt. Nach dem Essen könnt ihr nach Hause.“

Auf den Gesichtern der Patienten zeigten sich teils Freude, teils Furcht; Freude darüber, dass die Gefahr offensichtlich vorbei war, und Furcht davor, welches Chaos sie wohl zu Hause erwartete.

„Ihr dürft momentan nicht mit der Straßenbahn fahren, daher bringe ich euch mit dem Auto bis zur Stadtmauer eures Stadtteils. Weiter geht es nicht, weil ich mir mit den herumliegenden Scherben die Reifen nicht ruinieren will."

Die Patienten waren überglücklich und bedankten sich ganz herzlich für die Pflege und die Versorgung mit Kleidung.

David führte vier der Patienten über die Terrasse zum Hintereingang der Garage. Drei mussten sich auf dem Rücksitz des Wagens zusammenkauern und unter einer Decke verstecken und einer auf dem Vordersitz. Sobald sie außer Sichtweite unserer Nachbarhäuser waren, konnten sie sich aufrecht setzen. David musste nur dreimal fahren, denn einige der Patienten waren mit Fahrrädern gekommen.

In den folgenden Tagen hörte Mutter beim Einkaufen nicht ein einziges Mal eine Bemerkung unserer Nachbarn über die Vorgänge in Daniels Praxis während der furchtbaren Nacht. Zu sehr waren die Leute über die unmenschlichen Handlungen der SA-Männer schockiert und von Mitleid für die drangsalierten Juden erfüllt. Es gab auch keine Fragen über die häufigen Großeinkäufe und die rege Geschäftigkeit der Frauen in unseren beiden Häusern, obwohl ihnen die außergewöhnlichen Aktivitäten aufgefallen sein mussten.

Als Daniel und ich etwas älter waren, erfuhren wir die Wahrheit über die Geschehnisse der vergangenen Tage. Diese grauenvolle Nacht vom 9. auf den 10. November 1938, in der sich ähnliche Tragödien in vielen Städten Deutschlands abgespielt hatten, sollte unter der volkstümlichen Bezeichnung „Reichskristallnacht" als unrühmlicher Gedenktag der Nazizeit in die Geschichte eingehen.

7. Ein verloren gegangenes Mädchen

Wir hatten alle viel Freude an der kleinen Bekka. Bald stellte sich heraus, dass ihr richtiger Vorname Rebekka war. Als ich sie fragte: „Heißt du Rebekka?", nickte sie und sprach den Namen auch korrekt nach. Daniel und ich kümmerten uns, sooft wir tagsüber Zeit hatten, um Helga und Rebekka, damit die Kleine ihre Mutter nicht zu sehr vermisste. Doch immer wieder, insbesondere vor dem Einschlafen, jammerte sie nach ihrer Mama. Leider fehlte immer noch jegliche Spur von ihrer Mutter.

David stellte allen Patienten, die er in der Pogromnacht behandelt hatte, mit Rücksicht auf die gegebenen Verhältnisse eine bescheidene Rechnung aus, ohne Berechnung der Nachtgebühr. Auch Julia Besold erhielt eine Rechnung für ihre und Bekkas Behandlung. Beim Betrachten der neuen Karteikarten fiel ihm auf, dass alle Adressen dieser Patienten in Dr. Frankenauers Einzugsbereich lagen. Sein Freund musste wohl viel von ihm gesprochen haben.

Von allen Patienten erhielt David Dankesbriefe. Einige wenige baten um Aufschub der Zahlung und andere gaben ein Mehrfaches des geforderten Betrages. Nur von Julia Besold kam keine Nachricht.

„Wir sollten sie bald aufsuchen, David", schlug Mirjam vor, „Bekka braucht doch ihre Mutter. Frau Besold scheint nicht ihre Mutter zu sein, aber sie wird schließlich noch wissen, wo sie die Kleine gefunden hat."

„Ja, wir müssen uns darum kümmern, am besten heute Abend gleich nach der Praxis."

Gegen sechs Uhr machten Mirjam und David sich auf den Weg zu der angegebenen Adresse. In diesem Haus waren noch erhebliche Spuren von den Verwüstungen der SA-Horde in der Pogromnacht zu erkennen. In der ersten Etage stand auf einem Messingschild „Emil und Julia Besold". Die Tür war nur notdürftig mit Brettern repariert worden. Niemand reagierte in der Wohnung auf das nachdrückliche Klingeln, aber die Nachbartür öffnete sich einen Spaltbreit.

„Die Besolds sind nicht mehr da", sagte eine Männerstimme.

„Haben die Besolds ein kleines Mädchen, das Rebekka heißt?", fragte Mirjam.

„Nein, in diesem Haus hat noch nie ein kleines Mädchen gewohnt", antwortete er und die Tür schloss sich wieder.

David blickte Mirjam an: „Ganz wie du vermutet hast. Frau Besold ist gar nicht Bekkas Mutter."

„Aber wie geht es jetzt weiter?"

„Ich werde bei allen auffindbaren Mitgliedern der Gemeinde nachfragen, ob wegen eines etwa zweijährigen Mädchens eine Vermisstenmeldung vorliegt, und darum bitten, dass meine Suchanfrage so schnell wie möglich auch an andere Mitglieder weitergegeben wird. Nur so können wir etwas herausbekommen."

Nach zwei Tagen erhielt David vormittags einen Anruf von einer Frau Ansberger. Sie gab an, eine Familie Hirschfeld mit ihrer kleinen Tochter Rebekka gut zu kennen. David bat Frau Ansberger gleich um eine Zusammenkunft am Nachmittag im Stadtpark, um ihr Rebekka vorzustellen.

„Juden dürfen den Stadtpark schon seit Langem nicht mehr besuchen. Wissen Sie das nicht? Treffen wir uns besser auf der Wöhrder Wiese am Johann-Sörgel-Weg."

Familie Rosenholz fuhr gemeinsam im Auto zur Wöhrder Wiese. Mirjam saß auf dem Rücksitz und hielt Rebekka auf dem Schoß, und weil sie befürchtete, die Kleine könnte im Auto ängstlich reagieren, setzte Daniel sich neben die beiden. Zu ihm hatte Rebekka, außer zu unserer Familie, den engsten Kontakt. Pünktlich um vier Uhr traf Frau Ansberger mit einem kleinen Mädchen an der Hand an der vereinbarten Stelle ein.

Es war offensichtlich, dass die beiden Kinder sich gut kannten, denn sie gingen sofort freudig plappernd aufeinander zu. Frau Ansberger zeigte sich sehr interessiert daran, wie Familie Rosenholz zu dem Kind gekommen war und was mit ihm in der Schreckensnacht passiert war. David erzählte ihr, wie es in dieser Nacht in seiner Praxis zugegangen war und dass Frau Besold, die er für Rebekkas Mutter hielt, einfach verschwunden sei. Und nun suche er nach Informationen über Rebekkas Herkunft.

„Frau Hirschfeld und ich sind zwei- bis dreimal in der Woche mit den Kindern spazieren gegangen", erzählte Frau Ansberger. „Einen Tag vor dieser furchtbaren Nacht haben wir uns noch getroffen. Jetzt sind Herrn Hirschfelds Rechtsanwaltskanzlei und die Wohnung der Familie völlig zerstört und ich habe von Nachbarn erfahren, dass die Familie aus der Wohnung gejagt worden ist. Nachdem das Ehepaar nicht mehr zurückkam, muss es wohl verhaftet worden sein."

Das war eine traurige Nachricht für die kleine Rebekka, die gottlob von alledem noch nichts verstand.

„Wissen Sie, wie alt Rebekka ist?", fragte Mirjam.

„Sie hat am 2. Februar Geburtstag. Da wird sie drei Jahre alt." Über Verwandte wie Großeltern, Tanten oder Onkel hatten sich Frau Ansberger und Frau Hirschfeld nie unterhalten.

„Wir werden abwarten müssen, ob und wann Verwandte sich bei der Gemeinde melden. Solange sorgen wir für Rebekka", sagte David.

Tante Mirjam kam nach dem Treffen zu uns und erzählte von der Begegnung mit Frau Ansberger.

„Jetzt wissen wir wenigstens Rebekkas Namen und Geburtsdatum", freute sich Mutter, „aber warum hast du sie nicht mitgebracht?"

„Aber Ludwina, du weißt genau, dass du Rebekka nicht mehr länger behalten kannst. Arier, die ein jüdisches Kind aufziehen! Stell dir dieses Risiko vor!", gab Tante Mirjam zu bedenken. „Daher dachte ich, es ist am besten, ich lasse sie gleich bei Daniel und David. Sie spielen gerade zusammen, damit sie sich auch an David gewöhnt."

„Du hast ja noch für nichts vorgesorgt", protestierte Mutter. „Rebekka hat doch nicht einmal ein Bettchen!"

„Winnie, sei vernünftig! Die Kleine ist schon viel zu lange hier. Du kannst sie doch jederzeit besuchen. Ich habe mir überlegt, dass sie heute Nacht bei Daniel im Zimmer schläft, weil sie ihn schon am besten kennt. Als provisorisches Bettchen schiebe ich zwei Sessel zusammen. Die Armlehnen verhindern, dass sie herausfällt."

Ich saß während Tante Mirjams Bericht mit am Tisch und war enttäuscht, dass Bekka nun zu Tante Mirjam sollte. „Aber Mutti, du hast doch gesagt, Bekka bleibt bei uns, bis ihre Mama sie holt!", begehrte ich auf.

„Ja, das habe ich gesagt", gab Mutter zu, „weil ich dachte, es würde sich nur um ein paar Tage handeln. Tante Mirjam hat recht. Rebekka ist ein jüdisches Kind und muss auch in einer jüdischen Familie aufwachsen. Du kennst doch schon lange die unterschiedlichen Bräuche zwischen Juden und

Christen. Ein Kind muss schon von klein auf hineinwachsen, verstehst du?"

„Darf ich wenigstens zu Bekka hinübergehen und ‚Gute Nacht' sagen?", bat ich.

„Röschen, nein, das wäre jetzt nicht gut für sie. Dann würde sie vielleicht weinen und mit dir zurückgehen wollen. Nun hat sie sich heute Nachmittag schon ein bisschen auf Familie Rosenholz einstellen können, deshalb ist es besser, wir stören ihre Eingewöhnung nicht. Sobald sie sich richtig zu Hause fühlt, kannst du sie besuchen."

Mutter nahm mich in die Arme, weil sie merkte, dass ich den Tränen nahe war. „Es sind doch nur ein paar Tage, Schatz, dann siehst du Rebekka jeden Tag wieder. Und inzwischen spielst du ein bisschen öfter mit Helga. Die freut sich so sehr, wenn du Zeit für sie hast."

Wenige Tage später rief Tante Mirjam Mutter und mich hinüber. Als sie die Terrassentür öffnete, hatte sie Rebekka auf dem Arm. Die Kleine streckte sofort lachend die Ärmchen nach uns aus und rief: „Rosi, Winnie!"

„Nun zeig mir mal dein neues Zimmer, Bekka!", forderte ich sie auf.

„Nein, Rebekka!", widersprach sie und schüttelte ihr braunes Lockenköpfchen. Sie nahm mich an der Hand. „Komm", sagte sie und stapfte an meiner Hand die Treppe hoch. Als sie die Tür zu Ruths ehemaligem Mädchenzimmer aufstieß, blieb ich vor Staunen stehen und rief: „Rebekka, das ist ja so schön!"

Meine Mutter stimmte mir zu: „Das Zimmer ist nicht wiederzuerkennen!"

Ruth hatte ihr Zimmer vorwiegend in Weiß gehalten, während Tante Mirjam dem Raum jetzt ein dezentes Rosa verlieh. Die Fenster zierten duftige rosa Vorhänge mit hellem Schmetterlingsmuster. Unter Ruths Baldachin mit den gestickten silbernen Sternen stand jetzt Rebekkas Gitterbett und die Parkettfläche zwischen Ruths weißen Möbeln füllte ein flauschiger Teppich mit rosa Punkten.

„Wir mussten nur die Wände streichen", erklärte Tante Mirjam, „die Vorhänge und der Teppich stammen aus Ruths ehemaligem Kinderzimmer. Ruths Spielsachen habe ich auch hervorgeholt. Nur für ihre Puppen ist Rebekka noch zu klein."

Inzwischen war Daniel hereingekommen, und schon saßen wir zu dritt auf dem Teppich und halfen Rebekka, hölzerne Figürchen in die Waggons einer Holzeisenbahn zu setzen.

„Siehst du, Dani, jetzt hast du auch ein Schwesterchen!", sagte ich. „Tante Mirjam hat schon recht", fügte ich altklug hinzu, „bei euch ist Rebekka am besten aufgehoben."

8. Wissbegierige Kinder

Vater war entgegen seiner politischen Überzeugung vor Kurzem der Partei beigetreten. Er fürchtete, andernfalls das Vertrauen einflussreicher Geschäftspartner zu verlieren, die bereits Mitglieder waren. Als Generalagent einer großen Versicherung pflegte er außerdem Verbindungen zu Parteigenossen, die in der Finanzpolitik wirkten. Dadurch erfuhr er von so mancher geplanten Aktion gegen Juden, bevor sie in den Nachrichten oder in der Zeitung gemeldet wurde, und konnte David gegebenenfalls warnen.

Ich hatte aus einem Gespräch der Erwachsenen aufgeschnappt, dass seit Januar alle jüdischen Frauen und Mädchen, die keinen hebräischen Namen trugen, Sarah als zweiten Vornamen annehmen mussten. Das fand ich aufregend. „Mutti, kann ich mir auch einen anderen Namen aussuchen?", fragte ich, „denn ich habe ja noch mehrere Taufnamen: Maria-Anna, Eva, Johanna, Franziska …"

„Nein, mein Schatz, das darfst du nicht. Gefällt dir denn dein Rufname nicht mehr?"

„Doch, der gefällt mir schon, aber ich könnte dann abwechseln", überlegte ich.

„Damit wir alle durcheinanderkommen!", protestierte Mutter. „Das ist gar keine gute Idee!"

„Aber wenn die Judenmädchen und -frauen nun alle Sarah heißen, kennt sich doch auch niemand mehr aus", widersprach ich.

„Nein, nein, sie heißen jetzt nicht alle Sarah. Nur solche

Mädchen, die keinen jüdischen Namen tragen, sollen sich zusätzlich Sarah nennen", erklärte Mutter.

„Sagen wir ab heute Sarah zu Tante Mirjam?", wollte ich wissen.

„Das können wir tun, wenn sie es möchte. Aber sie hat schon einen wunderschönen hebräischen Vornamen. Frag sie doch einfach."

Das hatte ich auch vor, denn alle Veränderungen – natürlich nur die positiven – fand ich äußerst spannend.

Weniger spannend, sondern absolut gemein fand ich hingegen die Anordnung, dass alle Juden in Kürze ihren Schmuck und alle Edelmetalle abliefern sollten.

Daniels und meine Eltern versuchten zwar ihr Möglichstes, alle Informationen über die Ausschreitungen gegen Juden von uns Kindern fernzuhalten. Dabei vergaßen sie allerdings, ihre Zeitungen zu verstecken. Daniel wurde seit einem halben Jahr im Lesen und Schreiben unterrichtet, und zwar in der sogenannten lateinischen Schrift. Wenn er am Nachmittag übte, half ich tatkräftig mit, denn was Daniel lernte, wollte ich auch lernen.

Eine Zeit lang probierten wir nur zum Zeitvertreib, aus der Zeitung Buchstaben zusammenzuklauben und sie zu unseren Namen zusammenzufügen. Das war ein mühsames Unterfangen, denn die Zeitung war in einer Schrift gedruckt, die wir nicht kannten. Das Buchstabieren der Schlagzeilen gaben wir schnell auf, denn in den Großbuchstaben fanden wir keinerlei Ähnlichkeit mit der lateinischen Schrift. Die Kleinbuchstaben der Texte konnten wir nach einiger Übung entziffern, und weil wir uns natürlich für die neuesten Meldungen interessierten, die uns die Erwachsenen immer vorenthielten, suchten wir die Zeilen zunächst nur nach dem Wort „Jude" ab. Wir betrachteten unsere Bemühungen als ein Spiel und derjenige, der das Wort als Erster entdeckte, hatte gewonnen. Dann folgte die mühselige Arbeit des Aufschlüsselns des Textes. Zum Glück waren die Meldungen, die Anordnungen für die Juden betrafen, meist sehr kurz. Auf diese Weise hatten wir von der Aufforderung zur Abgabe von Schmuck und Edelmetall erfahren.

Eine andere wertvolle Informationsquelle bildete für uns das Radio. Wir bemerkten, dass es stets leiser geschaltet wurde, wenn wir uns während der Nachrichtensendungen in der Nähe aufhielten. Doch gerade diese Maßnahme war für uns ein Zeichen, die Ohren zu spitzen. Lisa war nicht so sehr auf der Hut, daher erfuhren wir über manche Schikanen gegen Juden mehr, als unsere Eltern uns zumuten wollten.

Schon längst bemerkten wir, dass es viele Dinge gab, die nach Meinung der Erwachsenen vor uns geheim gehalten werden mussten. Wir hingegen waren der Ansicht, dass wir nun alt genug waren, um in die ständig neu hinzukommenden Ereignisse eingeweiht zu werden. Hatten wir nicht bewiesen, dass wir die „Feenpforte" geheim halten konnten? Und immerhin waren wir alt genug, nach Ostern in die Schule zu kommen. Deshalb wollten wir nicht mehr wie kleine Kinder behandelt werden. Wir beschlossen, den Heimlichkeiten auf den Grund zu gehen und unsere Eltern zur Rede zu stellen.

Neuerdings traf ich bei Daniel immer eine halbe Stunde später als gewöhnlich ein, denn auch ich hatte seit Januar einen neuen Unterricht: Klavierspielen. Das machte mir viel Spaß und ich übte gerne.

Sobald Daniel und ich mit unserem täglichen Lernpensum fertig waren, suchten wir im ganzen Haus nach Tante Mirjam. Wir fanden sie im Wohnzimmer, wo sie aus offenen

Kommodenschubladen Silberbesteck hervorholte und in Geschirrtücher wickelte.

„Tante Mirjam", fragte ich kindlich neugierig und direkt, „musst du deine ganzen Silbersachen und deinen schönen Schmuck wirklich abliefern?"

„Woher weißt du denn von einer Ablieferung?", fragte sie erstaunt.

„Ich hab's halt irgendwo gehört", antwortete ich ausweichend, um nicht womöglich unsere Informationsquellen aufzudecken. Mein Blick fiel auf den wunderschönen silbernen Chanukka-Leuchter, der auf der Kommode seinen Platz hatte.

„Oh, der schöne Leuchter!", rief ich, „Tante Mirjam, den darfst du nicht hergeben. Den musst du verstecken."

„Ich kann ihn leider nicht verstecken, Röschen, weil ihn viel zu viele Leute kennen. Wenn uns jemand verraten würde, hätte das ganz böse Folgen für uns", antwortete sie.

„Warum hätte das böse Folgen für uns?", fragte Daniel beunruhigt. „Was würde dann mit uns geschehen?"

Tante Mirjam drückte ihn an sich und schlug vor: „Ich denke, wir sollten wirklich einmal alle gemeinsam über diese Dinge reden, welche die Behörden uns Juden laufend auferlegen. Ihr seid ja verständige Kinder und wissbegierige obendrein."

Da an diesem Nachmittag Davids Praxis geschlossen war, kamen meine Eltern schon zum Kaffeetrinken und wir setzten uns an dem großen Esszimmertisch der Familie Rosenholz zusammen. Daniel und ich waren überaus stolz darauf, endlich auch einmal in eine Besprechungsrunde der Großen einbezogen zu werden.

„Tante Mirjam ist der Meinung", begann Vater, „dass ihr viel zu aufgeweckte Kinder seid, als dass man alles Unschöne, was um uns herum passiert, auf Dauer vor euch geheim halten könnte. Nach Ostern beginnt schließlich die Schule, wo ihr täglich mit vielen Kindern zusammen seid. Daher finden wir, es ist besser, dass ihr jetzt von euren Eltern die aktuelle Lage und neue Meldungen erklärt bekommt, als dass ihr von euren Mitschülern vielleicht sogenannte Neuigkeiten hört, die sie selbst nicht verstehen und daher nur verdreht weitergeben."

„Vati, warum können denn die Menschen die Juden nicht leiden?", wollte Daniel als Erstes wissen. „Warum darfst du keine Arier mehr behandeln? Warum sind unsere Synagogen zerstört worden und warum muss Mami ihren Schmuck abgeben?"

„Da hast du ja von den Jungen in deiner Vorschule eine Menge gehört", staunte Onkel David. „Nun, es ist nicht so, dass alle Menschen die Juden anfeinden. Doch bevor wir uns weiter unterhalten, müsst ihr uns versprechen, mit niemandem über unsere Gespräche zu reden, auch nicht mit Schulkameraden. Lasst sie reden, auch wenn ihr besser Bescheid wisst."

Wir versprachen feierlich, dass alle Gespräche unter uns bleiben würden, wir hätten ja auch von unserer Geheimpforte niemandem erzählt und somit bewiesen, dass wir schweigen konnten.

„Die ganze Feindseligkeit gegen die Juden in Nürnberg geht von einem einzigen Mann aus, der die Juden schon immer gehasst und schlecht gemacht hat. Er heißt Julius Streicher und leitet seine Judenhetze vom Nazi-Hauptquartier, dem sogenannten Braunen Haus aus."

„Ich kenne das Haus", warf ich ein. „Man sagt auch Julius-Streicher-Haus. Es ist in der Marienstraße, in der Nähe von Tante Evis Wohnung."

„Mit seinen verleumderischen Reden und Schriften wiegelte

er die Menschen so lange gegen die Juden auf, bis sie ihm glaubten. Im Schulunterricht werdet ihr von ihm hören. Ihr dürft niemals etwas gegen ihn sagen. Besonders du, Rosalie, musst vorsichtig sein. Wenn du jemandem erzählst, dass einige nette Juden deine Freunde sind, bekommen wir alle die größten Schwierigkeiten. Das könnte sogar deine und unsere Familie in ein Gefängnis bringen, wo man uns sehr, sehr schlecht behandeln würde."

„Meinst du, dann kämen wir ins Konzentrationslager?", fragte Daniel.

„So, du weißt schon etwas über das KZ?", wunderte sich David.

„Ja, unser Rabbiner hat uns einmal davor gewarnt, über die Nazis zu reden, sonst kämen wir ins KZ, wo man schwer arbeiten muss und viel geschlagen wird und nichts zu essen bekommt."

„Er hat völlig recht. Wir müssen sehr vorsichtig sein. Alle Maßnahmen und Vorschriften gegen die Juden, die Zerstörung der Synagogen, dass jüdische Ärzte keine Arier mehr behandeln dürfen, dass Abiturienten in Deutschland nicht studieren dürfen, die Vermögensabgaben usw., hängen mit dem von Leuten wie Streicher angefachten Judenhass zusammen."

„Und warum müssen die Juden jetzt Gold und Silber und Schmuck abgeben?", fragte ich.

„Das kommt wohl daher, dass Deutschland dringend Geld braucht. Deshalb holt man sich die Wertsachen von den Juden, die angeblich alle reich sind", antwortete Onkel David. „Dabei gibt es genauso wie bei Nichtjuden wohlhabende und arme Familien."

„Aber Tante Mirjam kann doch ihren schönen Schmuck Mutti geben. Sie hebt alles für sie auf."

„Darüber haben wir noch nicht nachgedacht", meinte Tante Mirjam. „Vielleicht werden wir überhaupt nicht zur Abgabe aufgefordert. Bisher sind wir weitgehend von Auflagen verschont geblieben."

Vater nahm diese Unterhaltung wieder einmal zum Anlass, David dringend die Auswanderung zu empfehlen. „Packt doch endlich eure Siebensachen und geht in die Schweiz. Dann seid ihr aus der Gefahrenzone!"

„Nein", widersprach David, „ich habe es euch doch schon oft erklärt. Hier ist unsere Heimat und als Kämpfer für mein Heimatland im Krieg werden die Nazis mich respektieren. Ihr habt ja gesehen, dass ich die Papiere behalten durfte, als im Dezember 1938 Führerscheine und Kfz-Zulassungen der Juden eingezogen wurden. Außerdem gibt es nicht mehr genügend Ärzte …", er verzog spöttisch den Mund, „… pardon, ‚Krankenbehandler' müssen wir uns jetzt ja nennen, für jüdische Patienten in Nürnberg. Ich werde hier gebraucht."

„Ich würde mich schon arg auf Ruth freuen, wenn wir nach Zürich gingen", sagte Daniel, „aber es wäre sehr schlimm für mich, wenn ich von Rosi und Tante Winnie und Onkel Fritz wegmüsste. Ich möchte doch lieber hierbleiben."

„Nun, über die Judenangelegenheiten wisst ihr jetzt Bescheid. Und wenn ihr Fragen habt, redet ihr nur mit uns darüber. Verstanden?"

Zu Hause ging ich sofort in mein Zimmer, um über unsere Gespräche nachzudenken, und das konnte ich am besten, wenn ich mich mit meinen Puppen beschäftigte. Ich spielte sonst kaum mit ihnen, sondern zog nur ab und zu jeder ein neues Kleid an. Anschließend reihte ich sie alle sechs nebeneinander auf meiner Kommode auf und betrachtete stolz mein Werk. Zum Schluss nahm ich meine große Charlotte noch einmal auf den Schoß. Es machte mir Freude, ihre dunklen Haare zu bürsten und in lange Zöpfe zu flechten – nicht ahnend, welch brisante Bestimmung ihnen einmal zukommen sollte.

9. Keine Schule für Daniel

Daniel und ich freuten uns darauf, nach Ostern zusammen in die Schule zu kommen. Als Einschulungstag war der 21. April 1939 festgelegt, und wir hofften sehr, der gleichen Klasse zugeteilt zu werden. Doch auch hier machte uns Julius Streichers Judenhass einen Strich durch die Rechnung: Judenkinder durften öffentliche Schulen nicht mehr besuchen. Daniel sollte demnach weiterhin mit anderen jüdischen Kindern zusammen Privatunterricht erhalten.

„Onkel David, kann ich mit Dani und den anderen Kindern zusammen in den Unterricht gehen?", fragte ich. „Wir haben uns doch so darauf gefreut, in die gleiche Klasse zu kommen."

„Aber Rosi, denk doch mal nach! Du weißt genau, warum das nicht möglich ist, so gerne dich jeder dabeihaben würde."

Ich nickte bedrückt und antwortete: „Ja, ich weiß schon, Freundschaft mit Juden ist verboten!"

„Du wirst sehen, es wird dir in der Schule gefallen und du findest bestimmt eine gute Freundin in deiner Klasse."

Ich schaute Vater zweifelnd an, aber was blieb mir schon anderes übrig, als abzuwarten, was auf mich zukam?

Der erste Schultag ist einer der aufregendsten Tage im Leben. Jedenfalls war er es in meinem. Pünktlich um acht Uhr standen wir Erstklässler, natürlich begleitet von Eltern und anderen Verwandten, mit unseren ledernen Schulranzen auf dem Rücken und riesigen Schultüten in den Armen vor unserem

Schulzimmer. Die Tür ging auf und eine junge, freundlich lächelnde Lehrerin forderte uns zum Eintreten auf. Wir Kinder gingen, etwas ratlose Blicke auf die Eltern werfend, einfach wahllos auf irgendeine Bank zu und setzten uns, während die Erwachsenen sich an den Wänden aufreihten.

Der Zufall hatte mich in die Mitte der ersten Reihe neben ein Mädchen mit Grübchen in den Wangen und dicken, braunen Zöpfen geführt. Nach Anweisung der Lehrerin hängten wir unsere Ranzen an einem Haken neben unserem Sitz auf und legten die Schultüten vor uns auf dem Pult ab.

„Wie heißt du?", flüsterte das Mädchen mir zu.

Ich deutete auf meine mit vielen bunten Blüten bemalte Schultüte, auf die Tante Evi in großen, farbigen Buchstaben „Rosalie" gemalt hatte.

„Oh, ist das aber schön! Ich heiße Anneliese!"

Die Lehrerin nannte uns ihren Namen: Fräulein Kuhn. Dann hielt sie unter dem strengen Blick des „Führers", dessen Bild über der Tafel hoch oben an der Wand hing, eine lange Ansprache, in der es um Schulregeln sowie um deutsche Disziplin, deutschen Fleiß, deutsche Pünktlichkeit und „würdige Hitlerkinder" ging. Ich verstand überhaupt nichts davon und langweilte mich. Neugierig öffnete ich, ganz langsam und vorsichtig, die Schleife meiner Schultüte, um wenigstens einen Blick hineinwerfen zu können.

„Hallo, du!" Die Lehrerin ging auf mich zu und deutete auf mich. „Warum hörst du nicht zu? Steh mal auf!"

Erschrocken darüber, so unerwartet angesprochen zu werden, rumpelte ich aus meiner Bank. Das Schleifenband noch fest zwischen den Fingern, zog ich dabei die Schultüte über das Pult. Der ganze Inhalt entleerte sich über Fräulein Kuhns Füße, sodass sie plötzlich in einem Kreis von kunterbunten

Süßigkeiten stand. Zuerst hielt jeder erschreckt den Atem an, dann brachen alle Kinder in schallendes Gelächter aus. Das wirkte so ansteckend, dass selbst Fräulein Kuhn mitlachen musste. Schnell halfen die Kinder in den vorderen Reihen beim Einsammeln der Leckereien und bald war wieder Ruhe eingekehrt.

Die Lehrerin bat die Eltern, für eine Weile vor der Tür auf dem großen Gang zu warten. Nun mussten die Kinder nacheinander ihre Namen sagen und welchen Beruf ihre Väter ausübten.

Als die Reihe an mir war, sagte Fräulein Kuhn: „Du hast dich ja heute schon schön eingeführt, Rosalie!"

Ihre Worte klangen aber nicht missbilligend oder unfreundlich. Darüber war ich beruhigt, denn ich hatte mir vorgenommen, eine aufmerksame und gute Schülerin zu werden. Nach etwa zwei Stunden war der erste Schultag schon vorbei und wir gingen nach Hause.

Zu Ehren meines ersten Schultags durfte ich mir mein Lieblingsessen wünschen, und Oma Franzi backte mit Lisa im Ofen Dampfnudeln. Dazu gab es eine süße Vanillesoße und für die Erwachsenen eine Tasse Kaffee.

Am nächsten Tag kehrte der Ernst in die Schule ein. Es wurden Bücher ausgeteilt. Jeder erhielt ein Lesebuch und ein Rechenbuch. Dann fingen wir mit dem Schreibunterricht an. Fräulein Kuhn zeichnete ein Gebilde an die Tafel und behauptete, das sei ein „i". Das sah aber ganz und gar nicht aus wie das „i", das ich bei David gelernt hatte. Wir sollten den Buchstaben nun auf den Zeilen unserer Schiefertafeln nachschreiben und Fräulein Kuhn diktierte dazu: „Auf-ab-auf, Tüpfelchen drauf." Das ging so eine ganze Ewigkeit, bis mir die

Finger lahm wurden. Auch die anderen Kinder schlenkerten schon ihre Hände. Offensichtlich hatte Fräulein Kuhn ein Einsehen und ließ uns die Tafeln einpacken. Dann sollten wir unsere Lesebücher aufschlagen und nach Wörtern mit dem geübten „i" suchen. Ich war überrascht, wie absolut anders die Schrift aussah als die in Davids Lesebuch. „Das muss ich mir mittags von Vati erklären lassen", dachte ich bei mir.

In der Pause setzten Anneliese und ich uns auf eine Bank in einer abgelegenen Ecke des Schulhofs.

„Schau mal, ich habe dir etwas aus meiner Schultüte mitgebracht", sagte Anneliese und zog ein kleines, mit buntem Perlzucker überzogenes Törtchen aus ihrem Pausenbeutel. „Das hat meine Mama gebacken", erklärte sie.

Ich hatte die gleiche Idee, Anneliese etwas aus meiner Tüte zu schenken, und gab ihr eine kleine Figur aus Marzipan, die ein Mädchen mit Schulranzen darstellte. „Und das hat meine Oma gemacht", erklärte ich ihr.

Mit diesen kleinen Geschenken besiegelten wir unsere Freundschaft und versprachen, uns gegenseitig zu besuchen, um miteinander zu spielen. Es stellte sich heraus, dass wir nur wenige Straßenzüge voneinander entfernt wohnten. Wir konnten uns aber beide nicht erinnern, uns schon einmal begegnet zu sein.

Nach der Pause las Fräulein Kuhn noch eine Geschichte vor, dann übten wir ein paar einfache Rechenaufgaben, und schon war auch der zweite Schultag vorbei.

Beim Mittagessen erzählte ich, dass wir in der Schule eine ganz andere Schrift lernten als die, die ich mit Daniel übte. Ich zeigte Vater mein Lesebuch.

„Das ist die deutsche Schrift, die sogenannte Sütterlinschrift, die du in der Schule lernst", erklärte Vater, „Daniel lernt die Antiquaschrift, die lateinische Schrift, weil die deutsche Schrift in den jüdischen Schulen nicht verwendet werden darf."

„Dann lerne ich halt beides. Ich will schließlich lesen können, was Dani schreibt", antwortete ich.

Als ich Daniel nachmittags mein Lesebuch zeigte, war er genauso erstaunt wie ich, dass ich mit dem Lesen und Schreiben nun noch einmal von vorne anfangen musste.

Anneliese oder Annelie, wie man sie rief, wurde meine erste richtige Freundin. Ich hatte zwar im Kindergarten viele Kinder kennengelernt und ab und zu brachte Tante Eva die Zwillinge Helma und Heinz mit, aber ich hatte noch nie eine Freundin nur für mich alleine. Bisher war ich völlig zufrieden gewesen, täglich die Nachmittage mit Daniel zu verbringen. Und daran änderte sich auch nichts, denn Annelie wurde meine Samstagsfreundin, während Daniel am Samstag wie immer mit seiner Familie und jüdischen Freunden den Sabbat feierte.

Mit Annelie tat sich für mich eine völlig neue Welt auf: eine Mädchenwelt. Nachdem samstagnachmittags keine Schule war, kamen bei Annelie und deren ein Jahr älteren Schwester Liselotte immer einige Freundinnen zusammen, um mit Begeisterung Theater zu spielen.

Im Augenblick wurde Dornröschen einstudiert, wobei Annelies Mutter, eine frühere Schauspielerin, Regie führte. Durch ihre Beziehungen zum Stadttheater durfte sie sich dort Kostüme ausleihen. Sobald ein Stück „bühnenreif" war, wurde es im großen Wohnzimmer der Familie Scharrer, Annelies Familie, aufgeführt. Zur Vorstellung waren alle Verwandten und Freunde der Darsteller eingeladen. Mir tat es sehr leid, dass ich meine besten Freunde, die Familie Rosenholz, nicht einladen konnte.

Wenn gerade kein neues Theaterstück einstudiert wurde, gingen Annelie und ich an den Samstagen zusammen unseren Hobbys nach wie Rollschuhlaufen, Schwimmen und Kahnfahren auf dem Dutzendteich. Außerdem brachte ich meiner Freundin Jo-Jo-Spielen bei, das sie bald so gut beherrschte wie ich.

Vorerst verliefen also die ersten Monate nach unserer Einschulung kurzweilig und friedlich, bis im September jäh der Terror ausbrach, der unser aller Leben veränderte und die Welt ins Unglück stürzte.

10. Kriegsbeginn

Dann kam der Tag, den die Welt nie vergessen wird: der 1. September 1939. Oma Franzi sprach niedergeschlagen von ihren Erinnerungen an den Weltkrieg 1914–1918 und vom Rübenwinter 1917, in dem die Menschen in der Heimat reihenweise an Unterernährung und Grippe gestorben waren, und sie erzählte von Großvater, der nicht zurückkam.

Sie war elegant gekleidet und wie stets in grauen und schwarzen Tönen. Ich überlegte, ob sie wohl noch immer um ihren Mann trauerte, der vor mehr als zwanzig Jahren im Krieg gefallen war. Ich konnte mich nicht erinnern, Oma Franzi jemals in farbigen Kleidern gesehen zu haben. Ihr silbergraues Haar trug sie in der Mitte gescheitelt und am Hinterkopf zu einer Rolle zusammengefasst.

Wir saßen auf einer Bank am Dutzendteich und genossen die warme Mittagssonne. Mutter hatte Helga auf dem Schoß und zu ihren Seiten saßen Oma Franzi und ich.

„Denk dir, Röschen", sagte Mutter bedrückt, „ab heute haben wir Krieg."

Ich schaute umher, beobachtete die Leute, die an uns vorbeispazierten, die Kinder, die im Sandkasten spielten, und die Kähne, die auf dem glitzernden Wasser schwammen. Alles sah aus wie an anderen Tagen auch. Nichts hatte sich verändert. Ich konnte mir nicht vorstellen, was Krieg überhaupt bedeutete.

„Vati wird wohl bald eingezogen werden und mit unseren deutschen Soldaten an der Front gegen Männer eines anderen

Landes kämpfen müssen, von denen viele auch Väter sind", sprach Mutter weiter.

Kämpfen? Ja, das begriff ich schon eher. Aber warum? „Warum müssen Vati und die anderen Männer kämpfen?"

„Weil Hitler mehr Land will. Jetzt ist er in Polen eingefallen. Deutschland ist ihm nicht groß genug", sagte sie bitter.

Das verstand ich nun überhaupt nicht. Bisher war Deutschland doch groß genug gewesen, doch weil Mutter so traurig aussah, umarmte ich sie. Helga fing an zu weinen.

„Kommt, wir gehen nach Hause und sehen nach, was Lisa Gutes gekocht hat", schlug Mutter vor.

Zu Hause besserte sich die Stimmung keineswegs. Vater saß mit grimmigem Gesicht am Tisch und stieß Satzfetzen hervor wie: „Er, der größte Feldherr aller Zeiten! Ha! Gewand der Ehre! Dass ich nicht lache! Verfl... Uniform, in der wir im Dreck wühlen müssen ... und Köpfe einschlagen ... und Menschen erschießen!"

„Fritz, bitte, hör doch auf!", wehrte Mutter ab. „Du machst ja den Kindern Angst!"

Helga, die in ihrem Hochstuhl mit am Tisch saß, verzog schon wieder verdächtig den Mund und mir war auch nicht gerade zum Lachen zumute. Schnell stand Vater auf und hob Helga hoch: „Ist ja schon gut, meine Kleine!" Er ging mit ihr zum Fenster und sprach leise auf sie ein, bis sie wieder ein vergnügtes Gesicht machte und ihn anlächelte.

„Wisst ihr was? Heute Nachmittag arbeite ich nicht mehr. Wir gehen zusammen ins Kino."

Es war eine große Seltenheit, dass meine Eltern mich mitnahmen, denn nicht oft wurde ein Film gezeigt, der auch für eine Sechsjährige geeignet war.

„Das ist eine gute Idee", antwortete Mutter. „Vielleicht

wird das unsere Stimmung ein wenig bessern. Ich glaube, es läuft ein Marika-Rökk-Film."

„Au ja", jubelte ich, „die tanzt und singt so schön!"

Mehr als das Tanzen und das Singen interessierte mich nicht an ihren Filmen. Ich fand sie alle ähnlich, denn es gab immer zwei Männer, die sie umschwärmten, und einen davon heiratete sie. Vater bestellte Karten für die Nachmittagsvorstellung. Oma Franzi konnten wir überreden mitzukommen. Sie setzte ihren eleganten Hut mit Spitzenbesatz auf und wir fuhren zusammen mit unserem Auto, einem blauen Opel Olympia, zum Ufa-Palast am Königstorgraben. Helga überließen wir Lisas Obhut.

Nach Ausbruch des Krieges gab es in der Schule einige Veränderungen. Bisher hatten wir unsere Lehrerin mit einem freundlichen „Guten Morgen, Fräulein Kuhn" begrüßt, wenn sie das Klassenzimmer betrat. Jetzt sollten wir den rechten Arm ausstrecken und „Heil Hitler" rufen. Auch wenn wir auf den Hausgängen oder im Schulhof anderen Lehrern begegneten, mussten wir mit „Heil Hitler" grüßen und den Arm dabei hochhalten. Es dauerte eine ganze Weile, bis wir Erstklässler uns an diesen neuen Brauch gewöhnt hatten.

Auf dem Heimweg entdeckte ich ein Plakat mit dem Aufdruck: „Wer Kontakt zu Juden hat, ist ein Volksverräter!"

„Was für ein Quatsch!", beklagte ich mich zu Hause bei meinen Eltern. „Dani, Tante Mirjam und Onkel David sind liebe Menschen. Wir sind doch keine Verräter, wenn wir mit ihnen zusammenkommen!"

„Nein, das sind wir auch nicht, aber Julius Streicher, der mit einigen anderen die Judenhetze angezettelt hat, hasst die Juden so sehr, dass er sie am liebsten alle aus Deutschland rausschmeißen würde, damit es nur noch sogenannte reinblütige Deutsche gibt", erklärte Vater.

„Vati, schau mal, was für ein Buch wir heute in der Schule bekommen haben! Die Leute auf den Bildern sollen Juden sein." Es handelte sich um ein mit farbigen Zeichnungen ausgestattetes Buch mit dem Titel „Der Giftpilz – ein Stürmerbuch für Jung und Alt". Darin waren die Juden mit betont hässlichen Gesichtern abgebildet. Sie hatten hervorquellende Augen, dicke, krumme Nasen und die Männer trugen struppige Vollbärte. Sie zeigten durchweg alle einen hinterhältigen und verschlagenen Gesichtsausdruck. Ihre Körperhaltungen waren gekrümmt und verschiedentlich mit Buckel dargestellt.

„Fräulein Kuhn wird uns aus dem Buch vorlesen, hat sie gesagt. Aber ich will gar nicht wissen, was unter den Bildern steht. Das Buch ist grässlich und vor den Bildern ekelt es mich." Ich fing an zu weinen: „Die Juden, die wir kennen, sehen überhaupt nicht so aus wie auf diesen Bildern und sie haben auch gar keinen Bart!"

Vater nahm mich in die Arme und hob mich auf seinen Schoß: „Aber nein, mein Schatz, unsere Freunde sind alle gut aussehende Menschen. Streicher verunstaltet die Juden in seinen Zeichnungen aus reinem Hass und andere von ihm angewiesene Zeichner ebenso. Und die Texte unter den Bildern sollen alle Nichtjuden mit dem Hass anstecken. Aber die Texte sind lauter Lügen. Du weißt ja, dass unsere Freunde ganz liebe, anständige Menschen sind. Es wird für dich schwer sein, die Lügen über die Juden anzuhören, wenn Fräulein Kuhn sie vorliest und ihr Kinder die Bilder dazu betrachten müsst."

Vater überlegte eine Weile und fragte dann: „Könnte es dir

helfen, wenn wir beide gemeinsam die Bilder ansehen und die Texte lesen und darüber sprechen?"

Ich nickte.

„Ich glaube, dann ist es nicht mehr so schwer für dich, die Lügengeschichten anzuhören. Und bei den Bildern denkst du dir einfach, das sind Unholde aus einem doofen Märchen. Meinst du, das kannst du?"

Mir war jetzt leichter ums Herz. Mit Vater gemeinsam über die scheußlichen Bilder zu sprechen und sie in Gedanken eher einem Märchen zuzuordnen, würde diesen Teil des Unterrichts in der Schule erträglicher machen.

Am nächsten Tag war im Unterricht von einem Judenjungen die Rede. Fräulein Kuhn zeigte uns ein großes Plakat, auf dem er mit hässlichem Gesicht und struppigen Haaren dargestellt war und schmuddelige Kleidung trug. Er sollte angeblich ein Dieb sein und aufrührerische Reden gegen gute, „arische" Menschen führen. Und so wie er seien alle Judenkinder. Vor denen solle man sich in Acht nehmen.

Mich packte der Zorn, ich konnte nicht an mich halten und meldete mich: „Das stimmt ja gar nicht! Ich kenne … äh … kannte mal einen Judenjungen. Der war ganz anders. Hübsch und ordentlich, und die anderen Judenkinder auch. Und sie haben nicht gemein dahergeredet."

Erschrocken über meine jähe Anwandlung setzte ich mich sofort wieder hin. Zu meiner Überraschung kamen von mehreren Seiten zustimmende Rufe.

Fräulein Kuhn klatschte in die Hände: „Ruhe jetzt! Und du, Rosalie, nimm dich mit solchen Reden in Acht!" Sie wandte sich an die Klasse: „Ihr alle, nehmt euch in Acht! Was ihr in der Schule lernt, das stimmt! Merkt euch das! Und haltet euch von Juden fern. Es ist verboten, mit ihnen zu verkehren!"

Zum Glück läutete in diesem Moment die Pausenglocke und die Kinder stürmten hinaus auf den Schulhof. Im Vorbeigehen merkte ich, dass noch vereinzelte Gruppen sich mit dem Thema „Judenkinder" beschäftigten. Ich ging ihnen aus dem Weg. Der Schreck darüber, dass ich mich hatte hinreißen lassen, mich zu diesem Thema zu äußern, saß mir noch in den Gliedern. Das durfte nicht mehr passieren; ich nahm mir vor, strikt den Mund zu halten.

Annelie kam mir nach, hängte sich bei mir ein und erzählte von einem neuen Theaterstück, das bei ihr zu Hause geprobt wurde. „Wir spielen ‚Rotkäppchen' und meine Mama führt wieder Regie. Willst du mitmachen?", fragte sie.

„Ja, gern", antwortete ich, „aber ich möchte nicht den Wolf spielen!"

Im Oktober wurde Vater gemustert und für wehrdiensttauglich befunden. Bald würde er eingezogen werden.

An dem Tag, als der Bescheid kam, malte ich abends vor dem Zubettgehen ein Bild für Vater, das ich ihm mit in den Krieg geben wollte. In meinen Augen war es ein wunderschönes Jesusbild. Es stellte Jesus in einem weißen Gewand dar, den Kopf mit dem welligen, braunen Haar umrahmte ein hellgelber Heiligenschein und den Hintergrund bildete ein leuchtend blauer Himmel. Tante Evi begutachtete das Bild und behauptete, es sei großartig. Voller Stolz auf meine gelungene Arbeit bewahrte ich mein Werk in meinem Schreibtisch auf.

„Bevor ich eingezogen werde, muss ich noch unser Auto verschwinden lassen", sagte Vater, „sonst wird es irgendwann konfisziert. Gut, dass David seinen Wagen im Frühjahr noch verkaufen konnte."

Lisa wusste ein gutes Versteck, und zwar bei sich zu Hause auf dem Land in Markt Schnaittach. Ihre Eltern hatten ein Gasthaus und eine kleine Landwirtschaft. „Wir haben eine alte Scheune, die schon lange leer steht und nicht gebraucht wird. Ich kann meinen Vater fragen, ob Sie Ihr Auto dort unterstellen könnten", bot Lisa an.

„Das wäre großartig!", sagte Vater. „Frag doch bitte schon am Sonntag – oder besser noch, wir fahren zusammen hinaus. Vielleicht können wir den Wagen gleich unterbringen."

Lisas Vater stellte sich als ein mürrischer Zeitgenosse heraus, aber als Vater eine gute Bezahlung anbot, zeigte er sich leutseliger. Unter der Voraussetzung, dass Vater in seinem Gasthof auf Dauer ein Zimmer mietete, ließ er sich auf den Handel ein.

Es war gerade die Zeit der Sonntagsmesse und die Straße war menschenleer. Also fackelte Vater nicht lange und fuhr das Auto in die Scheune. Aber damit war die Arbeit noch nicht getan. Lisas Eltern, Vater und Lisa mussten in der Scheune das Stroh umschichten. Alles, was vor dem Auto lag, wurde auf dem Wagen ausgebreitet. Genauso verfuhren sie mit den anderen Strohballen, die an den Seitenwänden aufgestapelt waren. Sie rissen die Schnüre auf und verstreuten das ganze Stroh mit Heugabeln über dem Fahrzeug, sodass zum Schluss nur noch ein riesiger Strohhaufen zu sehen war.

„So", meinte der Gastwirt, Herr Schacht. „Hier vermutet keine Menschenseele ein Auto."

„So soll es auch sein", bekräftigte Vater. Er wusste, dass er sich auf die Verschwiegenheit der Familie Schacht verlassen konnte. Wenn aufgedeckt würde, dass Herr Schacht ein Auto versteckt hielt, hätte ihm genauso KZ-Haft gedroht wie Vater.

„Ich mache mich gleich aus dem Staub und fahre mit dem

Zug nach Hause", sagte Vater. „Es muss sich ja im Gasthaus nicht unbedingt jeder wundern, wieso ich mit einem Auto komme, aber ohne Auto gehe." Nun, diese Gefahr bestand ohnehin nicht, da es um diese Jahreszeit keine Gäste gab.

An einem zugigen Novembertag begleiteten Mutter und ich Vater zum Bahnhof. Wohin er fuhr, wussten wir nicht. Mutter hatte nur eine Feldpostnummer von ihm in der Hand und sonst gar nichts. Mutter hing an Vaters Hals, als wollte sie nicht mehr loslassen. „Hoffentlich bekommst du über Weihnachten Urlaub!"

„Das hoffe ich auch", antwortete Vater, „und nun lass los, damit ich meine Kleine drücken kann!"

„Ich bin überhaupt nicht mehr klein", widersprach ich, „und ich werde auch nicht weinen." Dabei stürzten mir die Tränen bereits aus den Augen.

Ich holte mein Jesusbild hervor. „Schau, Vati, das habe ich für dich gemalt. Jesus soll dich beschützen im Krieg."

„Oh, danke! Wie lieb von dir! Das ist wunderschön! Ich stecke es in meine Ausweistasche, direkt über meinem Herzen."

Vater küsste mich und dann ging alles sehr schnell. Der Zug lief ein und die Männer mussten einsteigen. Es blieb noch Zeit, uns durch das Fenster die Hände zu drücken, und schon fuhr die Bahn los. Zurück blieben weinende Frauen und Kinder, die dem Zug nachwinkten, bis er nicht mehr zu sehen war.

Zu unserer großen Freude schrieb Vater oft. Über Kriegsgeschehen und Politik durften die Soldaten nicht so schreiben, wie sie wollten, denn die Briefe sollten wegen der Kontrolle offen versandt werden. Vater fehlte uns sehr, aber der Alltag musste weitergehen wie bisher.

Mutter führte die Agentur nun alleine und überließ den Haushalt und uns Kinder Oma Franzi und Lisa. Helga weinte jetzt häufig, weil niemand für sie Zeit hatte, bis Oma Franzi eines Tages auf die Idee kam, Helgas verwandelbaren Hochstuhl in der Küche als Stuhl mit Tisch aufzustellen und vor sie eine Schüssel mit warmem Wasser zu setzen, worin die Kleine allerhand Spielsachen schwimmen lassen konnte. Damit beschäftigte Helga sich stundenlang, denn sie hatte Oma Franzi oder Lisa um sich und fühlte sich nicht mehr allein gelassen.

Am Wochenende kam meistens Tante Evi. Sie spielte sehr gern mit Helga und hatte immer neue Ideen, wie sie die Kleine beschäftigen konnte. Vor allem las sie ihr Märchen vor oder erfand selbst welche, denen Helga gespannt lauschte.

Oft hörte auch ich begeistert zu und fragte sie einmal: „Tante Evi, warum schreibst du denn kein Märchenbuch? Du weißt so viele schöne Geschichten."

„Ja, vielleicht tue ich das einmal, wenn ich mehr Zeit habe", antwortete sie.

Schon in der ersten Klasse hatte ich ein umfangreiches Tagesprogramm zu bewältigen. Neben der Schule ging ich zweimal in der Woche zum Klavierunterricht in die Musikschule Drescher-Hausen. Nachmittags übte ich etwa eine Stunde lang Klavier, aber die Hausaufgaben erledigte ich oft bei Daniel. Ich huschte mit meinem Schulranzen durch die Geheimpforte hinüber zu Familie Rosenholz und baute meine Bücher, Tafel und Griffel auf Daniels Schreibtisch neben seinen Schulutensilien auf. An dem großen Tisch hatten wir beide genügend Platz und beide waren wir der Meinung, dass uns die Hausaufgaben leichter von der Hand gingen, wenn wir zusammen arbeiteten.

Anschließend musste ich Daniel ein neu eingeübtes Stück auf Tante Mirjams großem Flügel vorspielen, und Daniel führte mir seine ersten Übungen auf Ruths Querflöte vor. Onkel David hatte keinen geeigneten Lehrer gefunden, deshalb versuchte Daniel sich das Spielen selbst beizubringen. Tante Mirjam hatte Ruths Notenbuch für Anfänger gefunden, in dem für jede Note jeder Griff zeichnerisch genau dargestellt war. Es gelangen ihm schon einfache Melodien.

„Das hast du aber schnell gelernt, Daniel", sagte ich bewundernd, „bald können wir zusammen Duette spielen."

Solange wir in Daniels Zimmer arbeiteten, verhielt sich Rebekka still, aber sobald sie Musik hörte, kam sie lachend angerannt. Sie war sehr gewachsen in dem Jahr, seit sie bei Familie Rosenholz lebte, und hatte perfekt sprechen gelernt. Ihre malträtierten Beinchen hatten keinen Dauerschaden davongetragen, und die kleine Narbe von ihrer damaligen Platzwunde am Kopf war unter dem Haaransatz versteckt.

Immer begrüßte sie mich mit überschäumender Freude: „Rosi, du warst schon so lange nicht mehr bei mir."

„Süße, ich bin doch fast jeden Tag hier. Komm, ich helfe dir, die Babypuppe anzuziehen."

Bei jedem Besuch beschäftigte ich mich eine Viertelstunde lang mit Rebekka, sonst ließ sie Daniel und mich nicht in Ruhe, wenn wir unseren Interessen nachgehen wollten.

Bevor ich gegen Abend nach Hause musste, sammelte ich immer Daniels überschüssige Blätter mit Schreibübungen in lateinischer Schrift ein und steckte sie in den Ranzen. Ich wollte die Buchstaben nicht verlernen, daher las ich mir die

Texte laut vor, oder wenn die Zeit vor dem Schlafengehen ausreichte, schrieb ich noch ein bis zwei Zeilen.

Eines Tages schwenkte Mutter einen Brief in der Hand und strahlte vor Glück: „Stellt euch vor, Vati bekommt drei Wochen Weihnachtsurlaub! Er kommt am 7. Dezember."

Sie nahm Helga an den Händen und schwang die Kleine im Kreis herum, bis beiden schwindelig wurde, während ich auf dem Sofa Freudensprünge vollführte.

Gleich in den nächsten Tagen begannen Oma Franzi und Lisa mit dem Backen von Plätzchen und Weihnachtsstollen. Wir mussten jetzt zwar mit Lebensmittelmarken einkaufen, die seit Kriegsbeginn eingeführt worden waren, aber es herrschte noch kein Mangel an Nahrungsmitteln.

Helga durfte mit zum Bahnhof, um unseren Vater abzuholen. Sie jauchzte vor Vergnügen, als er sie mehrmals hochwarf und auffing. Anders als beim letzten Bahnhofsbesuch handelte es sich diesmal um Freudentränen, die uns in den Augen standen. Wir waren glücklich, ihn hier zu haben, wenn auch nur für kurze Zeit.

Familie Rosenholz freute sich ebenfalls sehr darauf, Vater wiederzusehen, daher schlichen die Eltern gegen Abend durch die Geheimpforte zum Nachbarhaus. Außer Daniel besuchte uns niemand von den Rosenholzens mehr in unserem Haus. Es sei zu unserem Schutz, sagten sie, daher kamen unsere Familien meistens bei Tante Eva in der Marienstraße zusammen.

Obwohl wir uns gegenseitig nicht mehr besuchen konnten wie früher, hatte ich den Eindruck, als verbrachten wir dank Vaters Anwesenheit die schönste Adventszeit und feierten das schönste Weihnachtsfest, das wir jemals erlebt hatten.

Familie Rosenholz lud uns wie in jedem Jahr zu Chanukka,

dem jüdischen Lichterfest zum Gedenken an die Einweihung des zweiten Tempels nach dem Makkabäeraufstand, zu einem Festessen ein. Aus Sicherheitsgründen traf Tante Mirjam mithilfe ihrer Schwägerin Esther zum ersten Mal alle Vorbereitungen in Tante Evas Wohnung. Zu Rebekkas großer Freude hatten wir diesmal Helga mitgenommen. Mit ihren nunmehr zwei Jahren war sie groß genug, um mitzufeiern. Wir saßen in einer gemütlichen Runde von zwölf Freunden am verlängerten Esszimmertisch. Die Öllämpchen des Chanukka-Leuchters warfen ihr warmes Licht über die festlich geschmückte Tafel, und während wir die schmackhaften Latkas mit süßem Kompott aßen, erklangen im Hintergrund ganz leise die Chanukkalieder vom Plattenspieler.

Auch unsere traditionelle Einladung der Familie Rosenholz am ersten Weihnachtsfeiertag fand bei Tante Eva statt. Mirjam und David mit ihren beiden Kindern Daniel und Rebekka sowie Davids Bruder Noah und dessen Frau Esther kamen zum Nachmittagskaffee und genossen Oma Franzis köstliches Weihnachtsgebäck. Sobald es dämmerte, zündeten wir die Kerzen des Christbaums an und hörten dazu feierliche Orgelmusik von Bach. Geschenke waren nicht bedeutsam. Wichtig war nur das Zusammensein, da wir Vater monatelang hatten entbehren müssen.

Ich freute mich besonders, dass Vater bei unserer Aufführung von „Rotkäppchen" dabei sein konnte. Wie immer waren alle Verwandten und Freunde der Mitwirkenden zum großen Ereignis am zweiten Feiertag in Annelies Wohnung eingeladen. Annelie stellte ein bezauberndes Rotkäppchen dar und ich spielte den Jägersmann, der den bösen Wolf totschoss und somit Großmutter und Rotkäppchen rettete. Natürlich gab es rauschenden Beifall, der uns sehr stolz machte.

Noch vor Silvester war die schöne Zeit mit Vater vorbei und wir nahmen auf dem Bahnsteig wieder unter Tränen Abschied wie beim letzen Mal. „Bis bald!", riefen wir uns zu, als der Zug abfuhr. „Bis bald!"

11. SA-Führer vor der Tür

An einem ungewöhnlich warmen Apriltag saßen Tante Mirjam und Onkel David gemütlich bei einem Glas Wein auf ihrer Terrasse und genossen die Abendsonne, während Daniel und ich im Flur der oberen Etage neue Übungen am Trapez trainierten, als wir von wildem Klopfen und Läuten an der Haustür jählings gestört wurden.

Neugierig steckten wir unsere Nasen zwischen die Stäbe des Geländers der Galerie und sahen Mirjam und David gleichzeitig zum Eingang eilen. David riss die Haustür auf – und erstarrte vor Schreck. SA! Adolf Hitlers Sturmabteilung!

Es waren drei SA-Männer, von denen der mittlere mehr getragen als gestützt wurde. Es ging ihm offensichtlich sehr schlecht, denn sein Gesicht war blau angelaufen.

„Oh, das sieht nach schwerer Zyanose, nach Sauerstoffmangel aus!", diagnostizierte David sofort.

„Machen Sie schnell!", befahl einer der SA-Männer. „Der Herr Standartenführer hat eine Fischgräte im Hals."

Hinter dem Geländer versteckt konnten wir beobachten, wie Mirjam ins Sprechzimmer vorauseilte und das Oberteil der Behandlungsliege höher stellte.

David stand mit der Stirnlampe auf dem Kopf und einer langen Pinzette bereit, als die Männer den nach Luft ringenden Standartenführer auf der Liege absetzten. Mirjam legte ihm die Mundsperre aus Metall in den Mund, sodass er weit geöffnet blieb.

„Er hat erst versucht, die Gräte mit einem Glas Wasser

herauszuspülen. Dann hat er ein Stück Brot gegessen, um sie damit hinunterschlucken zu können", erklärte einer der Männer.

„Aha", sagte David, „daher bildete sich vermutlich ein dicker Klumpen, der auf die Luftröhre drückt."

Mirjam führte die SA-Männer zur Tür: „Bitte nehmen Sie im Wartezimmer Platz!"

Etwas verdutzt gehorchten die Offiziere und Mirjam schloss die Tür hinter ihnen. Nun war uns die Sicht auf das interessante Drama im Sprechzimmer versperrt.

„Legen wir uns hier auf den Boden und warten", wisperte Daniel, „dann können wir durch das Geländer sehen, wenn der Kranke wieder herauskommt. Vater wird uns später bestimmt alles erzählen."

Mirjam ging zurück zur Liege. Der Patient röchelte nur noch.

„Ich kann die verflixte Gräte nicht sehen vor lauter Klumpen. Wenn ich die Pinzette einführe, stoße ich sie möglicherweise noch tiefer", stöhnte David. Der Schweiß lief ihm über die Stirn, als er vorsichtig, aber so schnell wie möglich Teilchen für Teilchen des Brotklumpens mit der Pinzette heraushob, bis er die Struktur der Gräte erkennen konnte.

„Das ist ein gegabeltes Riesending. Ich darf die Gräte nicht hochziehen. Sie verkeilt sich sonst noch mehr in den Wänden des Oesophagus. Ich werde sie zerteilen. Halt die Pinzette ganz fest!", bat er Mirjam. „Ich muss selbst nach einer dünnen Zange suchen."

Er öffnete die Tür seiner Instrumentenvitrine. „Ich bin doch kein Zahnarzt, bei dem so ein vertracktes Zeug herumliegt", murmelte er vor sich hin.

Doch schnell hatte er das passende Gerät in der Hand und

führte es in die Speiseröhre bis zur Gräte ein. „Ich kann nur hoffen, das Ding hat sich so verhakt, dass uns die Teile nicht nach unten rutschen."

„Himmel, lass den Kerl nicht sterben!", flüsterte Mirjam. Nie hätte sie gedacht, dass sie einmal für einen SA-Mann beten würde.

„Klick", machte es und die Gräte war zerteilt.

„Zieh die Gräte aus der Wand nach innen und dann hoch. Ich habe das andere Stück in der Zange."

Im Handumdrehen lagen die beiden Grätenstücke auf der Brust des Patienten. Der Standartenführer war in der Zwischenzeit bewusstlos geworden und sein Gesicht hatte sich noch stärker blau verfärbt.

David drückte rhythmisch seinen Brustkorb und Mirjam legte ihre Finger auf seine Halsschlagader. „Der Puls ist noch zu fühlen."

„Na, dann wird er schon wieder", sagte David erleichtert und stoppte das rhythmische Pressen. „Jetzt ist die Beatmung dran!" Er nickte Mirjam auffordernd zu.

„Nein, ich nicht!", protestierte sie. Sie legte dem Patienten ihr Taschentuch über den Mund. In diesem Moment stieß der Mann einen keuchenden Laut aus, dem ein tiefer Atemzug folgte. Gleich kehrte wieder etwas natürliche Farbe in sein Gesicht zurück. Er wollte sich aufsetzen, doch David hielt ihn zurück. „Sie müssen sich schon noch ein wenig ausruhen!"

Mirjam öffnete die Tür und ging zum Wartezimmer. Die Tür blieb offen und Daniel und ich spitzten die Ohren, um an dem spannenden Geschehen wieder teilhaben zu können.

Wir hörten, wie der Standartenführer David zuraunte: „Sie haben mir das Leben gerettet. Ich bin tief in Ihrer Schuld. Sie haben etwas gut bei mir."

Er holte ein Büchlein aus der Brusttasche seiner Uniform, riss eine Seite heraus und schrieb etwas darauf. Dann drückte er den Zettel in Davids Hand. „Hier ist meine Privatnummer. Sollten Sie einmal in Schwierigkeiten kommen, melden Sie sich bei mir. Aber nicht unter dem Namen Rosenholz ...", er überlegte kurz, „sagen Sie ‚Dutzendteich', dann weiß ich, mit wem ich spreche. Und ansonsten ... die Sache bleibt unter uns, nicht wahr?"

„Ich hatte das Gefühl, als wäre ich völlig weggetreten gewesen", wandte sich der Standartenführer zu seinen Kameraden, die eben zurück ins Sprechzimmer kamen.

„Ja, Sie waren bewusstlos und viel hätte nicht mehr gefehlt und Sie wären erstickt", erklärte David. „Auf dem Transport ins Krankenhaus wären Sie genauso erstickt wie bis zur Ankunft der Sanitäter. Aber wie kommt es eigentlich, dass Sie zu mir, in eine jüdische Praxis, gebracht wurden?"

„Wir waren vorne an der Ecke im Dutzendteichrestaurant", antwortete einer der Männer. „Wir haben mit ein paar Frauen gefeiert und Karpfen gegessen, als der Herr Standartenführer plötzlich keine Luft mehr bekam. Der Gastwirt stand gerade neben uns und sagte: ‚Ein paar Häuser weiter an der Uferpromenade ist eine Arztpraxis. Fahrt ihn schnell dorthin! Es ist das mit Efeu bewachsene Haus.' Also brachten wir ihn schleunigst hierher. Erst an der Tür sahen wir das Schild ‚Praxis David Rosenholz – Allgemeinmedizin und Chirurgie'. Mein Kamerad meinte: ‚Besser ein verdammter Judenarzt als gar keiner'! Verzeihung! Sie haben Ihre Sache verdammt gut gemacht!"

„Ein bisschen viel Verdammnis. Tut mir leid!", entschuldigte sich der gerettete Patient. Er erhob sich von der Liege, ging zum Schreibtisch und legte einige größere Scheine unter den Briefbeschwerer.

In der Diele sah sich der Standartenführer prüfend um. Schnell robbten wir ein Stück vom Geländer weg.

„Wie kommt es, dass Sie als Jude ein ganzes Haus für sich alleine haben?"

„Es ist gemietet, Herr Standartenführer. Und es ist nicht groß. Im Parterre sind meine Praxisräume sowie die Küche und das Wohnzimmer. Im oberen Stockwerk befinden sich Schlafzimmer, Kinderzimmer und ein Bad."

„Aha, na dann! Wahrscheinlich werden Sie als Krankenbehandler die Räume für sich behalten können."

Auf dem Weg zur Haustür drehte der Offizier sich noch einmal um. Er musterte den gut aussehenden, großen und sportlichen David von oben bis unten und ebenso die hübsche, schlanke Mirjam und bemerkte: „Und übrigens, ihr seht gar nicht aus wie Juden! Kaum zu glauben!"

Nachdem sich die Haustür hinter den Männern geschlossen hatte, rannten Daniel und ich die Treppe hinunter zu Onkel David. Er strich über sein glatt rasiertes Kinn. „Die Kerle haben zu viele Stürmer-Karikaturen gesehen! Jude ist für sie wohl gleichzusetzen mit Bart und Hässlichkeit."

In der Zwischenzeit war es bereits dunkel geworden, doch Mirjam und David hatten im Augenblick nicht die Kraft, im Wohnzimmer die Läden zu schließen, um die Lampen anknipsen zu können. David ließ sich ermattet in einen Sessel fallen und wischte sich mit dem Taschentuch den Schweiß von der Stirn. „Ich glaube, ich bin von oben bis unten in Schweiß gebadet. Nicht auszudenken, wenn der Standartenführer auf meinem Behandlungstisch erstickt wäre! Dann hätte es geheißen, wir wollten ihn absichtlich draufgehen lassen, und wir wären alle im KZ gelandet."

Von draußen näherten sich eilige Schritte. Mutter und

Tante Evi waren durch die verdeckte Pforte in der Hecke geschlüpft und kamen durch die noch immer offen stehende Terrassentür herein. Tante Eva sperrte die Tür hinter sich zu, schloss die Fensterläden und knipste die Stehlampe neben der Couch an.

„Was war denn bei euch los, um Himmels willen?", fragte Mutter besorgt. „Wir hörten vor eurem Haus Autotüren schlagen und rannten sofort die Treppe hoch zu einem Fenster in der oberen Etage, um zu sehen, was das zu bedeuten hat."

„War das ein Schreck, als wir die SA-Männer aussteigen sahen!", erzählte Eva weiter. „Aber wir beruhigten uns gleich, als wir bemerkten, dass sie einen Kranken zu dir brachten. Ein SA-Offizier geht zu einem jüdischen Arzt! Wie kommt denn das?"

Nun blieb Onkel David trotz seiner Erschöpfung nichts anderes übrig, als uns allen haargenau Bericht zu erstatten, um unsere Neugier zu befriedigen.

Nachdem David diese spannende Geschichte zu Ende erzählt hatte, sagte Mutter spöttisch: „Da bewahrheiten sich ‚unseres verehrten Führers' Ideale im wahrsten Sinne des Wortes: Von einem SA-Mann erwartet man schließlich, ‚hart wie Kruppstahl' und ‚zäh wie Leder' zu sein!" Damit spielte sie an auf Hitlers Aussage von der angeblichen Verweichlichung der Jugend in der Weimarer Republik und das neue Ideal der Nazis: „flink wie Windhunde, zäh wie Leder und hart wie Kruppstahl" sollte die Jugend ab sofort sein.

12. Noah in Flossenbürg

Schon bald sollte sich die Notwendigkeit ergeben, dass David das Angebot des SA-Standartenführers, ihm in einer Notlage zu helfen, in Anspruch nehmen musste. Es war im Juni an Daniels siebtem Geburtstag, als sein Vater morgens einen Anruf von seiner verzweifelten Schwägerin Esther bekam: „Stell dir vor, Noah ist verhaftet worden!", stieß sie hervor.

„Wieso das? Was ist denn geschehen?" Vor Schreck und Entsetzen fiel David das Blutdruckmessgerät aus der Hand. „Nein, Moment, sag jetzt nichts am Telefon! Komm bitte gleich zu uns. Dann können wir in Ruhe darüber sprechen."

David hatte Mühe, sich während des Vormittags auf seine Patienten zu konzentrieren, so nahe ging ihm die Festnahme seines Bruders. Immer wieder verfiel er ins Grübeln, was wohl die Gründe hierfür sein könnten.

Gegen Mittag traf Esther ein. Ihr Gesicht verriet Spuren vergossener Tränen. Während David den letzten Patienten versorgte, kümmerten Mirjam und Mutter sich um sie. Mutter war herübergekommen, da Noahs Schicksal auch unserer Familie am Herzen lag.

Elli fütterte Rebekka in der Küche und brachte sie zum Mittagsschlaf in ihr Bettchen. Anschließend setzte die Familie sich an den Mittagstisch. Esther warf zweifelnde Blicke auf Daniel.

„Glaubst du, das ist heute ein passendes Thema für einen Siebenjährigen?", fragte sie David.

„Daniel ist ein sehr vernünftiger und was den Naziterror

angeht, ein erstaunlich aufgeklärter Junge. Der Rabbiner hält es für richtig, mit den Jungen seiner Klasse über alles, was notwendig ist, zu reden. Nicht, um ihnen Angst zu machen, sondern um ihnen zu ihrem eigenen Schutz das richtige Maß an Vorsicht gegenüber den Nazis zu vermitteln. Unsere Kinder werden in diesen Zeiten schnell erwachsen – leider! Wir können es ihnen nicht ersparen."

Esther begann zu erzählen: Noah durfte nach der Festnahme nur einmal telefonieren. Er bat seine Frau, sofort seinen Freund Jakob, einen Rechtsanwalt, zu benachrichtigen, und dann konnte er ihr nur kurz erklären, dass er auf einer Kreuzung mit seinem Fahrrad einen Unfall hatte. Ein Dienstwagen der SS (Hitlers Schutzstaffel) habe ihm in einer Kurve derart den Weg abgeschnitten, dass es zu einer Kollision kam. Er stürzte vom Rad und verletzte sich am Knie. Der große Mercedes des SS-Offiziers trug am rechten Kotflügel nur eine kleine Schramme davon.

Der SS-Obersturmbannführer sprang aus dem Wagen, brüllte Noah an, dass er die Schuld an dem Unfall habe, weil er nicht achtsam gefahren sei, und schrie: „Zeigen Sie mir Ihren Ausweis!"

Als er das „J" auf dem Ausweis sah, sagte er verächtlich: „Natürlich ein Judenschwein, was sonst!"

Dann überstürzten sich die Ereignisse. Der Offizier ließ Noah von seinem Chauffeur auf den Rücksitz des Wagens zerren und ins Untersuchungsgefängnis beim Justizgebäude bringen. Mehr hatte Esther in dem kurzen Gespräch nicht erfahren.

„Ich habe unseren Freund Jakob sofort gebeten, sich dort nach ihm zu erkundigen", berichtete sie weiter. „Als Rechtsanwalt hat er mehr Chancen, etwas herauszufinden. Jakob sagte, dass mit Juden nicht lange gefackelt wird. Er erfuhr, dass Noah umgehend von einem Untersuchungsrichter vernommen wurde, der ihn kurzerhand für schuldig befand und zu einer KZ-Strafe verurteilte. Jakob befürchtet, dass man Noah in das KZ Flossenbürg bringt."

Esther vergrub ihr Gesicht in den Händen und fing wieder an zu weinen: „Vielleicht ist er schon dort."

David überlegte: „Flossenbürg ist durchaus möglich. Dort befinden sich die Deutschen Erd- und Steinwerke, welche die SS vor zwei Jahren gründete, um ihre Produkte an das Deutsche Reich zu verkaufen. Nachdem Noah sich ausgerechnet mit einem SS-Offizier angelegt hatte, ist es tatsächlich denkbar, dass dieser ihn nach Flossenbürg hat einweisen lassen."

Esther blickte David flehentlich an: „Was können wir denn bloß tun?

„Esther, beruhige dich! Es besteht eine gute Chance, dass ich für Noah etwas erreichen kann. Ich werde einen gewissen SA-Standartenführer anrufen, dem ich vor Kurzem das Leben gerettet habe. Er sagte, ich habe als Dank dafür etwas bei ihm gut, und ich solle mich bei ihm melden, wenn ich in Schwierigkeiten käme. Nun, wir wollen sehen, ob er sein Wort hält oder ob das in seiner Euphorie über seine glückliche Rettung nur ein leeres Versprechen war!"

David ging ins Wohnzimmer, holte den Zettel hervor, den ihm der Standartenführer in die Hand gedrückt hatte, und wählte die angegebene Nummer.

Als der Offizier sich meldete, fragte David: „Erinnern Sie sich noch an den Dutzendteich?"

„Natürlich tu ich das! Wo brennt's denn?"

„Es handelt sich um meinen Bruder Noah Rosenholz."

David erklärte dem Standartenführer ausführlich, was geschehen war und dass er vermute, sein Bruder sei ins KZ Flossenbürg überführt worden. „Besteht eine Möglichkeit, ihn dort herauszuholen?"

„Hm, das ist keine leichte Aufgabe! Schließlich ist er in den Fängen der SS. Mit dieser zu verhandeln, ist nicht gerade einfach, aber mit Geld ist vieles lösbar. Nachdem Ihr Bruder kein Schwerverbrecher oder Homosexueller ist, besteht immerhin die Möglichkeit, ihn freizukaufen!"

„Oh, das ist großartig! Ich wäre Ihnen außerordentlich dankbar!"

„Nun, die Sache kann ich nicht selbst in die Hand nehmen. Mich für die Befreiung eines Juden aus dem KZ einzusetzen! Unmöglich! Ich käme in größte Schwierigkeiten. Ich hörte aber von einem Herrn Bittermann, der solche Angelegenheiten – natürlich für entsprechenden Botenlohn – in die Wege leitet, wenn der Häftling betucht genug ist zu zahlen. Er steht im Telefonbuch. Sie müssen selbst mit ihm verhandeln. Und von mir kein Wort! Verstanden? Sonst …"

„Sie müssen mir nicht drohen!", fiel David ihm ins Wort. „Ich verstehe Ihre Situation vollkommen."

Der Offizier hatte schon aufgelegt. David griff nach dem Telefonbuch und suchte nach der Nummer des Mittelmannes.

Das Gespräch mit Herrn Bittermann verlief einfacher, als er vermutet hatte. Er versprach, sich bei ihm zu melden, sobald er Ergebnisse erzielen konnte.

David ging zurück auf die Terrasse und erzählte von dem Telefongespräch.

Sogleich hellte sich Esthers Miene auf: „Freikaufen! Wie wunderbar! Hoffentlich dauern die Verhandlungen nicht so lange."

„Das Einzige, was wir jetzt noch tun können, ist, für seine baldige Freilassung zu beten", sagte meine Mutter.

Zum Leidwesen aller zogen sich die Verhandlungen um Noahs Freikauf aus dem KZ schier endlos hin. Nach zwei Wochen Wartezeit bat Esther: „David, könntest du bei Herrn Bittermann einmal nachhaken, vielleicht hat er den Vorgang längst vergessen!"

„Nein, ich glaube nicht, dass er uns vergessen hat", meinte David. „Wir warten noch ein paar Tage!"

Tatsächlich kam am nächsten Abend der ersehnte Anruf: „Sie können Ihren Bruder freikaufen. Für 11.000 Reichsmark!"

„Aha", dachte David, „1000 Reichsmark werden wohl Bittermanns Lohn für seine Bemühungen sein."

Der Mann nannte David eine Bank und Kontonummer und fügte hinzu: „Ich muss Sie aber gleich darauf aufmerksam machen, dass es ein paar Tage dauern kann, bis er in Flossenbürg freigegeben wird. Erst wenn ein neuer Gefangenentransport aus Nürnberg eintrifft, steht ein Wagen zur Verfügung, der Ihren Bruder zurückbringen kann."

David bedankte sich herzlich im Namen seiner Familie für die Hilfe, und nun blieb ihnen nach umgehender Einzahlung der geforderten Summe nichts weiter übrig, als wieder zu warten.

Weitere zwei Wochen später rief Esther früh um acht Uhr völlig aufgelöst an: „Ich habe einen Anruf bekommen, Noah ist in Flossenbürg im Krankenrevier und nicht transportfähig, es sei denn, man würde ihn im Krankenwagen abholen lassen. Nicht transportfähig! Was soll denn das bedeuten?"

„Jetzt beruhige dich bitte, Esther! Ich habe heute Nachmittag keine Sprechstunde, deshalb fahre ich selbst im Krankenwagen mit. Ich werde alles organisieren und lasse Noah gleich zu mir in die Praxis bringen. Am besten kommst du hierher, zu Mirjam und Winnie. Sie werden sich um dich kümmern".

Der Wagen durfte in Flossenbürg vor dem Krankenrevier nur kurz halten. Noah wurde auf einer Pritsche mit Tüchern bedeckt hastig in den Krankenwagen geschoben, daher konnte David sich noch kein Bild von einer Krankheit oder von Verletzungen machen. Er merkte nur, dass Noah große Schmerzen litt, denn er stöhnte nahezu ununterbrochen. Er nahm die Tücher weg und sah bestürzt, dass Noahs Körper beinahe vollständig in Verbände eingehüllt war. David hatte fürsorglich eine Injektion gegen Schmerzen mitgenommen, damit sein Bruder die Fahrt durchhalten konnte.

Am späten Nachmittag traf David mit dem Krankenwagen in seiner Praxis ein. Esther schnellte vom Wohnzimmersofa hoch, um ihren Mann sofort zu begrüßen, aber Mirjam und Mutter hielten sie zurück.

„Bitte, gedulde dich noch ein wenig", bat Mirjam, „wer weiß, in welcher Verfassung Noah nach der langen Fahrt ist! Lass David seinen Bruder erst untersuchen und versorgen! Ich werde sehen, ob ich David zur Hand gehen kann." Mirjam eilte ins Sprechzimmer. Sie befürchtete, dass Noah in einem katastrophalen Zustand sein würde und wollte Esther vor diesem Anblick bewahren.

Esther ließ sich in einen Sessel fallen und hielt die Hände vors Gesicht.

Mutter tröstete sie: „Ich bleibe noch so lange bei dir, bis du Noah begrüßen kannst."

Als David Noah auf der Untersuchungsliege aus seinen Verbänden geschält hatte, war er entsetzt über das Ausmaß seiner Wunden, welche zum Teil bereits anfingen zu eitern.

Mirjam musste sich abwenden, weil ihr die Tränen in die Augen schossen.

„Mein Gott, was haben sie denn mit dir gemacht?", fragte David erschüttert.

„Mit Ketten geschlagen!", antwortete Noah kurz und schloss die Augen.

David nahm dies als Zeichen, dass er im Moment nicht darüber sprechen wollte. Er musste Noahs gesamten Köper reinigen und desinfizieren. Die Wunden sahen danach aus, als wären sie seit Tagen nicht mehr versorgt worden. Obwohl Noah noch einmal eine Injektion erhalten hatte, bereitete ihm die Behandlung große Schmerzen. Tapfer biss er die Zähne zusammen. David fiel auf, dass Noah am ganzen Körper rasiert worden war.

Noah bemerkte seinen fragenden Blick und berichtete in stockenden Sätzen: „Als ich ankam, musste ich alle meine Kleider abgeben, dann wurde ich derart brühheiß geduscht, dass ich schrie vor Schmerzen. Anschließend kam eine eiskalte Dusche, die genauso unerträglich war. Und diese Behandlung musste ich mehrmals hintereinander durchhalten. Zum Schluss wurde ich überall am Körper rasiert."

Diese kurze Schilderung hatte Noah sichtlich mitgenommen. Er atmete schneller und seine Augen füllten sich mit Tränen.

„Du bist jetzt in Sicherheit, Noah", sagte David. „Niemand darf dir mehr wehtun." David war erschüttert. Vor seiner Verhaftung vor etwa acht Wochen hatte Noah die gleiche Statur wie er, war groß und schlank und durchtrainiert vom Rudersport. Aber jetzt war er nur noch ein Schatten seiner selbst, nichts als Haut und Knochen und von Kopf bis Fuß übersät mit diesen schrecklichen Wunden.

Beide, Patient und Arzt, waren erleichtert, als die frischen Verbände angelegt waren. „Eigentlich gehörst du ins Krankenhaus, denn du brauchst nahezu ununterbrochene Pflege und Behandlung."

Noah sah David verschreckt an: „Nein, bitte kein Krankenhaus! Da komme ich doch gerade her!"

„Hm, in den Nürnberger Krankenhäusern ist die Behandlung für Juden vermutlich auch nicht mehr optimal. Juden und Nichtjuden müssen sogar in getrennten Räumen liegen", gab David zu. „Dann ist es am besten, wenn du mit Esther bei uns bleibst, bis es dir besser geht. Um dich täglich zu besuchen und zu versorgen, würde ich jedes Mal eineinhalb bis zwei Stunden brauchen."

Mirjam wandelte zusammen mit Mutter und Esther in Eile das ehemalige Wartezimmer für Privatpatienten, das durch die Auflagen der Regierung ohnehin nicht mehr gebraucht wurde, in ein provisorisches Schlafzimmer um. Für Esther wurde ein Gästebett aufgestellt, und für Noah holten Mirjam und Mutter ein stabiles Bett mit Matratze sowie einen Nachttisch vom Dachboden. Das gehörte noch zu den Sachen, die Mutter für Mirjams Patienten in der Reichspogromnacht zur Verfügung gestellt hatte.

So wurde Noah neben dem Behandlungszimmer untergebracht und musste in seinem maladen Zustand keine Treppen steigen. David fuhr die Behandlungsliege dicht neben Noahs Bett und hob seinen Bruder vorsichtig hinein.

In der Zwischenzeit war es schon spät geworden und Noah fielen die Augen zu. Esther versuchte, ihn mit dem leckeren Essen zu füttern, das Mirjam zubereitet hatte, aber er konnte nur noch ein Glas Tee trinken, dann schlief er ein.

Die Nacht war unruhig im Hause Rosenholz. Noah hatte

Albträume. Er schrie, sprach mit imaginären Personen und rief immer wieder angstvoll: „Nein, nein, lasst mich los, lasst mich los!"

Esther schaltete ihre kleine Nachttischlampe an und sah, dass ihr Mann gerade versuchte, aus dem Bett zu steigen. Sie schaffte es nicht mehr rechtzeitig, ihn davon abzuhalten, und er fiel zu Boden. Es war ihr unmöglich, Noah alleine ins Bett zurückzubringen, andererseits war es ihr auch peinlich, David nachts aus dem Schlaf zu reißen.

In diesem Moment kam David herein und sagte: „Ich habe schon gehört, dass Noah unruhig wurde." Er hob seinen Bruder hoch und legte ihn zurück ins Bett. „Du musst nicht zur Toilette gehen. Ich habe dir doch eine Urinflasche bereitgestellt."

Er merkte, dass Noah gar nicht zuhörte. Er war wie in Trance und sprach unzusammenhängende Worte, wobei er immer wieder zusammenzuckte und eine Abwehrhaltung einnahm. Nachdem David ihm eine Beruhigungsspritze gegeben hatte, stellte er einige Stühle mit den Rücklehnen vor sein Bett. „Ich hoffe, das wird ihn daran hindern, noch einmal herauszusteigen. Morgen werden wir nach einer anderen Lösung suchen", sagte er. „Gute Nacht, Esther. Hol mich bitte, wenn wieder etwas los ist!"

Esther weinte. „Ich wäre zu Hause niemals alleine mit ihm zurechtgekommen. Vielen Dank, dass du uns hilfst!"

David nahm sie in die Arme: „Darüber müssen wir gar nicht reden. Versuch jetzt noch ein wenig zu schlafen. Siehst du, bei Noah beginnt die Injektion schon zu wirken. Wir lassen ihn morgen schlafen, so lange er kann."

Als Daniel und Rebekka am nächsten Morgen hörten, dass Tante Esther und Onkel Noah im Haus waren, wollten sie sofort zu ihnen laufen, um sie zu begrüßen.

„Halt, langsam!", befahl Mirjam. „Erstens rennt man zu einem Gast nicht einfach ins Zimmer und zweitens schlafen Tante und Onkel sicher noch."

Mirjam schickte Rebekka zu Elli in die Küche und nahm Daniel auf die Seite. „Daniel, du weißt doch, dass Onkel Noah im KZ war, nicht wahr? Und du weißt auch, dass die Gefangenen dort sehr schlecht behandelt werden."

Daniel nickte. „Ja, Mami! Hat Onkel Noah auch wenig zu essen bekommen und ist er auch geschlagen worden?", fragte er.

„Leider ja", antwortete Mirjam. „Onkel Noah ist sehr schwach. Er hat sehr abgenommen und leidet unter starken Schmerzen. Bitte, warte noch, bis es ihm besser geht. Er wird schon selbst nach euch fragen, wenn er so weit ist. Das verstehst du doch, oder?"

„Ja, das verstehe ich, dass man seine Ruhe haben will, wenn man krank ist. Das war bei mir auch so, als ich Scharlach hatte. Ich passe auch auf Rebekka auf, dass sie nicht einfach in sein Zimmer rennt."

Mirjam drückte Daniel an sich und dachte dabei: „Wie furchtbar, was unser Junge schon alles erfahren und miterleben muss!"

Noah schlief noch tief und fest, als Esther in einem von Mirjams Kleidern zum Frühstück kam. Mirjam hatte ihrer Schwägerin Wäsche und Kleider bereitgelegt, bis Esther Zeit fand, ihre eigenen Sachen zu holen. Daniel freute sich, dass er seine Tante noch vor dem Unterricht begrüßen konnte. Als er sah, wie sorgenvoll und mitgenommen sie aussah, lehnte er sich an ihre Seite und umarmte sie fest.

„Was bist du doch für ein lieber Junge, Daniel!", lobte sie ihn. „Darf ich dich heute zur Schule bringen?"

„Danke, das ist nicht nötig", antwortete er, „heute haben wir bei uns im Wohnzimmer Unterricht. Wir sind an der Reihe."

David kam gerade zur Tür herein. „Nein, ich habe umdisponiert. Solange wir einen Kranken im Haus haben, findet bei uns kein Unterricht statt. Alle Eltern sind einverstanden." Er strich Daniel über den Kopf. „Das heißt für dich, mein Sohn, du musst dich sputen. Heute gehst du zu Simon. Alles Weitere wird unter den Eltern noch besprochen."

Als Noah gegen Mittag aufwachte, war er endlich bereit, etwas zu essen. Während Esther ihn stützte, stopfte ihm Mirjam Kissen in den Rücken. Es war nicht zu übersehen, dass ihm jede Berührung und jede Bewegung Schmerzen bereiteten, trotzdem aß er diesmal seinen Teller leer.

Später kam David aus dem Sprechzimmer und sah sich nach seinem Patienten um. „Wenn du starke Schmerzen hast, kann ich dir nochmals eine Spritze geben", bot er ihm an.

„Wann müssen denn die Verbände gewechselt werden?"

„Das mache ich gleich nach der Sprechstunde."

„Dann ist es mir lieber, du gibst mir die Spritze vor dem Verbandswechsel. Das tut nämlich höllisch weh."

„Selbstverständlich, ganz wie du willst", antwortete David.

Mutter wies mich an, meine Hausaufgaben daheim zu erledigen und wegen des ruhebedürftigen Onkels nicht zu lange bei Rosenholzens zu bleiben. So besuchte ich Daniel erst am Spätnachmittag und erkundigte mich gleich, wie es Onkel Noah ging.

„Er hat starke Schmerzen und nachts schlimme Albträume. Mami sagt, er kann noch keinen Besuch verkraften. Wir müssen ganz still sein."

Wir gingen leise die Treppe hoch zu Rebekka, wo wir Tante Mirjam und Tante Esther vorfanden. Noah wollte nicht, dass seine Frau zusah, wenn David die Verbände wechselte.

Die beiden Tanten wurden von Rebekka sofort in Beschlag genommen. Sie saßen gemeinsam am Boden und setzten Holzklötze zu Tierbildern zusammen.

„Denkt euch!", platzte ich mit der Neuigkeit heraus, „Vati kommt nächste Woche. Er hat drei Wochen Urlaub bekommen. Wir freuen uns alle so sehr, denn er war das letzte Mal an Weihnachten hier. Das ist furchtbar lange her."

„Natürlich freuen wir uns auch sehr", sagte Tante Esther. „In einer Woche wird es Onkel Noah hoffentlich viel besser gehen, sodass dein Vater ihn sicher schon besuchen kann."

Ich gab jedem ein Küsschen und sagte: „Ich gehe gleich wieder, denn ich muss noch Klavier üben. Ich wollte nur schnell erzählen, dass Vati kommt. Richtet bitte liebe Grüße an Onkel Noah aus und sagt ihm, dass wir jeden Abend für ihn beten und Gott darum bitten, dass er bald wieder gesund wird."

Mutter schlich jeden Tag durch die Pforte hinüber zu Rosenholzens, um Esther Gesellschaft zu leisten, wenn Mirjam beschäftigt war.

Aufgrund der Medikamente schlief Noah sehr viel oder er döste vor sich hin. Was seine Verletzungen betraf, machte die Heilung gute Fortschritte. Es zeigten sich keine eiternden Stellen mehr, und die offenen Wunden heilten langsam zu.

Nur die Gliederschmerzen und die Berührungsempfindlichkeit bereiteten David Sorgen. Die eisernen Ketten, mit denen

Noah geschlagen worden war, gingen im wahrsten Sinne des Wortes durch Haut und Knochen. Daher vermutete David, dass die Knochen an mehreren Stellen von Knochenhautentzündung betroffen waren. David versuchte mit Eispackungen Linderung der Entzündungen zu erzielen. Das wäre zwar auf Dauer sehr effektiv gewesen, jedoch konnte er nicht die Mengen an Eis bekommen, die er brauchte. So blieb ihm nichts weiter übrig, als Noah mit Wundsalben sowie Schmerz- und Beruhigungsmitteln zu behandeln, bevor wegen des psychischen Problems, das sein KZ-Aufenthalt verursacht hatte, ein Facharzt hinzugezogen werden konnte.

Bisher war Noah noch nicht bereit gewesen, über seine Erfahrungen in Flossenbürg zu sprechen, und David drängte ihn nicht. Er bat auch Esther, ihrem Mann keine Fragen zu stellen. Nur in der Nacht, wenn Noah von Albträumen gequält wurde, konnte Esther kleine Fragmente aus seinem Leben im KZ erfahren und sinnvoll zusammenfügen.

So schrie er nachts häufig: „Tot! Er ist tot! Ich bin kein Arzt. Ich kann das nicht!"

David nahm daher an, dass Noah, der Zahnarzt war, zur Leitung des Krankenreviers in Flossenbürg gezwungen und wegen eines Todesfalls mit Ketten geschlagen worden war.

Manchmal bettelte er auch um Essen: „Gebt mir Brot! Ich habe Hunger!"

Als Mirjam, Mutter und Esther nachmittags am Esszimmertisch ihren Kaffee genossen, setzte David sich zu ihnen. „Esther, beantrage möglichst schnell die Ausreisegenehmigung", drängte er. „Ihr müsst umgehend Deutschland verlassen, sobald Noah körperlich wiederhergestellt ist."

Esther fasste sich erschrocken an die Stirn: „Mein Gott, ihr wisst ja noch gar nicht, dass wir ein Visum für die USA erhalten haben. Nach Noahs Festnahme schwirrten nur noch Sorgen in meinem Kopf herum. Ich dachte nicht mehr an das Visum, sondern nur noch: ‚Was geschieht mit Noah?‘ Verzeiht, dass ich euch die Neuigkeit so lange vorenthalten habe.“

„Aber Esther, das verstehen wir doch. Ein Visum für Amerika! Wie schön für euch!“, freute sich Mutter. „Wie soll denn die Reise ablaufen?“

„‚Die Reichsvereinigung der Juden‘ hat alles für uns organisiert. Die Auswanderungsbestimmungen wurden allerdings vor einiger Zeit verschärft, und die von den Aufnahmeländern geforderten ‚Vorzeigegelder‘ sind erhöht worden.“

„Ich habe auch von einer Vermögensabgabe gehört“, warf David ein.

„Ja, wohlhabende Juden müssen einen Anteil ihres Vermögens als sogenannte Emigrantenabgabe zur Verfügung stellen. Sie soll zur Finanzierung der Auswanderung ärmerer Juden dienen. Aber das haben wir alles schon erledigt“, erklärte Esther.

„Ihr reist von Berlin aus ins Ausland, nicht wahr?“

„Richtig. Sobald Noah reisefähig ist, müssen wir zuerst nach Berlin und dort zu einer Sammelstelle für Reisende nach Lissabon. Von Berlin geht es mit dem Zug nach Lissabon. Leute, die schon einmal Angehörige zur Bahn begleitet haben, erzählten, dass vor der Abfahrt alle Türen versiegelt wurden. Außerdem sind wir schon vorgewarnt worden, dass man in Lissabon einige Wochen auf eine Schiffspassage nach New York warten muss.“

„Na, Hauptsache ist, dass ihr jetzt euer Visum für New York habt. Falls ihr dort Geld braucht, wendet euch an unsere

Schwester Rebekka in Zürich. Sie und Simon könnten euch nach New York Geld überweisen."

„Vielen Dank, David. Es wird nicht nötig sein. Cousine Rachel und Cousin Aaron haben liebenswürdigerweise die Bürgschaft für uns übernommen. Und Noah hofft, dass er bald eine Zahnarztpraxis eröffnen darf. Nun muss er nur noch ganz schnell gesund werden."

David blickte eine Weile nachdenklich vor sich hin, dann wandte er sich an Esther. „Nachdem ich gerade bei euch als zukünftige ‚Amerikaner' an der richtigen Adresse bin, möchte ich euch bitten, für uns Bürgschaften zu besorgen und an die ‚Reichsvereinigung der Juden' in Deutschland zu senden. Ich werde für uns ebenfalls ein Visum für die USA beantragen."

Die drei Frauen starrten David sprachlos an.

„Ja, ich weiß, was ihr jetzt denkt. Bisher habe ich mich immer geweigert, Deutschland zu verlassen. Ich werde es jetzt Mirjam und den Kindern zuliebe tun. Bis wir die Visa bekommen, wird es ohnehin lange dauern, besonders für Rebekka werden wir einige Hürden überwinden müssen. Wir durften sie zwar nicht adoptieren, aber die Vormundschaft konnte ich wenigstens durchsetzen. Leider können wir nicht mehr nach Zürich zu Ruth. Die Schweiz hat dichtgemacht."

„Ich werde Rosalie von euren Ausreiseplänen vorläufig nichts erzählen", sagte Mutter, „das erfährt sie noch früh genug!"

Zu Vaters Ankunft fanden sich alle Bewohner des Hauses Bartels in freudiger Erwartung am Bahnhof ein: Mutter, Oma Franzi, Tante Evi, Lisa, Helga und ich. Aber unsere Begrüßungsfreude versiegte abrupt, als Vater aus dem Zug stieg. Er sah verändert aus, abgehärmt und abgemagert. Er lächelte nicht einmal, als er uns auf dem Bahnsteig entdeckte. Wir umarmten ihn, aber nur Helga konnte ein kurzes Lächeln auf seinem Gesicht hervorzaubern, als Mutter sie ihm in die Arme gab.

„Lasst uns nach Hause gehen!", schlug Mutter vor. „Wir haben ein leckeres Essen vorbereitet."

Die Mahlzeit, die Mutter und Oma Franzi so liebevoll zubereitet hatten, löffelte Vater gedankenlos in sich hinein. Er sprach nicht viel und gab auf Fragen nur kurze Antworten. Ich hatte mich so sehr auf ihn gefreut, aber nun war er mir ganz fremd. Das machte mir Angst. Nach dem Essen badete er und ging schon um sieben Uhr ins Bett.

Mutter weinte: „Fritz ist nicht wiederzuerkennen. Er hat sich sehr verändert."

Oma Franzi und Tante Evi trösteten sie: „Gib ihm Zeit, sich wieder an sein Zuhause zu gewöhnen. Wir wissen nicht, welch schlimme Erlebnisse er an der Front hatte, die er erst verkraften muss. Am besten lassen wir ihn in Ruhe. Er wird von selbst wieder auftauen."

Wir sahen Vater drei Tage lang nur am Esstisch, dann verschwand er wieder im Schlafzimmer. Er interessierte sich für nichts. Er wollte nur schlafen und seine Ruhe haben. Doch am vierten Tag kam er wie ausgewechselt zum Frühstück. Er hatte wieder sein fröhliches Lächeln zurück und war wieder der Vater, den wir kannten und liebten. Oma Franzi hatte recht gehabt. Er musste sich zu Hause erst auf Frieden und Ruhe umstellen und seine schrecklichen Fronterlebnisse hinter sich lassen. Jetzt war er bereit, mit uns Ausflüge zu machen, den Tiergarten zu besuchen oder schwimmen zu gehen oder auf dem Dutzendteich Kahn zu fahren, mit anderen Worten, alles das mit uns zu unternehmen, worauf wir uns gefreut hatten.

Nachdem Noah bereits vierzehn Tage lang in Davids, Mirjams und Esthers liebevoller Pflege war, hatte er etwas zugenommen und sein Gesicht wies eine gesunde Farbe auf. Seine Wunden waren verheilt, auch die Knochenhautentzündungen an seinen Beinen gingen langsam, aber stetig zurück. Daher schaffte er zumindest den Weg bis zur Toilette und konnte sich dort waschen und rasieren. Dennoch fühlte er sich immer noch am wohlsten, wenn er liegen konnte.

Als Noah den Wunsch äußerte, meinen Vater zu sehen, stellte Mirjam einen kleinen Tisch vor sein Bett, auf dem alles Platz hatte, was man zu zweit für eine Kaffeestunde brauchte. Mirjam hatte zur Feier des besonderen Treffens der Freunde sogar einen Kuchen gebacken.

Offensichtlich hatten die beiden Männer sich viel zu erzählen, denn Vater verabschiedete sich erst nach etwa drei Stunden. Sie machten beide einen gelösten, zufriedenen Eindruck.

„Ob sie sich wohl über ihre Erlebnisse und Erfahrungen ausgetauscht haben?", fragte Mirjam.

„Das werden wir nie erfahren", antwortete David. „Aber es wird beiden guttun, wenn jeder vom anderen hört, was ihm nahezu Unerträgliches widerfahren ist. Das macht das eigene Leid tragbarer."

Ende August 1940 war Vater wieder bei seiner Einheit an der Front und Noah und Esther befanden sich auf ihrer Reise nach New York. Sie hatten versprochen, uns über die „Reichsvereinigung der Juden" ihre glückliche Ankunft wissen zu lassen. Wir fieberten dieser Nachricht genauso entgegen wie Familie Rosenholz.

Endlich – es war schon November – stellte Mirjam das vereinbarte Zeichen, eine Blumenvase, an ihr Schlafzimmerfenster im Obergeschoss. Es bedeutete: „Sie sind drüben!"

Sofort huschte Mutter durch die Geheimpforte hinüber zu Rosenholz. Mirjam empfing sie freudestrahlend: „Heute Morgen haben wir die frohe Botschaft erhalten: Noah und Esther sind gut angekommen!"

13. Diphtherie
im Hause Rosenholz

Im zweiten Kriegsjahr spürten wir noch wenig vom Kriegsgeschehen, wenn man von gelegentlichem Fliegeralarm absah, der uns in der Nacht aufschreckte, aber meist nur vor weit entfernt vorbeiziehenden Bombergeschwadern warnte. Allerdings mussten wir immer mit dem Ernstfall rechnen, denn im August waren schon einmal einige Bomben auf Fürth-Burgfarrnbach gefallen.

Mein Vater hatte bereits zu Beginn des Krieges darauf bestanden, unseren Keller so bombensicher wie möglich herzurichten, indem er die Decke mit Eisenträgern abstützen und die Waschküchentür sowie die Kellerfenster durch Sicherheitssysteme aus Metall ersetzen ließ. Im mittleren Kellergang standen fünf Pritschen mit Kopfkissen und Decken, damit alle, vor allem wir Kinder, nach Möglichkeit ein wenig schlafen konnten. Das Bereitstellen von Löschutensilien in jedem Stockwerk war ohnehin Pflicht. Auf ähnliche Weise war auch bei Rosenholz der Keller für den Notfall hergerichtet worden.

Seit Vater wieder an der Front war, besuchte uns Tante Evi häufig auch unter der Woche, um Mutter Gesellschaft zu leisten, denn Oma Franzi ging stets „mit den Hühnern zu Bett", wie sie zu sagen pflegte. Mutter und Tante Evi machten oft spätabends ein großes Geheimnis um das Radio. Sie klebten fast mit den Ohren am Lautsprecher. Dass sie den Sender BBC hörten, um die Wahrheit über das Kriegsgeschehen zu erfahren, wurde mir erst später klar, als ich etwas älter war. Davon durfte nicht einmal Oma Franzi erfahren, sonst hätte sie die zwei Freundinnen gehörig ausgescholten. Diesen Sender zu hören, konnte sogar eine Verurteilung zum KZ nach sich ziehen.

Für uns Kinder ging den ganzen Sommer und Herbst über alles wieder seinen gewohnten Gang: Ferien, Schule, Lernen, Spielen – bis zu dem Zeitpunkt, als uns Anfang Dezember der erste Kälteeinbruch heimsuchte. Ihn begleiteten die üblichen Erkältungskrankheiten wie Husten, Bronchitis, Schnupfen und noch Schlimmeres: Die gefürchtete Diphtherie grassierte wieder in Nürnberg.

Als Daniel vom Unterricht nach Hause kam und über Übelkeit und Schluckbeschwerden klagte, nahm Onkel David ihn mit ins Sprechzimmer und untersuchte Mund, Rachen und Nase. Das Ergebnis der Untersuchung deutete die ersten Anzeichen einer Diphtherie an. Sofort brachte er Daniel in sein Zimmer und verschloss die Tür von innen. „Lass auf keinen Fall Rebekka zu dir ins Zimmer, hörst du?"

Daniel nickte und sagte: „Ich möchte ein bisschen schlafen!"

David half seinem Sohn beim Ausziehen, dann verschloss er die Tür von außen, rief Mirjam zu sich und ging in die Praxis, um seine Hände zu desinfizieren.

„Ob Dr. Ludwig Steinbeck sich wohl noch an mich erinnert?", überlegte er. „Wir haben zu meiner Zeit im Krankenhaus gut zusammengearbeitet und so manchen Einsatz und so manche Nachtwache getauscht, und nicht zuletzt so manchen Becher zusammen geleert. Er ist unsere einzige Rettung. Als Jude bekomme ich in keiner Apotheke die Medikamente, die ich brauche."

Mirjam hatte seinen Selbstgesprächen verständnislos zugehört. „Sag mal, wovon sprichst du eigentlich?"

David weihte Mirjam ein und legte ihr ans Herz, Rebekka nicht zu Daniel zu lassen. Dann machte er sich eilig auf den Weg zur nahe gelegenen Telefonzelle, denn Anfang August war sein Anschluss gesperrt worden. Zu Mirjams großer Erleichterung hatte ihn diese Maßnahme in seinem Entschluss bekräftigt, die Ausreise aus Deutschland in die Wege zu leiten.

David riss die Tür der Telefonzelle auf, warf Münzen in den Apparat und wählte die Nummer des Krankenhauses. Er stellte sich als früherer Kollege von Dr. Ludwig Steinbeck vor und bat um eine Verbindung.

„Sie meinen Professor Ludwig Steinbeck?"

„Richtig!", antwortete David. Ungeduldig trommelte er mit den Fingern auf den Apparat: „Hoffentlich macht er nicht gerade Visite oder ist im Augenblick im Operationssaal!" Die Wartezeit erschien ihm endlos, bis sich eine tiefe Männerstimme meldete: „Steinbeck!"

David atmete auf: „Hier spricht David Rosenholz. Ich hoffe, du erinnerst dich noch an mich?"

„Aber sicher erinnere ich mich! Wie geht es dir, alter Freund?"

„Wir werden gleich sehen, was die alte Freundschaft wert ist", dachte David.

„Ludwig, um es gleich auf den Punkt zu bringen: Du bist meine einzige Rettung! Meine beiden Kinder – sieben und vier Jahre alt – sind an Diphtherie erkrankt. Ich brauche dringend die neuesten Medikamente. Kannst du mir helfen?"

„Bring doch die Kinder hierher ins Krankenhaus. Da bekommen sie alles, was sie brauchen, und werden gut gepflegt."

„Aber Ludwig, überleg doch! Würdest du deine Kinder dem Krankenhaus überlassen, wenn sie daheim von dir und deiner Frau rund um die Uhr gepflegt werden?"

Eine lange Pause. Davids Herz schlug wie wild.

„Gut, ich werde dir die Medikamente geben. Mit einer Rechnung, versteht sich, denn ich kann sie ja nicht stehlen. Die Rechnung lasse ich auf Dr. Holzer ausstellen, und auf das Paket lasse ich ebenfalls schreiben: Für Dr. Holzer. Es liegt dann in zwei Stunden an der Pforte."

„Mein Gott, Ludwig, du glaubst nicht, wie dankbar ich dir bin. Vielleicht kann ich mich einmal revanchieren."

„Ja, mit einer Appendix-Resektion zum Beispiel", lachte er. „Keiner war jemals so schnell bei einer Blinddarmoperation wie du! Ich wünsche dir alles Gute für deine Kinder!"

Als David mit der guten Nachricht nach Hause kam, fiel ihm Mirjam um den Hals. „Welch ein Glück, dass du so treue Freunde hast! Nun wollen wir nach Daniel sehen!"

Daniel schlief tief und fest, aber er atmete mit einem begleitenden leisen Pfeifton. David fühlte seine Stirn. „Heiß. Er hat Fieber."

Mirjam zog die Vorhänge zu, um ein gedämpftes Licht zu erzeugen, und stellte ein Glas Wasser auf Daniels Nachttisch. „Ich werde frühzeitig in der Klinik sein und auf das Paket warten", sagte sie. „Nun iss noch schnell etwas. Gleich ist die Mittagspause vorbei und die nächsten Patienten treffen ein."

Während des Essens beobachtete David Rebekka. Sie schien ganz munter zu sein und plapperte lebhaft wie immer, ob jemand zuhörte oder nicht. Sie akzeptierte, dass Daniel Ruhe brauchte, und versprach, nicht in sein Zimmer zu gehen.

„Wir werden das Zimmer trotzdem immer absperren und den Schlüssel auf den Türrahmen legen. Elli, du darfst auch nicht zu Daniel. Sagt mir sofort Bescheid, wenn er ruft. Klopft einfach an die Sprechzimmertür. Mirjam, nun musst du schleunigst Rosalie und Winnie Bescheid sagen, dass sie nicht kommen dürfen."

Ich war bestürzt, dass Daniel an Diphtherie erkrankt war. Erst heute hatte uns Fräulein Kuhn genau über die Krankheit aufgeklärt, denn an unserer Schule gab es bereits einige Fälle, darunter meine Freundin Annelie. Ich schrieb ihr gleich einen Brief und wünschte ihr alles Gute.

„Mutti, stell dir vor, Annelie und Daniel müssen sechs Wochen im Bett liegen bleiben, damit sie keinen Herzschaden bekommen. Das ist ja schrecklich langweilig, so lange liegen zu müssen!"

„Erst werden sie noch viel schlafen und später, wenn es ihnen besser geht und sie keine Schmerzen mehr haben, können sie ja lesen."

„Fräulein Kuhn hat gesagt, dass die Kinder am Anfang arge Schmerzen haben. Ach, die Armen! Ich hoffe, es geht ihnen bald besser!"

Ich musste wohl ein recht sorgenvolles Gesicht gemacht haben, denn meine Mutter nahm mich in die Arme und drückte mich. „Mach dir nicht so viele Gedanken, Röschen! Daniel und Rebekka und auch Annelie sind stark. Sie werden die Krankheit schon gut überstehen. Wir können nichts anderes tun, als jeden Abend für sie zu beten."

Mirjam konnte das zugesagte Medikamentenpaket pünktlich in Empfang nehmen und mit Daniels Therapie wurde sofort begonnen. Vor seiner Zimmertür stand auf einem Tischchen eine Schüssel mit Wasser und Desinfektionsmittel, sodass Mirjam und David sich stets die Hände desinfizieren konnten, wenn sie das Krankenzimmer verließen. Daniels Essgeschirr wurde in einem Extracimer mit kochendem Wasser gereinigt.

Doch alle Vorsichtsmaßnahmen nutzten nichts, am zweiten Tag klagte auch Rebekka über Halsschmerzen.

„Ein Glück, dass ich vorsorglich gleich für zwei Kinder Medikamente bestellt habe", sagte David zu Mirjam. „Ich werde die Praxis bis auf Weiteres schließen. Bitte sag alle Termine ab. Ich will mich ganz den Kindern widmen."

Ab Mittag hing ein Schild an der Haustür, auf dem stand: Praxis wegen Diphtherie bis auf Weiteres geschlossen.

Rebekkas Hals war trotz aller Medikamente und Davids intensiver Pflege am folgenden Tag bis zur Unförmigkeit angeschwollen. Auf dem ganzen Rachen hatte sich rasch eine intensive Membranbildung ausgeweitet. Mandeln, Gaumen, Zäpfchen und sogar die Nasenschleimhaut waren betroffen.

Die Kleine röchelte vor sich hin und gab beim Atemholen pfeifende Laute von sich. Nebenbei quälte sie ein hässlicher Husten. Ihr Puls jagte und das Fieber war weiter in die Höhe geschnellt, obwohl David ständig die kühlenden Wadenwickel wechselte und ihren Mund und den Rachen mit Medizin ausstrich. Es war herzzerreißend, die Qualen der Kleinen mit ansehen zu müssen.

Als Mirjam einen Blick in Rebekkas Zimmer warf, rief ihr David zu: „Ich werde nicht mehr lange warten können und einen Luftröhrenschnitt vornehmen müssen. Es sind keinerlei Anzeichen für eine schnelle Besserung vorhanden."

Mirjam kam näher, und als sie sah, wie schlecht es Rebekka ging, musste sie sich zusammenreißen, um nicht in Tränen auszubrechen.

„Bleib bitte einen Augenblick bei ihr, ich hole aus der Praxis alles Notwendige für eine Tracheotomie."

Mirjam hielt Rebekkas Händchen und fühlte den rasenden Puls. Sie legte aus dem bereitstehenden Wasserbecken ein kühlendes Tuch auf ihre Stirn. Als David zurückkam, stand sie auf und wollte das Zimmer verlassen.

„Bleib!", bat David.

„Ich kann nicht zusehen!", begehrte Mirjam auf.

„Du musst nicht nur zusehen, du musst mir sogar helfen. Halte bitte ihr Köpfchen gerade!"

Gehorsam ging sie zum Kopfende des Bettes und nahm Rebekkas Köpfchen fest zwischen ihre Hände.

Der Schnitt hörte sich an wie ein zarter Riss, und schnell schob David eine Kanüle in die Luftröhre. Mit einem fast zischenden Laut strömte Luft durch die Kanüle in Rebekkas Lunge. Sofort wich die bläuliche Farbe aus ihrem Gesicht.

„Gott sei Dank!", rief Mirjam.

„Ja, jetzt hat sie wieder Luft", sagte David, „aber ihr Herzrasen und das Fieber machen mir Sorgen. Wie geht es Daniel? Ich werde mal schnell nach ihm sehen."

Durch Rebekkas intensives Pflegebedürfnis hatte er sich seit einer Weile nicht mehr um seinen Sohn kümmern können. Daniel blickte ihm entgegen und sagte mit krächzender Stimme: „Nicht mehr so schlimm, Vater!"

David hörte sein Herz ab. Es schlug kräftig und gleichmäßig.

„Gut machst du das, mein Sohn! Du musst viel trinken und viel schlafen, dann bist du bald wieder gesund. Und schön im Bett bleiben, hörst du?"

Mirjam aß in der Küche schnell einen Teller von der Suppe, die Elli bereitgestellt hatte, und brachte auch David und Daniel davon. David aß seinen Teller in Gedanken versunken leer, während er Rebekka sorgenvoll beobachtete. Mirjam hatte für sich eine Liege neben Daniels Bett gestellt, aber David begnügte sich in Rebekkas Zimmer mit einem Stuhl. Er sollte ihn während seiner Nachtwache am Einschlafen hindern, weil die Kanülen von Zeit zu Zeit ausgewechselt werden mussten. Als Mirjam sich davon überzeugt hatte, dass alle Fenster im Haus gut verdunkelt waren und Daniel verhältnismäßig ruhig schlief, legte sie sich auf die Liege und ruhte sich aus.

Punkt neun Uhr wurde die Familie durch heulende Sirenen aus dem Schlaf gerissen. David wechselte Rebekkas Kanüle aus. Ihre Stirn fühlte sich noch immer heiß an und auch das Herzrasen hatte nicht nachgelassen.

Er ging nach nebenan in Daniels Zimmer und bat Mirjam: „Bleib bitte so lange bei Rebekka, bis ich Daniel in den Keller gebracht habe." David pinselte Daniels Mund und Rachen erst mit dem Medikament aus dem Krankenhaus aus, dann wickelte er ihn in seine warme Bettdecke und legte ihn im Keller auf eine der Pritschen. Daniel merkte von dem Transport kaum etwas und schlief ermattet weiter. Seine beängstigenden Atemgeräusche hatten kontinuierlich abgenommen.

„Rebekka geht es aber gar nicht gut. Wird sie durchkommen?", fragte Mirjam besorgt.

„Morgen kann es ihr schon viel besser gehen", antwortete David ausweichend. „Nimm Trinkwasser mit und leg dich im Keller auf die Pritsche. Du wirst deine Kräfte für die nächsten Tage brauchen."

Folgsam eilte Mirjam die Treppe hinunter in den Keller. Es brummten schon Flieger über den Häusern und warfen die ersten Bomben ab. Die Einschläge klangen, als seien sie nicht allzu weit entfernt. Als David Rebekka hochheben wollte, um sie in den Keller zu bringen, hörte er keine Luft mehr durch die Kanüle strömen. Er fühlte ihren Puls. Nichts! Sicherheitshalber überprüfte er den Herzschlag mit dem Stethoskop. Herzstillstand! „Arme Kleine, dein Herzchen hat es nicht geschafft!"

David zog die Kanüle und wickelte Rebekka sorgfältig in ihre Bettdecke. So nahm er sie mit in den Keller und legte das kleine Bündel auf seinen Schoß. Er vergrub sein Gesicht in den Federn und weinte, als würde er um sein eigenes Kind trauern.

Rebekkas Herzchen hatte zum gleichen Zeitpunkt aufgehört zu schlagen, als in dieser Dezembernacht die Bomben auf das Märzfeld fielen.

14. Zuflucht im Baumhaus

Ich trauerte nicht nur um Rebekka, die ich sehr geliebt hatte. Zu meinem großen Kummer hatte auch Annelie die schwere Krankheit nicht überlebt. Sie fehlte mir sehr, da sie doch meine erste und einzige enge Freundin war. Kein anderes Mädchen aus der Klasse konnte sie mir ersetzen. So beschäftigte ich mich an den Samstagen alleine, wenn Familie Rosenholz Sabbat feierte, oder ich spielte mit meiner kleinen Schwester. Helga liebte es, wenn ich ihr half, ihre Puppen umzukleiden und zu frisieren, oder wenn wir zusammen an den Geräten im Treppenhaus turnten.

Als im Frühjahr die ersten wärmenden Sonnenstrahlen schienen, entdeckte ich einen neuen Sport, der uns zu einem späteren Zeitpunkt aus einer heiklen Notlage helfen sollte: Das Klettern auf Bäume. Die unteren Äste des Zwetschgenbaumes in unserem Garten wuchsen in solch niedriger Höhe aus dem Stamm, dass sie geradewegs zum Erklimmen einluden. Und als ich erst einmal lange genug auf diesen Ästen saß und meine Umgebung eingehend gemustert hatte, kam wie von selbst die Illusion, es müsse doch schön sein, von hoch oben im Baum den Betrieb auf dem Dutzendteich beobachten zu können. Ich sah mich nach den nächsthöheren Ästen um. Ihre Abstände und Höhenunterschiede erforderten wenig Geschick, um höher zu klettern. Helga saß im Sandkasten unter dem Baum und beobachtete mich: „Nein, Rosi, nicht höher klettern! Ich habe Angst, du fällst runter!"

„Du musst keine Angst haben! Es geht ganz leicht!"

Unser Zwetschgenbaum war für eine Anfängerin wie mich der ideale Kletterbaum. Als ich endlich hoch oben in der Krone saß, kam mir der Rundblick auf den Dutzendteich, wo der Ruderverein gerade für die nächste Regatta trainierte, als das Grandioseste vor, was ich seit Langem erlebt hatte. Ich empfand ein unglaubliches Gefühl des Triumphes wegen meiner vollbrachten Leistung.

Nachdem ich die Aussicht lange genug genossen hatte, wollte ich den Abstieg in Angriff nehmen. Doch als ich nach unten in die Tiefe blickte, fühlte ich ein eigenartiges Rumoren im Bauch. Mir war schwindelig. Am liebsten hätte ich um Hilfe gerufen, aber davon hielt mich mein Stolz ab. Schließlich war ich nun acht Jahre alt und sollte mir alleine zu helfen wissen.

Mir fielen die Worte meines Vaters ein, wenn er mich aufmuntern wollte: „Rosalie, du weißt doch, dass du ein Glückskind bist! Alles, was du wirklich willst, kannst du auch! Versuch es einfach!"

Also gut, ich wollte es versuchen, auch wenn die Knie zitterten. Ich griff nach dem nächsten Ast und drehte mich zum Baumstamm um. Von da an ging es leichter. Ich blickte immer nur am Stamm entlang nach unten zum nächsten Halt für die Füße, während ich mich an den Ästen festhielt. Es dauerte nicht lange und ich saß wieder auf dem untersten Ast, meinem Ausgangspodest.

Helga winkte mir zu: „Das hast du gut gemacht, Rosi! Aber ich bin froh, dass du wieder unten bist."

Ich war richtig stolz auf meine Leistung und beschloss, diesen Baum vorerst durch tägliches Training zu erobern und zu beherrschen, bevor ich Daniel einweihte und zum Klettern anstiftete. Meine Schwindelgefühle verschwanden mit meiner zunehmenden Sicherheit, und zu meiner großen Verwunderung hatte Daniel überhaupt nicht damit zu kämpfen.

Nachdem jeder von uns alle Bäume in unseren Gärten erklommen und erkundet hatte, hielten wir, sehr zum Unmut unserer Mütter, Ausschau nach Objekten außerhalb unserer Grundstücke, damit wir gemeinsam klettern konnten.

Unsere Väter hingegen bewunderten unsere sportlichen Leistungen. Noch in Vaters Frühjahrsurlaub gelang es uns beiden, Vater und mir, meine übervorsichtige Mutter endgültig davon zu überzeugen, dass sie keine Angst um mich haben müsse. Wir führten sie zu einem unserer schwierigen Bäume, wo er anhand meiner Klettertaktik erklärte, wie ich vorsichtig und überlegt Schritt für Schritt abwog und erst bei sicherem Halt auftrat, wobei ich mich mit beiden Händen an starken Ästen festhielt.

Daniels und mein Ziel war es, einen geeigneten Baum zu finden, in dem wir uns ein Lager, ein Versteck, in der Krone bauen konnten, so wie wir es einmal in einem Abenteuerbuch gelesen hatten. Die Uferseite der Promenade schmückten zwar Büsche und schöne Bäume mit ausladenden Kronen, doch sie befanden sich zu nahe bei unseren Häusern.

Wir ließen uns nie auf der Straße oder auf der Uferpromenade zusammen sehen. Das schärften uns unsere Eltern ein und auch wir selbst waren klug genug, unsere Freundschaft nicht zu gefährden, indem wir sie öffentlich präsentierten. Erst in einem Lager, versteckt im dichten Blätterwerk der Bäume, würden wir vor neugierigen Augen der Passanten sicher sein. Die Uferpromenade mündete in ein dicht mit Büschen und Bäumen bewachsenes Terrain, das wir als „unser Wäldchen" bezeichneten. Hier fanden wir nach langem Suchen den für unser Vorhaben optimalen Baum: eine wunderschöne Eiche. Sie hatte nicht nur den Vorteil, abseits der Spazierwege zu stehen, sie entsprach auch dem Niveau unserer fortgeschrittenen Kletterkünste.

Wir begannen sofort mit dem Bau unseres Lagers, da der Baum bereits im Besitz seiner vollen Blätterpracht stand. In einer Höhe von etwa sieben Metern bot eine Gabelung mehrerer Äste die Möglichkeit, durch Verbindung und Abdeckung mit Brettern eine bequeme Sitzfläche zu bilden, auf der selbst zwei Erwachsene Platz gefunden hätten. Vaters Frühjahrsurlaub reichte gerade noch aus, uns dabei zu helfen, die Bretter mit Seilen hochzuziehen und mit starken Schnüren an den Astgabeln zu befestigen. Der Bau war ein aufregendes Unterfangen, denn kein Fremder durfte unser Vorhaben entdecken. Daher begannen wir mit der Arbeit gleich in der Morgendämmerung, wenn noch keine Leute unterwegs waren. Außerdem mussten Daniel und ich abwechselnd „Schmiere stehen", um notfalls rechtzeitig zu warnen.

Unser Hochsitz verfügte sogar über einen komfortablen Regenschutz, den Mutter für das Lager zugeschnitten hatte. Es gelang ihr, aus einer alten Bootsplane ein ovales Stück zusammenzunähen, das groß genug war, um über unserem Sitz ein Zeltdach zu bilden. Auf die Mitte der Dachplane nähte sie eine lange Reihe von Schlaufen, in denen sie einen Stock fixierte. Er bildete sozusagen unseren Dachfirst. Vater befestigte ihn an den beiden Enden etwa eineinhalb Meter über der Sitzfläche an einem passenden Ast. So konnten wir den Regenschutz wahlweise hochgerollt anbinden oder als Zeltdach über unserem Podest herunterlassen.

Wir waren alle begeistert von unserm Werk. „Hier können

wir beide im Herbst das Laubhüttenfest feiern", freute sich Daniel.

Nur unsere Eltern und Tante Evi wussten von unserem kleinen, gemütlichen Lager in der edlen Eiche, das wir nun hochtrabend „Baumhaus" nannten. Kein Fremder konnte es entdecken, da es auch von unten durch reich belaubte Äste und Zweige nicht zu sehen war. Daniel und ich trafen uns dort meist sehr früh am Morgen vor der Schule oder am späten Nachmittag, um uns Neuigkeiten zu erzählen. Diese Treffen im Baumhaus waren während des Sommers eine spannende Alternative zu meinen üblichen Besuchen bei Daniel und sie hatten den Reiz des Neuen mit einem Hauch von Abenteuer.

Unser Baumhaus war entstanden, um Kinderträume zu verwirklichen. Niemand konnte vorhersehen, dass dieser Hochsitz in einer verhängnisvollen Sommernacht als lebensrettender Zufluchtsort dienen würde.

15. Schmerzlicher Abschied

Der Abschied von unseren Freunden rückte immer näher. Endlich war für die Abreise der Familie Rosenholz alles geregelt. Die Ausreisebewilligungen für jedes einzelne Familienmitglied, die Einreisegenehmigungen in die USA sowie die amtlich bestätigte Bürgschaft der Verwandten lagen vor.

Die Bahnfahrkarten nach Berlin und die Reservierungen für den Sammeltransport von Berlin nach Lissabon als auch das Vorzeigegeld für Amerika steckten gut verwahrt in Davids beiden Geheimfächern seines Sakkos und die gepackten Koffer standen bereit. Das würde in Amerika vorläufig ihre gesamte Habe sein, denn die Einrichtung des Hauses Rosenholz hatte David dem Reich überschreiben müssen.

„Mein Gott, David, ich bin so froh, dass ihr endlich ausreisen könnt!", sagte Mutter bei einem der heimlichen Treffen der Familien in Tante Evas Wohnung. „Es wird doch täglich gefährlicher für euch hier in Nürnberg."

Sowohl Familie Rosenholz als auch unsere Familie bedrückte der bevorstehende Abschied sehr, da wir uns durch die vielen Jahre freundschaftlicher Beziehung sehr eng verbunden fühlten.

Um Familie Rosenholz eine Freude zu bereiten, planten Mutter, Oma Franzi und Tante Eva für den Nachmittag vor der Abreise zu ihren Ehren eine Gesellschaft im Freundeskreis.

Trotz des heißen Augustwetters mussten wir uns, statt in unserem Garten den kühlen Schatten der Bäume genießen zu können, in Tante Evas Stadtwohnung treffen, denn eine größere Gesellschaft hätte mit Sicherheit das Interesse der Nachbarschaft auf sich gezogen. Zum Glück war das Tragen des Davidsterns mit dem großen „J" wie Jude auf gelbem Hintergrund, wie es bereits in Polen angeordnet war, in Deutschland noch nicht eingeführt. Das hätte uns die regelmäßigen Zusammenkünfte mit unseren Freunden zusätzlich erschwert. Die Mitbewohner des Hauses waren an viele Besucher bei Tante Eva gewöhnt, daher konnten wir uns ohne Gefahr zu einer letzten Gesellschaft mit unseren gemeinsamen Freunden bei ihr treffen.

Auch Tante Evas Schwester Maja kündigte ihren Besuch mit den Kindern Helma und Heinz an. Wir waren also eine Runde von zwölf Personen: Tante Eva als Gastgeberin, die Ehrengäste Tante Mirjam, Onkel David und Daniel, Maja mit ihren zwei Kindern sowie Oma Franzi, Mutter, Lisa, Helga und ich. Wie immer bezog Tante Eva die Kinder in die Gestaltung ihrer Einladung mit ein. Gleich nach dem Nachmittagstee vergnügten wir uns mit solchen Spielen, die sowohl Kindern als auch Erwachsenen Freude bereiteten. Daher hatte ich mich schon oft gewundert, dass Tante Evi nicht verheiratet war und auch keine Kinder hatte.

„Tante Evi?", fragte ich eines Tages neugierig, „warum hast du eigentlich keinen Mann und keine Kinder?"

„Ich hatte einmal einen Mann", antwortete sie. „Wir waren verlobt und liebten uns sehr, und wir wünschten uns viele Kinder. Er war Brückenbau-Ingenieur und arbeitete an einem Projekt in Afrika. Kurz bevor er zu unserer Hochzeit zurückkehren wollte, hatte er einen Unfall. Er stürzte von der Brücke und war sofort tot."

Tante Evi blickte melancholisch auf den gedeckten Tisch.

„Bisher ist mir noch kein Mann begegnet, der es mit ihm aufnehmen könnte. Also bleibe ich lieber alleine."

Ich umarmte sie und rief: „Nein, nein, Tante Evi, irgendwann triffst du bestimmt den Richtigen. Das ist Schicksal, weißt du?", belehrte ich sie altklug.

Tante Evi lächelte mich an. „Wir werden sehen! Ich habe es nicht eilig. Ich habe ja euch. Ihr seid meine Familie!"

Familie Rosenholz hatte gebeten, von eventuellen Abschiedsgeschenken abzusehen. Sie wünschte sich nur einen ähnlich geselligen Nachmittag, wie sie ihn schon öfters anlässlich unserer Geburtstage erlebt hatte. Daher hatte jeder von uns den Ehrengästen zuliebe einen kleinen Programmpunkt vorbereitet. Es wurden Gedichte aufgesagt, selbst geschriebene Kurzgeschichten vorgelesen und Lieder mit Mutters oder meiner Klavierbegleitung vorgesungen. Oma Franzi erzählte eine lustige Begebenheit aus ihrer Kindheit und als das Bravourstück unserer Vortragsreihe galt das vierhändige Klavierstück „Petersburger Schlittenfahrt", das Mutter und ich eingeübt hatten.

Jedoch überbot die Darbietung der Familie Rosenholz alles bisher Gehörte. Unsere Freunde überraschten uns zum Abschluss der Vorstellungen mit etwas ganz Besonderem. David setzte sich ans Klavier und begleitete Mirjam und Daniel zu einem zweistimmigen hebräischen Lied. Mirjams warme Altstimme harmonierte wunderschön mit Daniels hellem Sopran. Die melancholischen Melodien berührten unsere Herzen zutiefst und machten uns noch eindringlicher bewusst, wie sehr die Familie Rosenholz uns in Zukunft fehlen würde.

Als die letzten Töne verklangen, hatten wir alle Tränen in den Augen. Niemand klatschte stürmisch Beifall wie bei unseren vorangegangenen Vorträgen. Still gingen wir auf unsere jüdischen Freunde zu und umarmten sie.

„So, nun habe ich noch eine Überraschung für euch!", rief Tante Eva betont fröhlich, um die Stimmung nicht in völlige Traurigkeit abgleiten zu lassen. „Kommt mal mit ins Atelier!" Staffelei und Stühle standen schon in Position.

„Nehmt Platz!", forderte sie Familie Rosenholz auf. „Jetzt mache ich eine Kohlezeichnung von euch, ein Gruppenbild. Das ist nur für uns zum Andenken an euch", gab sie vor und zwinkerte dabei mit verschmitztem Lächeln in unsere Richtung.

Onkel David nahm Daniel auf den Schoß und legte seinen Arm um Mirjams Schultern.

„Perfekt!", lobte Tante Eva und begann mit ihrer Arbeit. Ihr Stift flog in Windeseile über das Papier, wobei sie immer wieder einen Blick auf ihre Modelle warf. Wir alle sahen gespannt zu und staunten, wie in wenigen Minuten ein wunderschönes Bild von den dreien entstand.

„Oh, das ist ja viel schöner als ein Foto!", rief ich aus. „Tante Evi, du bist eine Künstlerin!"

„Aber natürlich bin ich das", antwortete sie amüsiert und hob den Papierbogen von der Staffelei.

„So, nun packt das schön ein! Das ist eines Tages Gold wert, wenn ich berühmt geworden bin", scherzte sie und reichte die Zeichnung Mirjam.

Familie Rosenholz betrachtete begeistert Tante Evas Kunstwerk.

„Eva, das ist wirklich großartig! Vielen Dank! Wir werden es in New York gleich rahmen lassen", sagte Mirjam und küsste Tante Eva auf die Wange.

„So, los, wer ist der Nächste?", rief Tante Eva, und während die einen Gäste für ihr Konterfei posierten oder gespannt das Entstehen der Porträts beobachteten, räumten andere inzwischen den Kaffeetisch ab und spülten das Geschirr.

„Fertig!" Sichtlich zufrieden mit ihrem Werk übergab sie Helma und Heinz ihre Zeichnung und schickte sich an, ihre Malutensilien zusammenzuräumen.

„Ach nein, Tante Evi! Bitte, bitte noch ein Bild von Dani und mir!", bettelte ich und hielt ihre Hände fest.

„Aber Rosalie sei vernünftig, Tante Mirjam möchte gehen. Sie hat zu Hause noch viel zu tun", gab Mutter zu bedenken.

Als Daniel in mein Bitten einstimmte, gaben Eva und Mirjam nach.

„Weißt du, Dani", sagte Tante Eva, „ich werde von der Zeichnung eine Kopie machen. Du bekommst sie, sobald wir uns wiedersehen."

Die Erwachsenen sahen sich gegenseitig bedeutungsvoll an. Es glaubte wohl keiner daran, dass dies in naher Zukunft geschehen würde.

„Oh, wie nett!", rief Mutter, als sie das Werden unserer Zeichnung verfolgte. „Die beiden sehen fast aus, als wären sie Geschwister!"

Niemand von uns ahnte in diesem Augenblick, dass diese Beobachtung der Wahrheit in Kürze sehr nahekommen sollte. Glücklich betrachtete ich unser Bild.

„Du musst es in deinem Zimmer aufhängen, Rosalie", sagte Daniel, „dann wirst du mich bestimmt nicht vergessen!"

Obwohl ich mir vorgenommen hatte, ganz sicher nicht zu weinen, stürzten mir jetzt doch die Tränen aus den Augen, als ich meinen Freund umarmte.

„Aber, aber, ihr zwei!", versuchte uns Onkel David zu trösten, „wenn der Krieg vorbei ist, werden uns alle Freunde bald besuchen können!"

Das konnte uns nicht beruhigen. Auch bei Daniel rollten nun die Tränen. Zu oft hatten wir schon erfahren, dass die Hoffnungen der Erwachsenen sich nicht bewahrheiteten. Zu weit entfernt war dieses „Bald" für unsere Kinderherzen.

„Nun ist Schluss mit Abschiedsschmerz!", befahl Onkel David. „Jetzt sputet euch, dass wir nach Hause kommen! Es ist schon halb sieben."

Das war auch für die anderen Gäste ein Anstoß zum Aufbruch. Jeder rollte sein Porträt vorsichtig ein, fixierte die Rolle mit einem der dünnen Bänder, die Tante Eva austeilte, und die Frauen verstauten die Zeichnungen sorgfältig in ihren Taschen.

Alle bedankten sich bei Tante Eva herzlich für die überaus gelungene Nachmittagsgesellschaft, die uns in diesen tristen Kriegstagen den Alltag verschönt hatte. Als die allerletzten tränenreichen Umarmungen kein Ende nehmen wollten, musste Onkel David noch einmal energisch eingreifen; er schob seine Familie kurzerhand zur Wohnungstür hinaus.

Tante Eva wollte das Wochenende bei uns verbringen, daher half meine Mutter ihr beim Aufräumen. Ich übernahm wie immer die Aufgabe, unsere Spielutensilien wieder ordentlich im Wohnzimmerschrank zu verstauen, während Oma Franzi und Lisa sich mit Helga gleich auf den Heimweg begaben, um die Kleine ins Bett zu bringen.

16. Daniels Flucht

„Seht nur, wie schwarz der Himmel geworden ist! Gleich gibt es ein gehöriges Donnerwetter", prophezeite Tante Eva und deutete auf den Wald, der an das Ufer des Dutzendteichs grenzte.

Über den Bäumen zuckten schon die ersten Blitze und warfen ihr glitzerndes Spiegelbild auf die Wasseroberfläche. Während unseres eiligen Fußmarsches nach Hause ließen wir den schönen und doch schmerzlichen Abschiedsnachmittag mit Familie Rosenholz noch einmal Revue passieren. Dabei entging uns, dass sich gewaltige Wolken über den Himmel geschoben hatten und bereits ein heftiger Wind die Baumkronen schüttelte.

„Jetzt ist es erst acht Uhr und schon fast stockdunkel wie die Nacht. Wir hätten doch früher aufbrechen sollen. Oma Franzi wird sich Sorgen machen!"

„Du hast recht! Eigentlich hätten wir nach solch einem heißen Tag wie heute mit einem Gewitter rechnen müssen", erwiderte Mutter, „aber nun sind wir ja gleich da. Wir schaffen es noch, trocken heimzukommen."

Sie und Tante Eva beeilten sich und gingen schneller. Ich hüpfte einige Schritte voraus. Als ich in unsere Straße einbog, blieb mir vor Schreck der Atem weg. „Schau, Mutti, bei Familie Rosenholz brennen überall die Lampen! Sie haben vergessen, die Fensterläden zu schließen."

Ich lief los, um zu erkunden, was das zu bedeuten hatte. Mutter holte mich ein und hielt mich fest.

„Vorsicht, Rosalie!", flüsterte sie. „Da muss etwas passiert sein! Sieh doch, es stehen Polizeiautos vor dem Haus!"

Eva und meine Mutter warfen sich entsetzte Blicke zu. Energisch drängte meine Mutter mich nahe an die Hecke heran, die unser Grundstück umgab, und in geduckter Haltung schlichen wir im Schutz der Dunkelheit entlang der Umzäunung in den Garten. Wir verbargen uns sogleich hinter dem dichten Gebüsch, das die Nachbargärten trennte, und Mutter deutete mit dem Zeigefinger auf dem Mund an, dass ich mich still verhalten solle. Licht im Hause Rosenholz, die Autos der Gestapo (Geheime Staatspolizei) vor ihrem Haus und das verstörte Verhalten der Frauen versetzten mich in Angst und Schrecken. Instinktiv begriff ich, dass sich gerade etwas Furchtbares bei Familie Rosenholz abspielen musste.

Plötzlich hörten wir lautes Gepolter, gebrüllte Befehle und gellende Schreie aus dem obersten Stockwerk. Inmitten des Tumults vernahmen wir deutlich Onkel Davids Stimme, die eindringlich einen Befehl auf Hebräisch rief. Wir verstanden zwar die Worte nicht, wussten aber, dass sie an seinen Sohn gerichtet waren, denn wir hörten dessen Kosenamen „Dinni". Das Gepolter setzte sich im Treppenhaus nach unten fort, die Haustür wurde aufgerissen und ein Polizist schrie: „Nehmt erst mal dieses Pack mit! Sie haben auf dem Dachboden hinter einer doppelten Wand ein Versteck gebaut! Ihr dreckiger Judenbengel war nicht dabei; den finden wir schon noch."

Die Scheinwerfer der Autos leuchteten auf und wir konnten zwischen auseinandergehaltenen Zweigen der Thujahecke beobachten, wie mehrere Polizisten David und Mirjam aus dem Haus zerrten, sie unsanft auf die Rücksitze des ersten Wagens stießen und die Türen zuschlugen. Zwei der Polizisten schwangen sich auf die Vordersitze und der schwarze Mercedes brauste mit aufheulendem Motor davon.

Die beiden zurückgebliebenen Männer stellten sich in den überdachten Bereich der Haustür. „Wo kann sich der Kerl bloß versteckt haben? Wir haben die Wohnung, den Keller und den Dachboden jetzt zweimal gründlich durchsucht. Durch die Dachluken kann er nicht gekrochen sein. Da kommt ja nicht mal 'ne Katze durch!"

Mutter und ich blickten uns vielsagend an. Wir wussten, dass Onkel David eine der Dachluken dermaßen präpariert hatte, dass das niedere Fenster zusammen mit dem Rahmen herausgenommen und wieder in die Maueröffnung gedrückt werden konnte. Daniel war also durch dieses Schlupfloch entkommen. Aber warum seine Eltern nicht?

„Na, irgendwo in der Nähe muss er ja sein. Da hilft nur noch die Spurensuch-Hundestaffel!", ereiferte sich der Gestapo-Mann. „Heh, hast du vielleicht eine Zigarette?"

Sein Kamerad tastete seine Jacke ab und durchkramte seine Taschen. „Nee, ich bin auch blank!"

Da Mutters Hände auf meinen Schultern lagen, fühlte ich, wie sie bei dem Wort „Hundestaffel" jäh zusammenzuckte. Sie flüsterte mir ins Ohr: „Lauf schnell zum Baumhaus! Ich erzähle dir später, was hier los ist."

Dann ging sie zum Gartentor und trat auf die Straße. Sie nahm all ihren Mut zusammen und näherte sich den Polizisten. „Kann ich vielleicht aushelfen?" Sie zog ein Päckchen Zigaretten aus ihrer Rocktasche.

„Was haben denn Sie hier zu suchen?", schnauzte sie der größere der beiden Männer an.

Mutter holte tief Luft und ging gleich aufs Ganze: „Guten Abend, Herr Hauptwachtmeister! Wir sind froh, dass diese lästige Judenfamilie endlich aus unserer Gegend verschwindet", log sie. „Wir wohnen nämlich nebenan." Sie deutete auf unser Haus. „Ich habe kürzlich beim Einkaufen von jemandem gehört, dass die Familie Rosenholz jetzt auswandern darf."

Offensichtlich hatte Mutter die richtige Dienstbezeichnung des Polizisten getroffen, denn er gab sich sofort leutseliger: „Ha, ha, ha, auswandern!", lachte er hämisch, während er sich eine Zigarette anzündete. „Die werden sich wundern, wo sie landen! Jetzt müssen die Spurensuchhunde erst noch ihren Rotzlöffel aufstöbern, dann ab in die spezielle ‚Sommerfrische', he, he, he!"

Sein raues, gemeines Gelächter jagte Mutter Schauer über den Rücken.

„Wann werden denn die Hunde gebracht? Morgen, wenn es wieder hell wird?", fragte sie bewusst naiv.

„Na, Quatsch! Unsere Kollegen haben sie sofort angefordert. Sie müssen bald hier sein." Er warf einen besorgten Blick gegen den Himmel: „Hoffentlich hält sich der Regen noch zurück, sonst werden alle Spuren verwischt."

„Oh, lieber Gott, lass es regnen, lass es schnell regnen!", betete Mutter leise und inständig.

In diesem Augenblick platschten auch schon die ersten dicken Regentropfen auf das Pflaster und verdichteten sich schnell zu einem gewaltigen Platzregen, begleitet von immer schneller aufeinanderfolgenden Blitzen und Donnerschlägen.

„Verdammte Scheiße!", schrie der Polizist wütend, „jetzt können die Hunde überhaupt nichts mehr ausrichten. Aber wir müssen trotzdem die anliegenden Gärten durchsuchen, ob der Kerl irgendwo einen trockenen Unterschlupf gefunden hat."

„Während ihr das Haus durchsucht habt, habe ich auf der Rückseite den Garten und die Hecken zu den Nachbargärten beobachtet", berichtete sein Kollege, „die Ratte muss irgendwo ein Loch erwischt haben und ist vielleicht schon längst zu einer anderen Judenfamilie gelaufen."

„Ist doch klar, dass überall nachgeforscht wird", antwortete der Hauptwachtmeister herablassend.

„Sie können ja mit dem Durchsuchen gleich in unserem Garten anfangen", bot Mutter mutig an, in der Hoffnung, dass Daniel sich schnellstens im Baumhaus versteckt hatte, als er entkommen war. Außerdem nahm sie an, dass Davids hebräisch gerufener Befehl gleichen Inhalts gewesen sein musste.

„Ja, das werden wir auch gleich tun, und zwar mit einer Spurensuch-Hundestaffel. Wer sagt's denn! Da kommt sie ja schon."

Ein Wagen der Gestapo stoppte vor dem Haus. Ein Polizist im Kleppermantel und ein großer Deutscher Schäferhund sprangen heraus. „Ein Hund muss heute genügen!", rief der Hundeführer. „Im Reich wurden die meisten Hundestaffeln zu den KZs beordert. Außerdem können bei dem starken Regen selbst hundert Hunde hier nichts ausrichten."

Als wollte der Schäferhund diese Aussage bekräftigen, schüttelte er mit aller Kraft sein dichtes Fell.

„Wir können wenigstens bei den umliegenden Häusern die Kellereingänge und sonstige vor Regen geschützte Unterstände daraufhin überprüfen, ob der Kerl sich dort versteckt hält", wandte der Hauptwachtmeister ein, „oder ..." – sein Blick fiel auf unser kleines Gartenhaus, dessen Dach aus dem Gebüsch ragte – „in solchen Gartenlauben."

Jetzt nahm bei Mutter die Angst wieder überhand, denn es war ihr bekannt, dass Daniel und ich uns manchmal spät am

Abend heimlich im Geräteschuppen trafen. Es könnten Gegenstände herumliegen, die das Interesse des Hundes erwecken würden. Ihr Herz pochte so stark, dass sie glaubte, jeder müsse es hören. Aber sie wusste, sie durfte jetzt keine Schwäche zeigen, um keinen Verdacht zu erregen und um künftig vor der Gestapo sicher zu sein.

„Gut, sehen wir doch gleich nach!", forderte sie die Beamten auf.

Der Hauptwachtmeister griff hinter der Eingangstür nach einem bereitliegenden Kleidungsstück von Daniel und übergab es dem Hundeführer.

„Es wäre besser gewesen, ich hätte die Jacke selbst geholt", wies dieser ihn zurecht, „je weniger Menschen ein persönliches Kleidungsstück in die Hand nehmen, desto günstiger für die Hundenase." Er hielt dem Hund die Jacke an die Schnauze: „Such, Karo, such!" Der Hund schnupperte eifrig.

„Ihr bleibt hier!", befahl der Hundeführer den Polizisten und durch ein Kopfnicken gab er Mutter zu verstehen, dass sie vorausgehen solle. Sie verließen das schützende Vordach der Haustür und eilten zu unserer Gartentür und durch den Garten zum Geräteschuppen. Ein Blick auf das Gebüsch, hinter dem wir uns versteckt hatten und wo wir Zeugen der Verhaftung des Ehepaars Rosenholz geworden waren, verriet Mutter, dass Tante Eva sich inzwischen andernorts aufhielt.

„Ah, der Schlüssel steckt ja!", stellte Mutter verwundert fest.

Karo musste noch einmal ausgiebig an der Jacke schnuppern: „Such, Karo! Such!"

Der Hundeführer öffnete die Tür, um den Schäferhund in die Gartenlaube zu lassen. Ein starker Karbolgeruch schlug ihnen entgegen. Mit großer Erleichterung erinnerte sich Mutter, dass der Maler hier die Farbe für den Gartenzaun gelagert hatte, um am nächsten Tag weiterzustreichen. Schnell zog Mutter einen der Regenumhänge vom Haken neben der Tür und warf ihn sich über Kopf und Schultern.

„Pah, hier stinkt's doch! Da kann der Hund keinen Menschen wittern." Verärgert zog der Mann Karo aus der Laube und schlug die Tür zu. „Halt!", er klopfte sich an die Stirn, „ich muss ja wenigstens nachsehen, ob jemand drin ist!"

Er öffnete nochmals die Tür und beleuchtete mit seiner Taschenlampe jeden Winkel im Häuschen vom Boden bis zur Decke, bis er überzeugt war, dass sich wirklich niemand in dem Raum verbarg. Jetzt bemerkte Mutter, dass das Fahrrad und der Anhänger fehlten, in dem Tante Evi meine kleine Schwester mitsamt allen Badeutensilien ab und zu ins Freibad fuhr. Die Gedanken wirbelten ihr durch den Kopf, aber schnell fasste sie sich wieder.

„Wollen Sie Karo gleich rund ums Haus führen? Wir überprüfen zwar den Waschkücheneingang und alle Kellerfenster jeden Abend und …", sie zögerte ein wenig, „… ich wäre auch froh, wenn Sie gleich das Haus durchsuchen würden."

Das war nun wirklich ein gewagtes Angebot. Daniel besuchte uns zwar schon seit längerer Zeit nicht mehr in unserem Haus, aber es bestand die Möglichkeit, dass wir nach einem Treffen in Tante Evas Wohnung versehentlich seine Spielkarten, seine Flöte, seinen Schal oder sonst eine Kleinigkeit mitgenommen hatten. Karos feine Nase konnte diese Sachen durchaus identifizieren.

Der Hundeführer überlegte kurz und schlug vor: „Jetzt sehen wir zuerst nach allen Fenstern und wenn sie gut verschlossen sind, ist eine Hausdurchsuchung nicht nötig. Der

Junge wird bestimmt eher bei einer jüdischen Familie Unterschlupf gesucht haben."

Nach dem Kontrollgang trafen sich die Männer am Eingang des Hauses Rosenholz. „Das Gewitter ist zwar abgezogen, aber es ist sinnlos, den Hund nach diesem Platzregen weiter suchen zu lassen", meinte der Hundeführer. „Wir ziehen jetzt auch ab, werden die Gegend aber morgen nochmals gründlich abgrasen."

Mutter stieg die Eingangsstufen zur Haustür hoch und sah den Autos nach, wie sie am Ende der Straße abbogen und in der Dunkelheit verschwanden.

Während sie tief durchatmete und um Fassung rang, wurde die Haustür von innen aufgerissen und Oma Franzi zog sie in ihre Arme. Aufgeregt fragte sie Mutter aus, was sich denn in den vergangenen Stunden begeben habe und weshalb Eva nicht mit mir heimgekommen sei.

Oma Franzi begleitete Mutter mit einer Kerze ins Badezimmer. Während sie ihre feuchten Kleider auszog und sich mit Frotteetüchern warmrubbelte, erzählte sie von den aufregenden Ereignissen des Abends und von ihrer Vermutung, dass Eva den entkommenen Daniel und mich mit dem Fahrradanhänger vom Baumhaus abgeholt habe, um uns aus dieser Gegend wegzubringen.

Als Mutter „Lauf schnell zum Baumhaus!" in mein Ohr geflüstert hatte, war mir sogleich klar gewesen, dass sie davon überzeugt war, Daniel habe sofort an unser geheimes Versteck gedacht, als er auf der Flucht war.

Während Mutter sich den Polizisten näherte und sie in ein Gespräch verwickelte, konnte ich mich vorsichtig bis zum Hinterausgang unseres Gartens schleichen, der in die Uferpromenade des Dutzendteichs führte. Für Autos war die Promenade zu schmal, aber möglicherweise beobachtete die Gestapo die Hinterseite des Hauses der Familie Rosenholz.

Tatsächlich machte ein Polizist sich in Rosenholz' Garten an der Tür zur Uferpromenade zu schaffen. Er rüttelte und zog und zerrte an dem alten verrosteten Schloss, aber es hielt stand. Der Mann warf einen Blick auf den hohen, mit Eisenzacken bespickten Gartenzaun und murmelte so etwas Ähnliches wie: „Unmöglich drüberzusteigen", dann drehte er sich um und ging zum Haus zurück.

Ich wartete, bis der Polizist sich weit genug entfernt hatte, dann holte ich den Schlüssel aus seinem Versteck in den Rosenranken, öffnete unsere Gartentür und huschte an den mit dichten Büschen und Hecken bewachsenen Einfriedungen der Nachbargärten entlang bis zum Ende der Promenade, bis zu „unserem Wäldchen".

Außer den Blitzen, die den Himmel sporadisch erleuchteten, die mir im Wäldchen aber kaum zur Orientierung dienen konnten, war es so finster, dass man fast die Hand nicht vor den Augen sehen konnte. Gerade als ich den Schutz des dichten Blätterdachs der Eichen erreichte, setzte der Regen mit aller Kraft ein und der Sturm wurde immer stärker. Es nützte also nichts, nach Daniel zu rufen, und obendrein wäre es auch zu gefährlich gewesen. Das hätte unser Versteck einem zufällig vorbeikommenden Passanten verraten können.

Bisher hatte noch kein Fremder unseren bescheidenen Zufluchtsort entdeckt, da wir uns dem Baum immer äußerst vorsichtig und immer einzeln näherten. Es gab also keine andere Möglichkeit, als meine vermutete Richtung beizubehalten und die Bäume nach ihrer Stärke und der Höhe der untersten Äste zu untersuchen. Der unterste Ast unserer Eiche war in einer

Höhe, die es mir erlaubte, ihn gerade mit den Fingerspitzen zu ertasten. Bereits beim dritten Baum hatte ich Glück. Ich sprang hoch, umfasste den Ast mit beiden Händen und schwang ein Bein hinauf. Nun hangelte ich mich bis zur Sitzposition hoch und tastete mich dann mit Händen und Füßen von Ast zu Ast nach oben zu unserem Baumhaus. Das war in der Dunkelheit gewiss keine leichte Aufgabe, aber wir kannten den Aufstieg zu unserem Zufluchtsort schließlich in- und auswendig.

Mit großer Erleichterung bemerkte ich, dass die Zeltplane schützend über dem Sitzplatz ausgebreitet war. Daniel war also in unserem Versteck wohlbehalten angelangt. Ich hob die Plane etwas an und schlüpfte ins Baumhaus. Daniel lag abgewendet, die Arme um die hochgezogenen Knie geschlungen, eng neben dem Stamm. Er zitterte am ganzen Körper. Ich setzte mich neben ihn und strich über seinen Kopf: „Dani, wie geht es dir?"

Er gab keine Antwort und bewegte sich nicht. Ich hörte nur ein leises Wimmern. Was Daniel in den letzten Stunden durchlebt hatte, musste so schrecklich gewesen sein, dass ich nicht wusste, wie ich ihn hätte trösten können. So begann ich seinen Rücken und seinen Kopf zu streicheln.

Ich fühlte, dass er jetzt nicht in der Verfassung war, über die Ereignisse der vergangenen Stunden im Hause Rosenholz zu sprechen.

Nach wenigen Minuten hörte ich Tante Evis Erkennungspfiff. Sie musste wohl kurz nach mir den Garten verlassen haben. Ich hob die Plane ein wenig an und wiederholte die Melodie.

„Kommt schnell herunter!", drängte Tante Evi. „Schnell!"

Ich rüttelte an Daniels Schulter. „Dani, steh auf! Tante Evi holt uns ab. Ich klettere voraus und halte dich fest."

Daniel gehorchte wortlos und folgte mir Tritt für Tritt, bis wir auf dem untersten Ast Tante Evis Hand nehmen und abspringen konnten. Sie hatte einen der Regenumhänge aus der Gartenlaube an, der vor Nässe tropfte. Jetzt entdeckte ich das Fahrrad mit dem Anhänger.

„Wo bringst du uns denn hin?"

„Frag nicht lange", antwortete Tante Evi sichtlich nervös, „wir müssen schnell weg von hier." Sie hob die Abdeckung vom Anhänger. Er war mit der Liegedecke, die wir im Freibad benutzten, ausgelegt. „Legt euch dicht hintereinander!"

Ich begriff sofort, dass wir auf eine andere Weise zu zweit keinen Platz gefunden hätten. Eva wies Daniel an, als Erster einzusteigen, dann legte ich mich nahe an seinem Rücken hinter ihn. Meine Knie berührten seine Kniekehlen. Tante Evi breitete eine weitere Decke über uns aus.

„So, nun absolut den Mund halten!", befahl sie.

Sie befestigte die regendichte Abdeckung wieder über dem Anhänger.

Trotz der holprigen Fahrt merkte ich, dass Daniel wieder leicht zitterte. Er hatte immer noch kein Wort gesprochen. Ich fuhr fort, über seinen Kopf und seinen Rücken zu streicheln, was offensichtlich eine beruhigende Wirkung auf ihn ausübte, denn das Zittern ließ allmählich nach.

Durch einen schmalen Spalt in der Holzwand des Anhängers versuchte ich zu erspähen, wo wir gerade fuhren. Das Gewitter war vorbeigezogen und der Regen hatte nachgelassen. Die Wolkendecke lichtete sich etwas und gab den Vollmond frei, sodass Tante Evi in seinem Schein zumindest den Pfad vor sich sehen konnte. Sie wagte sich noch einmal auf die Uferpromenade, überkreuzte die Hauptstraße und durchquerte den Luitpoldhain.

Da ich die Fahrradstrecke vom Dutzendteich zur Marienstraße genau kannte, bemerkte ich, dass sie nach dem Verlassen des Luitpoldhains kleine Umwege durch Gassen in Kauf
nahm, die für Autos zu schmal waren, in der Absicht, zur
Wöhrder Wiese zu gelangen. Indem sie entlang der Hader-
mühle und durch die Gleißbühlstraße fuhr, schlug sie einen
Bogen um das Julius-Streicher-Haus, in dessen Nähe sich
ständig Polizei aufhielt. So erreichten wir sicher und unbeläs-
tigt in der Morgendämmerung Tante Evas Wohnung.

Während ich auf der Fahrt angestrengt versucht hatte,
unsere Route nachzuvollziehen, war Daniel inzwischen in
einen unruhigen Schlaf gefallen. Tante Eva hob ihn vorsichtig aus dem Anhänger, legte ihn im Spielzimmer auf das große
Ecksofa, zog ihm die Kleidung bis auf Hemd und Unterhose
aus und deckte ihn mit einer warmen Decke zu.

Tante Eva und ich hievten noch das Fahrrad und anschließend den Anhänger in ihr Kellerabteil, dann setzte ich mich
auf die freie Seite des Sofas, zog mein Kleid aus und streifte
meine Schuhe ab.

Als ich mich nach hinten in die Kissen fallen ließ und die
Decke bis zu meinem Kinn hochzog, krabbelte Daniel zu mir
unter die Decke und umklammerte mich so fest, als wolle er
Halt und Schutz bei mir finden. Ich streichelte wieder seinen
Kopf und seinen Rücken, bis wir beide endlich einschliefen.

17. Mein jüdischer Bruder

Tante Eva hatte die dichten, schwarz unterlegten Vorhänge im Spielzimmer zugezogen, damit wir nach den strapaziösen Aufregungen der vergangenen Nacht nicht früh durch Lichteinfall geweckt wurden.

Für mich war jedoch an erholsamen Schlaf nicht zu denken, denn Daniel hatte eine sehr unruhige Nacht. Häufig schrie er laut auf oder weinte und schluchzte. Dabei wälzte er sich unruhig im Bett hin und her, sodass er mich ständig schubste. Ich riss mehrmals aus und legte mich auf die andere Hälfte des Ecksofas – mit wenig Erfolg. Sobald er fühlte, dass ich nicht mehr in seiner Nähe war, kroch er wieder zu mir und klammerte sich an mich. Ich streichelte ihm dann wieder Kopf und Rücken, bis er sich beruhigte.

Gegen Mittag schlüpfte ich vorsichtig aus dem Bett, griff nach meinem Kleid, das ich über einen Stuhl geworfen hatte, nahm meine Schuhe und schlich aus dem Zimmer. In der ganzen Wohnung waren alle Läden geschlossen und die Vorhänge zugezogen. Offensichtlich schlief Tante Eva noch. Ich wunderte mich, dass noch keine Kunden oder Schüler geklingelt hatten, bis mir einfiel, dass Sonntag war.

„Ach ja", dachte ich, „heute wäre ja der Reisetag der Familie Rosenholz in die Freiheit gewesen!"

Plötzlich überwältigte mich eine derart tiefe Traurigkeit, dass ich in Tränen ausbrach. Ich saß im Wohnzimmer in einem Sessel und durchlebte die schreckliche Nacht noch einmal. Jetzt wurde mir die Tragweite des Geschehens erst völlig bewusst, denn ich hatte von dem Moment an, als wir am Abend die Gestapo-Autos vor Familie Rosenholz' Haus sahen, bis zum jetzigen Augenblick nur gehandelt. Ich hatte fast automatisch gehandelt und funktioniert, stets auf Daniels Rettung bedacht, auf Daniels Schutz, auf Daniels Wohlbefinden. Und jetzt kam mein eigener Schmerz über den Verlust von Tante Mirjam und Onkel David zum Ausbruch. Sie waren mir von klein auf so nahegestanden, als wären sie tatsächlich meine Verwandten.

Zur Trauer kam die Angst um sie hinzu. Ich konnte mich noch genau daran erinnern, wie schrecklich krank Onkel Noah im vergangenen Jahr aus dem KZ nach Hause gekommen war. Würden Tante Mirjam und Onkel David jemals zurückkommen? Meine Tränen flossen noch stärker. Als Onkel Noah im Krankenzimmer lag, hatte ich die Erwachsenen munkeln hören, dass die meisten Gefangenen nie mehr zurückkehrten. Ich fühlte, es gab wenig Hoffnung.

Auf einmal spürte ich Daniels warmen Körper neben mir im Sessel. Er legte seinen Arm um meinen Hals: „Rosalie, du weinst ja!"

„Ja, ich habe Tante Mirjam und Onkel David doch auch so lieb!"

Ich fühlte Daniels tränennasse Wange an meinem Gesicht. „Glaubst du, sie kommen zurück, Rosi?"

Statt einer Antwort entrang sich ein tiefer Seufzer meiner Kehle und ich konnte einen erneuten Tränenfluss nicht zurückhalten.

„Ich glaube auch nicht, dass sie wiederkommen", schluchzte Daniel und presste sich noch mehr an mich.

Als Daniel mich weinend im Wohnzimmer vorfand, hatte ihm meine Fassungslosigkeit offensichtlich das Gefühl der Zusammengehörigkeit vermittelt. Er fühlte, dass ich genauso litt wie er. Er war nicht alleine in seiner Trauer und konnte sie zeigen.

Leise öffnete sich die Tür, und Tante Eva kam herein. Sie ging auf uns zu und umschlang uns mit beiden Armen. Sie sagte kein Wort, aber wir merkten, dass auch sie weinte. Nach einer Weile verließ sie das Zimmer, ohne die Vorhänge zurückzuziehen, holte eine warme Bettdecke von unserem Sofa und hüllte uns damit auf unserem Sessel ein. Sie wollte uns Zeit geben, diese schmerzliche Situation zu erfassen, um sie im Laufe der Zeit verarbeiten zu können.

Am frühen Nachmittag kam Mutter. Es war offensichtlich, dass auch sie eine schlaflose und tränenreiche Nacht verbracht hatte. Sie umarmte uns wortlos und drückte Daniel besonders lange an sich.

Wir hatten alle seit dem Vortag nichts mehr gegessen, sondern nur Kräutertee getrunken, der stets in einer Kanne auf dem Tisch stand. Niemand hatte bisher Appetit gehabt. Doch als Mutter einen großen Topf Linsensuppe mit Lammfleisch auftischte, eine seltene Delikatesse, welche Lisa aus ihrem Heimatdorf mitgebracht hatte, spürten wir, dass wir großen Hunger hatten. Jeder aß seinen Teller leer. Niemand sprach beim Essen, niemand fragte Daniel, wie er der Gestapo entkommen war. Stillschweigend waren wir uns alle einig, dass Daniel irgendwann von sich aus alles erzählen würde.

Mutter bat mich und Daniel, uns im Spielzimmer zu beschäftigen, da sie einiges mit Tante Eva zu besprechen hätte.

„Darf ich dich etwas fragen, Tante Winnie?", sagte Daniel. Es war ihm anzusehen, wie schwer es ihm fiel, sein Anliegen vorzubringen. „Darf ich bei euch bleiben, bis … bis …", Daniel schluckte und kämpfte mit den Tränen, „bis meine Eltern zurückkommen?"

Mutter schloss Daniel sofort in die Arme. „Genau das wollten wir gerade besprechen. Selbstverständlich bleibst du bei uns. Das ist auch unser Wunsch. Am besten setzt ihr beide euch mit an den Tisch und wir versuchen gemeinsam, die auf uns zukommenden Aufgaben zu lösen. Wollt ihr das?"

Daniel schüttelte den Kopf und ging ins Spielzimmer. Ich folgte ihm und wir probierten, uns mit Brettspielen abzulenken. Aber Daniel konnte sich nicht darauf konzentrieren. Da ich wusste, wie sehr er es liebte, wenn ich ihm vorlas, holte ich „Robinson Crusoe" aus dem Bücherregal. Daniel legte sich auf das Sofa. Ich setzte mich daneben auf den Teppich und begann zu lesen. Es dauerte nicht lange und er schlief tief und fest.

Ich legte das Buch zur Seite und setzte mich im Esszimmer zu Mutter und Tante Eva an den Tisch.

„Rosalie", sagte Mutter, „wir haben eben besprochen, dass Daniel schnellstens eine Geburtsurkunde braucht. Dazu müssen wir uns noch etwas einfallen lassen. Wir haben darüber nachgedacht, sobald wie möglich nach Markt Schnaittach zu ziehen. Dort fragt keiner danach, ob er dein Bruder ist oder nicht."

„Bruder?", fiel ich Mutter ins Wort, „hast du ‚Bruder' gesagt? Das finde ich toll! Daniel wird mein Bruder!"

„Ja, es wird auf dem Land wesentlich einfacher sein, wenn er als mein Kind mit uns zusammenlebt. Dort müssen wir ihn nicht mehr verstecken. Tante Eva hat als Künstlerin viele Verbindungen. Sie kann eine echt wirkende Geburtsurkunde anfertigen lassen."

„Wir müssen natürlich unter ‚Konfession' evangelisch eintragen lassen und Daniel wird mit dir den evangelischen Religionsunterricht besuchen", warf Tante Eva ein.

„Das macht Dani sicher gerne", sagte ich, „wir haben bisher auch in Religion zusammen gelernt."

Mutter seufzte tief: „Selbstverständlich ist das, was wir vorhaben, Betrug. Das weißt du auch, Röschen. Aber wir sind der Ansicht, um Menschenleben zu retten, ist in dieser fatalen Zeit jede Lüge gerechtfertigt."

„Ja, Mutti, das weiß ich! Aber sag mal, welches Geburtsdatum wollt ihr denn angeben? Dass Daniel und ich Zwillinge sind, glaubt doch kein Mensch!"

„Darüber haben wir auch schon nachgedacht", sagte Tante Eva. „Daniel müsste etwa zehn Monate älter oder jünger sein als du."

„Na, dann lieber zehn Monate älter! Ich habe mir schon immer einen älteren Bruder gewünscht."

„Außerdem haben wir ausgemacht, dass Daniel mindestens eine Woche lang hier bei Tante Eva bleiben muss", erklärte Mutter. „Es kann jederzeit noch passieren, dass die Gestapo in unser Haus und in die Häuser der Nachbarn zur Durchsuchung kommt."

„Daniel wird natürlich wollen, dass du bei ihm bleibst", meinte Tante Eva. „Willst du ihm Gesellschaft leisten, Rosi?"

„Natürlich bleibe ich bei Dani, sonst wird es ihm bestimmt zu langweilig. Die Schule fängt erst in neun Tagen an, deshalb habe ich noch Zeit."

Ich überlegte: „Wie macht das Dani? Er kann ja in Nürnberg nicht in die Schule gehen."

„Das ist richtig", antwortete Mutter. „Bis wir nach Markt Schnaittach umziehen, habe ich eine Menge Vorbereitungen. Daher muss er eben aus deinen Schulbüchern lernen und nachmittags mit dir zusammen Hausaufgaben machen. Dann lernt er genauso viel wie in der Schule. Er ist doch ein kluger

Junge." Mit einem schrägen Seitenblick auf Tante Eva fügte sie hinzu: „Und wenn er in Schnaittach in die Schule kommt, braucht er ein Zeugnis über das letzte Schuljahr."

„Keine Sorge, damit statten wir ihn schon aus", beruhigte sie Tante Eva.

„Wenn er bei uns wohnt, muss er ja immerzu im Haus bleiben", sagte ich. „Er darf nie hinaus auf die Straße oder in den Garten, nicht wahr, Mutti?"

„Auf keinen Fall. Irgendwelche Nachbarn würden ihn wiedererkennen und es sofort der Gestapo melden. Wir haben uns auch überlegt, Helga nicht im Kindergarten anzumelden. Sie könnte sich verplappern, dass es bei uns zu Hause einen Daniel gibt. Das wäre wirklich eine Katastrophe!"

„Dann hat Dani wenigstens Gesellschaft und kann mit Helga spielen", schlug ich vor.

„Das bezweifle ich, dass er sich viel mit Helga abgeben wird, Rosi. Na, zum Glück liest Daniel sehr gerne. Ich werde ihm aus der Bücherei genügend Lesestoff holen."

„Ein großes Problem gibt es noch", gab Tante Eva zu bedenken, „die Lebensmittelmarken für Daniel. Die werden euch fehlen!"

„Solange Lisa vom Land Lebensmittel mitbringen kann, kommen wir schon zurecht", antwortete Mutter.

Plötzlich fiel mir Daniels Schwester ein. „Ruth!", rief ich. „Ruth! Wir haben noch gar nicht an Ruth gedacht. Wir müssen ihr nach Zürich schreiben, was passiert ist."

„Nein, um Himmels willen! Das dürfen wir auf keinen Fall!", erwiderte meine Mutter entsetzt. „Briefe in die Schweiz werden kontrolliert. Es darf niemand wissen, dass wir zu Familie Rosenholz Verbindung hatten. Das weißt du doch, Rosalie!"

„Ich denke, dass Noah und Esther Ruth benachrichtigen werden, wenn sie in New York vergeblich auf ihre Familie gewartet haben", meinte Tante Eva. „Und Ruth ist hoffentlich so klug und bleibt unter diesen Umständen in der Schweiz in Sicherheit, statt sich auf die gefährliche Schifffahrt nach Amerika zu begeben, wie es geplant war."

In der Zwischenzeit war es Abend geworden. Daniel hatte den ganzen Nachmittag verschlafen. Tante Eva deckte den Tisch fürs Abendbrot. Mutter hatte auch hierfür vorgesorgt, denn sie wollte den Abend mit ihrer Freundin Eva verbringen. Daniel saß wieder still am Tisch. Er aß zwar seine Suppe, redete aber nur, wenn er angesprochen wurde. Daher ließen wir ihn in Ruhe und erzählten ihm nichts von all unseren Absprachen. Wir sagten ihm nur, dass er mit mir zusammen eine Woche lang bei Tante Eva wohnen würde. Er nahm dies lediglich mit einem Kopfnicken zur Kenntnis.

Nach dem Essen legte Tante Eva ein Sortiment von Spielen auf den Tisch und fragte: „Welches wollt ihr spielen?"

Daniel antwortete: „Ich möchte gerne, dass Rosi mir vorliest. Willst du, Rosi?"

„Natürlich will ich, Dani!" Alles hätte ich für Daniel getan, nur um wieder ein kleines Lächeln auf seinem Gesicht zu sehen.

„Ich habe für dich Waschlappen, Handtuch und Zahnbürste ins Bad gelegt", sagte Mutter, „und einen Pyjama von Rosi habe ich auch mitgebracht."

Daniel stand wortlos auf, umarmte Mutter und Tante Eva und ging ins Badezimmer. Als ich hörte, dass er das Bad verließ und in Richtung Spielzimmer ging, machte ich mich auch für die Nacht fertig.

Daniel lag schon auf seiner Seite des Ecksofas und wartete

mit dem Buch in der Hand. Ich setzte mich auf meine Seite unter die Stehlampe und begann vorzulesen. Genau wie am Nachmittag dauerte es nicht lange, bis Daniel eingeschlafen war.

Ich lag noch eine Weile wach und versuchte, mir die nahe Zukunft vorzustellen. Ich bekam einen Bruder, den ich leider verstecken musste. Wie es wohl sein würde, den ganzen Tag mit ihm zu verbringen! Eigentlich nicht viel anders als vorher. In unserer Freizeit waren wir doch bisher auch ständig zusammen gewesen. Ja, aber nun würde es sich nicht mehr „nur" um die Freizeit handeln. Wir würden auch zusammen am selben Tisch essen und im selben Haus schlafen. Mit dem Gedanken: „Ich habe einen Bruder" fiel auch ich in tiefen Schlaf.

„Sieh nur, Winnie, was ich entdeckt habe!", rief Tante Eva aufgeregt und legte vor Mutter ein Häuflein Kleider auf den Tisch.

Mutter blickte verständnislos auf Daniels Kleidungsstücke, bis Tante Eva ihr ein enges Leibchen vor die Augen hielt. „Schau dir das einmal genau an und befühle es."

Mutter nahm das Leibchen in ihre Hände. Es wurde eigentlich nur im Winter getragen, um lange Strümpfe mit Gummibändern an den Knöpfen des Leibchens zu befestigen. Ihre Finger ertasteten im Stoff vier harte Steine.

„Einen der Steine habe ich schon herausgeschnitten." Tante Eva öffnete ihre Faust unter der Tischlampe und ein wundervoller Brillant versprühte sein Feuer im Licht der Lampe.

„Oh, wie schön!", staunte Mutter. „Unser Daniel ist ja reich!"

„Ja, steinreich sogar!" Tante Eva holte auch die anderen

vier Edelsteine aus ihrem Versteck. Sie waren nicht weniger beeindruckend: ein weiterer, etwas kleinerer Brillant, ein Rubin, ein Imperialtopas und ein Turmalin.

„Die Brillanten haben einen wunderschönen Schliff! Der Rubin könnte ein sogenanntes Taubenblut sein und ein lupenreiner Imperialtopas ist sehr kostbar!", begeisterte sich Mutter und fühlte sich ganz in ihrem Element. Sie war vor ihrer Heirat Juwelierin und Gemmologin sowie Sachverständige in diesen Bereichen gewesen. „Um die Steine genau zu bestimmen, brauche ich meine Geräte, zumindest Mikroskop, Polariskop und Reflektometer. Aber das ist jetzt nicht so wichtig. Viel wichtiger ist die Frage: Wohin mit dem Schatz?"

„Vielleicht bewahrst du für Daniel die Edelsteine am sichersten im Banksafe auf. Meinst du nicht?"

„Ja, die Saferäume im Keller der Banken sollten eigentlich bombensicher sein. Ich werde mich morgen erkundigen."

„Ob Daniel wohl weiß, welche Werte er mit sich herumgetragen hat?"

„Sicherlich haben ihm seine Eltern nichts erzählt, um ihn nicht zu belasten! Vielleicht dachten sie, dass Kinder im Falle einer Kontrolle nicht so gründlich durchsucht werden wie Erwachsene. Die Edelsteine waren bestimmt zur Existenzgründung in Amerika vorgesehen. David musste sie schon viele Jahre gut versteckt gehalten haben. Vielleicht sind sie sogar Familienerbstücke."

Am nächsten Morgen war ich die Erste, die frisch geduscht und angezogen in der Küche hantierte. In dieser Nacht hatte ich besser geschlafen. Daniel war zwar wieder von Albträumen geplagt worden, war aber in seinem Bett geblieben. Offensichtlich war er sich jetzt sicher, dass ich ihn nicht verlassen würde. Als ich den Tisch deckte, kam Mutter herein. Sie küsste mich auf die Wange und fragte: „Hat Dani dich heute Nacht schlafen lassen?"

„Ja, aber er hatte anscheinend wieder schlimme Albträume, denn er schrie unverständliche Worte und weinte manchmal."

„Das wird sich mit der Zeit verlieren, wenn er den Verlust seiner Eltern verkraftet hat. Das kann aber lange dauern."

Ich nickte stumm. Daniel tat mir unendlich leid. „Sag, Mutti, wie bringen wir Dani zu uns nach Hause, sodass ihn niemand sieht?"

„Wie wär's, wenn wir Daniel so verkleiden, als wäre er eine Freundin von dir? Wir müssten ihm nur ein Kleid von dir anziehen und dazu eines deiner Sommerhütchen aufsetzen. Ich könnte die langen Zöpfe deiner Puppe an den Hut nähen. Sie haben fast die gleiche Farbe wie seine eigenen Haare."

„Was, du willst Charlottes Zöpfe abschneiden?", rief ich entrüstet, fasste mich aber sofort wieder. „Nein, nein, das macht mir nichts aus. Das ist ein guter Plan, Mutti! Wenn er als Mädchen mit Zöpfen verkleidet ist, müssen wir keine Angst haben, dass ihn auf der Straße jemand erkennt."

Sogleich stellte ich mir bildlich vor, wie wir beiden „Mädchen" untergehakt gemütlich auf unserer Uferpromenade entlangspazierten. Ja, das Hütchen mit Zöpfen würde eine gute Tarnung abgeben. Daniels Sicherheit war mir wichtiger als die Schönheit meiner Puppe.

18. Getarnt und verborgen

Daniel lebte nun seit einigen Monaten in unserer Familie. Wir hatten ihn alle sogleich wie selbstverständlich als neues Familienmitglied angenommen, wohingegen Daniel sich bestimmt noch nicht an sein Dasein ohne Eltern gewöhnt hatte.

Mutter hatte Helgas Zimmer für Daniel eingerichtet, denn vom Gästezimmer aus konnte man auf sein ehemaliges Haus blicken und das wäre für ihn wohl unerträglich gewesen. Helga freute sich, dass sie bei Oma Franzi schlafen durfte, und das Gästezimmer blieb weiterhin für Tante Evi frei.

Soweit es uns möglich war, versuchten wir, seine jüdischen Bräuche aufrechtzuerhalten. Hatten wir doch auch früher schon manche jüdischen Feste bei Familie Rosenholz mitgefeiert. Daniel schien aber nicht daran interessiert zu sein. Mit dem Verlust seiner Eltern hatte er anscheinend auch sein Judentum und dessen Bräuche beiseitegelegt. Er sprach weder über religiöse Regeln noch von seinen Eltern und wir vermieden es ebenfalls, Tante Mirjam und Onkel David zu erwähnen.

Die Schreckensnacht spukte noch lange Zeit in seinem Kopf herum. Das erkannten wir daran, dass die Albträume ihn weiterhin von Zeit zu Zeit heimsuchten. Dann hörten wir ihn in seinem Zimmer aufschreien und schluchzen. Manchmal kroch er zu mir ins Bett und ich streichelte wieder seinen Kopf und Rücken, bis er sich beruhigte und einschlief.

Daniel sprach insgesamt sehr wenig, aber offensichtlich war es ihm nach Monaten des Schweigens doch ein Bedürfnis, über die Nacht der Festnahme seiner Eltern und seiner Flucht ab und zu Einzelheiten preiszugeben. Wir drängten ihn nicht, wenn er aber anfing zu erzählen, hatten wir den Eindruck, als hielte er Selbstgespräche.

So erfuhren wir, dass die Familie Rosenholz noch versuchte, in ihr Versteck auf dem Dachboden zu flüchten, als sie die Autos der Gestapo vor dem Haus stoppen hörten. Aber es war schon zu spät. Die Männer hatten bereits die Haustür aufgestemmt, als Mirjam das mit Rahmen abnehmbare Fensterchen aus der Dachluke zog. Schnell half sie Daniel, durch die Öffnung zu klettern. Sie konnte ihm nicht mehr folgen, denn die Gestapo war schon dabei, die Dachbodentür einzuschlagen.

David rief seinem Sohn in hebräischer Sprache nach, er solle sich im Baumhaus verstecken. Mirjam gelang es gerade noch, die Luke hinter Daniel zu schließen, dann hatte die Polizei die Tür zum Dachboden aufgebrochen.

Der Junge verbarg sich vorerst auf dem Dach hinter einem Schornstein, von wo aus er das Szenario auf der Straße im Scheinwerferlicht der Gestapowagen überblicken konnte. Starr vor Schrecken musste Daniel mit ansehen, wie seine Eltern in ein Auto gezerrt und abtransportiert wurden.

Zitternd kauerte er eine Weile hinter dem Schornstein, da sich noch ein Polizist im Garten aufhielt und hartnäckig versuchte, das Gartentor zur Uferpromenade zu öffnen. Als der Mann zum Hauseingang zurückging, kroch Daniel auf allen vieren zur Dachrinne auf der Rückseite des Hauses und kletterte über die dichten Efeuranken nach unten. Er nahm sich nicht die Zeit, das Gartentor aufzuschließen, sondern überwand den mit Eisenzacken bespickten Zaun. Dann rannte er, so schnell er in der Dunkelheit konnte, zum Wäldchen. Er spürte unsere Eiche auf und kletterte ins Baumhaus, in dem ich ihn als ein Häuflein Elend fand und zu trösten versuchte und von dem Tante Evi uns abholte und in Sicherheit brachte.

Ich bemühte mich, in der Schule besonders gut aufzupassen, denn ich sollte ja sozusagen für uns zwei, für Daniel und mich, lernen. Wir erledigten gemeinsam die Hausaufgaben, diktierten uns gegenseitig Texte aus einem Diktatbuch, das Mutter besorgt hatte, und lösten auch solche Rechenaufgaben, die Fräulein Kuhn nicht verlangt hatte. Lernen und Lesen lenkten Daniel wenigstens zeitweise von seinem Kummer ab.

Ich ging weiterhin zweimal in der Woche zur Musikschule und übte täglich mein Pensum am Klavier und neuerdings auf Oma Franzis Wunsch auch auf dem Akkordeon. Dagegen hatte Daniel keinen Spaß mehr am Musizieren, worüber ich sehr traurig war. Aber Mutter meinte, dass seine ehemalige Begeisterung für die Musik später bestimmt zurückkehren würde.

Während ich in der Schule oder beim Musikunterricht war, beschäftigte Daniel sich oft mit Helga. Deren stets fröhliche Laune wirkte auf jedermann ansteckend und heiterte sogar Daniel auf. Sie spielten zusammen Brettspiele oder turnten im Flur des Obergeschosses an den Geräten. Er nahm wieder die Turnübungen auf, die er früher auf Geheiß seines Vaters täglich ausführen musste, und Helga versuchte, sie nachzuahmen.

Es war eigentlich ständig die Rede davon, dass wir bald nach Schnaittach umziehen würden. Insbesondere nach jedem der nächtlichen Fliegeralarme, welche uns in unregelmäßigen Abständen von sechs bis vierzehn Tagen aus dem Schlaf rissen und in den Keller jagten, schimpfte meine Mutter, dass sie nun genug davon hätte. Bis auf kleinere Bombenangriffe im Oktober, welche die Innenstadt zum Ziel hatten, war Nürnberg von Angriffen bisher verschont geblieben. Daher glaubte Mutter, wir könnten uns am Dutzendteich, am Stadtrand Nürnbergs, sicher fühlen.

Der Hauptgrund, weshalb sie den Umzug hinauszögerte, war aber wohl vor allem die Hoffnung auf ein baldiges Wiedersehen mit Vater. Sie wollte ihm noch einmal ein gemütliches Heim bieten, wenn er endlich wieder Urlaub bekam. Er schrieb zwar in jedem Brief, dass er im Grunde an der Reihe wäre, Familie und Heimat zu besuchen, doch der Urlaubsschein ließ auf sich warten. Mutter hatte ihm, in aller Vorsicht und unter Verwendung falscher Namen, geschrieben, dass unsere Freunde in Urlaub gefahren seien, deren Tochter aber währenddessen bei uns wohnte. Sie versuchte, ihn auf die neue Situation bezüglich der Familie Rosenholz vorzubereiten, damit sein Urlaub zu Hause nicht mit einem großen Schock begann.

Im Mai kam endlich der ersehnte Brief mit der Mitteilung, dass Vater nach Hause durfte, und genau einen Tag vor meinem neunten Geburtstag konnten wir ihn vom Bahnhof abholen. Es war das schönste Geburtstagsgeschenk, das ich mir nur wünschen konnte. Oma Franzi blieb daheim, denn wir wollten Daniel nicht zumuten, alleine zu Hause zu sitzen.

Genau wie bei seinem letzten Urlaub erschraken wir sehr, wie mitgenommen, müde und im wahrsten Sinne des Wortes abgekämpft unser Vater aussah. Und genau wie beim letzten Mal schlief er einige Tage und Nächte fast an einem Stück durch. Nur zu den Mahlzeiten setzte er sich zu uns an den Tisch.

Als er endlich ausgeschlafen hatte, nahm er sich eine Stunde Zeit für das Bad und erschien zum Mittagessen frisch und munter – fast wie unser Vati vor dem Krieg. Nun konnten wir meinen Geburtstagskuchen auftischen und von unseren Erlebnissen seit seinem letzten Urlaub erzählen. Er interessierte sich für alle unsere Belange und hörte aufmerksam zu. Außerdem erledigte er kleine Reparaturen im Haus und vor allem versetzte er eines Nachts den Zaun zum Nachbargrundstück wieder in seinen ursprünglichen Zustand. Niemand sollte nachträglich Spuren von der geheimen Tür entdecken.

„Na, wie wäre es mit einem Ausflug am nächsten Sonntag?", fragte mein Vater eines Tages spontan. „Wir könnten an den Tegernsee fahren und eine kleine Wanderung machen!"

Daniel blickte ihn verschreckt an.

„Komm, Dani, mit deiner Verkleidung und dem Hütchen mit Zöpfen ist das kein Problem. Es ist doch besser, einen Tag in Mädchenkleidern zu verbringen, als sich immerzu im Haus aufzuhalten, oder?"

Daniel nickte etwas zögernd, stimmte aber zu: „Ja, eine Abwechslung wäre schön!"

„Gut, ich besorge die Bahnkarten und am Sonntag in aller Frühe geht es los."

Am Sonntag saßen wir alle voller Vorfreude auf den Ausflug schon um sechs Uhr am Frühstückstisch. Ich hatte Daniel beim Anziehen meines neuen Dirndls geholfen. In dieser Tracht mit den weißen Kniestrümpfen und dem mit Zöpfen versehenen Strohhut auf dem Kopf sah er wirklich wie ein echtes Mädchen aus. Seine Locken hatte ich ihm mit einem nassen Kamm aus der Stirn gestrichen und unter dem Hut mit Haarklammern festgesteckt. Ein dünnes Gummiband unter dem Kinn sicherte den festen Halt des Hutes. In dieser Verkleidung konnte niemand mehr den jüdischen Jungen Daniel erkennen. Das musste er selbst zugeben, als er sich im großen Spiegel der Diele betrachtete. Auch Helga und ich trugen Dirndl, die Mutter mit Lisa im Winter geschneidert hatte. So fühlten wir uns für den Ausflug aufs Land gut gerüstet.

Kurz bevor der Zug abfuhr, stürmte Tante Evi ins Abteil und ließ sich erschöpft auf ihren Sitz fallen. „Fast hätte ich es nicht mehr geschafft!", keuchte sie.

„Kein Wunder", erwiderte meine Mutter spöttisch, „du warst noch nie eine Frühaufsteherin."

„Was habt ihr doch für hübsche Mädchen!", staunte Tante Evi. „Solch schöne Dirndl! Genau das Richtige für eine sonnige Landpartie! Ich freue mich richtig, wieder mal einen Tag am Tegernsee zu verbringen!"

Gleich nach unserer Ankunft liefen wir zum Seeufer und bestaunten die Segelboote auf dem glitzernden Wasser.

„Vati, wir möchten auch mit einem Segelboot fahren!", bettelte ich. „Ja, das wäre schön!", schloss Daniel sich mit leuchtenden Augen an.

Daniel hatte noch nie einen Wunsch geäußert, seit er bei uns lebte, daher stimmte Mutter sofort zu: „Ja, Friedrich, das wird ein wundervolles Erlebnis für die Kinder sein."

„Gut", sagte Vater, „machen wir einen Segelturn. Aber erst nachmittags. Es ist angenehmer, noch am Vormittag zu wandern, solange es kühler ist. Nach dem Mittagessen mieten wir uns ein schönes Boot."

Mutter setzte Helga in ihren kleinen Sportkinderwagen und wir machten uns auf den Fußmarsch. Dabei hielten wir uns immer dicht am See, wo uns keine Bäume die Aussicht nahmen, und genossen die Landschaft. Daniel und ich suchten am Ufer flache Steine und Vater zeigte uns, wie man sie auf dem Wasser springen lassen konnte. Zum Schluss war Daniel Sieger mit fünf Sprüngen seines Steins.

Mittags steuerten wir auf die große Aussichtsterrasse eines Restaurants zu, das in der Nähe der Seepromenade lag, und nahmen einen Tisch an der Brüstung der Terrasse mit Ausblick auf den See und die grünen Berge. Wir Kinder genossen eine Süßspeise und die Erwachsenen aßen Fisch aus dem See.

Plötzlich umklammerte Daniel mit beiden Händen Vaters Arm und begann keuchend zu atmen.

„Was ist los, Dani? Geht es dir nicht gut?"

Daniel starrte bleich vor Angst zu den vier uniformierten Männern mit den großen Hakenkreuzen auf ihren Oberarmbinden, die gerade die Eingangsstufen zur Terrasse heraufkamen. Wir folgten Daniels Blick.

„SA-Männer! Ausgerechnet jetzt!", murmelte Vater und zog Daniel schützend an sich: „Gleich ist es vorbei! Gleich geht es dir wieder besser, mein Mädchen!", flüsterte er Daniel zu, wobei er „Mädchen" besonders betonte, um ihn an seine Verkleidung zu erinnern.

Die Offiziere blieben zufällig neben unserem Tisch stehen und ließen ihre Blicke suchend über die Terrasse schweifen. „Alles belegt hier. Kein Tisch mehr frei", stellten sie bedauernd fest.

Um Daniel möglichst schnell aus der Gefahrenzone zu bringen, stand Vater auf, das keuchende „Mädel" immer noch fest im Arm, und sagte: „Sie können unseren Tisch haben, wir sind gerade fertig geworden." Dann ging er mit Daniel und mir auf schnellstem Wege zum Terrassenausgang. Oma Franzi nahm Helga an der Hand und folgte uns.

„Echte bayerische Mädels! Mit Dirndl und Zöpfen. So was gefällt unserem Führer!", äußerte sich einer der SA-Männer anerkennend. „Aber was hat denn das Mädel mit dem Strohhut und den braunen Zöpfen?"

„Asthma!", antwortete Mutter kurz und beeilte sich, die Rechnung zu bezahlen. „Sie braucht ihre Medikamente."

„Na, dann gute Besserung! Heil Hitler!"

Wir trafen uns an einer Bank am Ufer und gaben Daniel Zeit, sich von seinem Schrecken zu erholen.

„Nun gehen wir zum Anlegesteg", schlug Mutter vor, „und Vati sucht ein schönes Segelboot aus. Die Bootsfahrt wird uns auf andere Gedanken bringen."

Offensichtlich war bei den Booten immer noch Mittagspause, denn es lag eine große Auswahl am Steg. Als Vater ein passendes Boot gefunden hatte, stiegen wir alle ein, nur Oma Franzi und Helga blieben zurück. Der Bootsbesitzer löste das Seil vom Pfosten des Stegs und sprang in das Boot. Er hantierte mit den Segeln und befahl meinem Vater: „Holdns a mol des Ruder!"

Zwei Männer auf dem Steg gaben dem Boot mit Holzstangen einen kräftigen Schub hinaus aufs Wasser. Mutter und Tante Evi hatten es sich bereits auf zwei Sitzen bequem gemacht und ließen die herrliche Landschaft auf sich einwirken. Vater war vom Kapitän offensichtlich zum Matrosen ernannt worden, denn er erhielt unablässig neue Anweisungen von ihm. Wir winkten Oma Franzi und Helga zu, die in Richtung Strand schlenderten, wo Helga im Sand spielen und am Wasser planschen konnte.

Das Dahingleiten auf dem Wasser mit aufgeblähten Segeln war herrlich. Wir setzten uns auf den Bootsrand, um unsere Arme nassspritzen zu lassen.

„Kennt ihr nacha schwimma?", fragte der Kapitän in seinem bayerischen Dialekt. „Sonst ziagts besser Schwimmwestn on!"

Wir versicherten ihm, dass wir gute Schwimmerinnen seien, setzten uns aber doch lieber in das Boot, um nicht durch einen unerwarteten Ruck über Bord zu gehen. Mutter und Tante Evi unterhielten sich angeregt, was sie nicht daran hinderte, nebenbei die bunt bemalten Bauernhäuser der Dörfer zu bewundern, an denen unser Boot vorbeisegelte. Vater fachsimpelte mit dem Kapitän über Segelboote und Daniel und ich freuten uns über die Fische, die wir unter der Wasseroberfläche entdecken konnten, über die Enten, die nach Futter tauchten, und über die Möwen, die hoch über uns hinwegflogen. Daniel konnte wieder lachen. Offensichtlich hatte er den Schreck über die Begegnung mit der SA überwunden.

Die bewaldeten Hügel und Berge im Hintergrund erregten unser besonderes Interesse. „Vati, steigen wir nachher auf diesen Berg?", fragte ich und deutete auf den höchsten Gipfel der Bergkette.

„Dazu haben wir heute keine Zeit mehr, mein Schatz. Wir müssen nun zu unserem Anlegeplatz zurücksegeln. Oma Franzi und Helga werden schon auf uns warten."

„Was, jetzt schon?", begehrte ich auf; uns war die Zeit viel zu schnell vergangen.

„Ja, wir sind nun seit zwei Stunden auf dem See unterwegs. Wir dürfen nicht zu spät zum Zug kommen!"

Für den Heimweg kauften die Eltern Brezeln und Limonade, die wir uns im Zug schmecken ließen. Als wir uns am späten Abend im Wohnzimmer müde in die Sessel fallen ließen, umarmte Daniel Vater und sagte: „Danke, Onkel Friedrich! Das war ein wunderschöner Tag. Der schönste Tag seit Langem!"

„Wenn die blöden SA-Männer Daniel nicht solche Angst eingejagt hätten, wäre es noch viel schöner gewesen", dachte ich mir im Stillen.

Vaters Urlaub verflog für uns alle wieder viel zu schnell. Von den vier Wochen, die er zur Verfügung hatte, benötigte er fast zwei für die An- und Rückreise. Er tröstete uns, dass der Krieg sicher bald vorbei sei, doch sein Gesichtsausdruck widersprach seinen beruhigenden Worten. Schon seit Beginn sprachen alle Leute davon, der Krieg könne unmöglich noch lange dauern.

„Ludwina, versprich mir, mit den Kindern und Franzi so schnell wie möglich nach Schnaittach zu ziehen! Im Augenblick sind es nachts nur blinde Fliegeralarme, aber es kann jederzeit ernst werden. Nürnberg wird als Stadt der Reichsparteitage gewiss nicht verschont bleiben und ich will euch in Sicherheit wissen."

„Ja, ich fange in den nächsten Tagen an zu packen und lasse einige Möbel nach Schnaittach bringen. Lisa hat uns in einem Bauernhaus eine kleine Wohnung mit zwei Zimmerchen besorgt. Außerdem haben wir ja das Zimmer in Lisas Gasthaus, in das wir auch unsere eigenen Möbel stellen dürfen. Eva hat sich in der Nähe des Marktes ein Zimmer gemietet, denn im Gasthaus sind jetzt alle vergeben. Auf jeden Fall ziehen wir vor September um, vor Beginn des neuen Schuljahres."

Dann kam der Tag des Abschieds. Wieder standen Mutter und ich am Bahnsteig und wollten uns nicht von Vater trennen. Weinend winkten wir dem Zug mit unseren feuchten Taschentüchern nach, bis er verschwand. Uns quälte die bange Frage: Würden wir unseren Vater wohl jemals wiedersehen?

19. Bomben über Nürnberg

Ich freute mich immer sehr auf unseren geselligen Nachmittag mit Mutters und Tante Evas Freundinnen und Bekannten und deren Kindern in Tante Evas zentral gelegener Wohnung in der Marienstraße. Wie an jedem letzten Freitag des Monats trafen wir uns auch an diesem denkwürdigen Freitag im August 1942. In der darauffolgenden Nacht erlebten wir den ersten Großangriff britischer Bomber auf Nürnberg. Ich war zwar erst neun Jahre alt, aber diese Schreckensnacht hatte sich für immer in mein Gedächtnis eingegraben.

Mutter titulierte unsere Zusammenkünfte bei Eva spöttisch „Ratsch- und Klatschtag", doch wie alle anderen liebte sie diese Begegnungen. Die meisten Frauen versuchten sich nützlich zu machen. Während sie Neuigkeiten austauschten, strickten sie eifrig an riesigen Wollschals, dicken Strümpfen und Handschuhen für die Soldaten an der Front. Größere Kinder waren geschickt darin, gebrauchte, schadhafte Stricksachen aufzutrennen und aus den Fäden große Knäuel zu wickeln.

Alle freuten sich nicht nur auf das fröhliche Beisammensein, sondern auch auf das gemeinsame Essen. Es gab stets seltene Köstlichkeiten oder das, was wir zu dieser Zeit für köstlich ansahen, weil viele Lebensmittel in diesen Kriegstagen Seltenheitswert hatten. Wer von großzügigen Verwandten auf dem Land gelegentlich ein paar Eier, Schmalz oder Mehl erhielt, durfte sich glücklich schätzen. Alle Besucherinnen brachten eine kleine Portion zu essen mit, wie eingemachte

Früchte, einen kleinen Kuchen, ein Töpfchen Schmalz oder ein Stück Brot. Für uns alle war es jedes Mal ein Festessen, für das wir wochenlang Lebensmittel aufsparten.

Der Zusammenhalt der Frauen war außerordentlich eng. Die harten Kriegsjahre hatten ihre Freundschaft mehr und mehr gefestigt. Natürlich wurde nicht nur gelacht und Belangloses ebenso wie Bedeutungsvolles durchgehechelt. Es gab auch oft Tränen, wenn wieder einmal ein Ehemann oder Verwandter als gefallen oder vermisst gemeldet worden war. Dann fanden die betroffenen Frauen Trost und Mitgefühl bei ihren Freundinnen. Wir Kinder wurden stiller als sonst und zogen uns verstört in das große Spielzimmer zurück, das Tante Eva extra für die jungen Besucher hergerichtet hatte.

Spätestens sobald es dämmerig wurde, löste die Gesellschaft sich nach und nach auf, denn jeder wollte vor Einbruch der Dunkelheit zu Hause sein. Mutter und ich blieben meist über Nacht bei Tante Eva und die beiden Freundinnen hörten, sobald sie mich schlafend wähnten, noch eine Zeit lang den BBC-Sender. Ich wusste, dass das sehr riskant war und dass bei Entdeckung die Übeltäter mit Haft im KZ bestraft wurden.

Wir Kinder bekamen von der Geheimniskrämerei der Mütter und Tanten mehr mit, als diese ahnten. Wenn wir auch nur eine ziemlich verschwommene Auffassung von der Bedeutung eines Konzentrationslagers hatten, so verunsicherte uns doch das spürbare gegenseitige Misstrauen vieler Erwachsener sehr. Die Kinder tuschelten sich oft untereinander Neuigkeiten zu, die sie trotz aller Vorsicht der Mütter aufgeschnappt hatten. Wenn ich dann erfuhr, dass missgünstige Menschen sogar schon wegen einer kleinen Verfehlung eines Nachbarn die Gestapo informierten, jagte mir diese Vorstellung gehörige Angst ein. Ich hatte Angst um Mutter. Sie schien sehr unvorsichtig zu sein, wie ich aus Oma Franzis Schelte oft heraushörte: „Mein Gott, Winnie, kannst du denn deinen Mund nicht halten? Irgendwann kommst du mit deiner Kritik am Regime an die falschen Leute und wirst angezeigt. Denk doch an die Kinder, denk doch an uns!"

Kleinlaut gab Mutter dann zu, dass Oma Franzi recht habe, dass ihr aber wegen so viel Ungerechtigkeit und Lügen in der Politik und bezüglich der Behandlung der Juden manchmal der Gaul durchginge.

Der monotone Kommentar im Radio und das Gemurmel der Frauen im Wohnzimmer hatten wohl einschläfernd auf mich gewirkt, denn ich schlief bereits tief und fest, als mich kurz nach Mitternacht das Heulen der Sirenen aufschreckte. „Schnell, Rosalie, zieh Schuhe und Mantel an!", rief Mutter. „Die übrigen Sachen kannst du im Keller anziehen. Und vergiss die Wolldecke von deinem Bett nicht!"

Schlaftrunken schlüpfte ich in meine Schuhe. „Aber ich muss noch Pipi machen, Mutti!"

„Dazu ist jetzt keine Zeit mehr! Los, beeil dich!"

„Na schön, dann mach ich eben in die Hose", maulte ich, doch das ferne Herandonnern der Bomber zwang mich zum Gehorsam. Ich zerrte die Kleider vom Stuhl, warf meinen stets bereitliegenden Mantel über die Schultern und schleifte die Decke hinter mir her. Tante Eva schlug die Wohnungstür hinter uns zu und Mutter nahm meine Decke, packte mich an der Hand und eilte mit mir die Treppe hinunter in den Luftschutzkeller.

Einige Hausbewohner waren schon anwesend. Der lange Gang war mit Linoleumresten ausgelegt, um ihn besser vom Kohlenstaub säubern zu können, und an den Wänden reihten sich Stühle, Bänke und Holzkisten aneinander. In einer Nische unter der Kellertreppe hatte man hinter einem Vorhang eine provisorische Toilette aufgebaut: ein Brett auf zwei Holzböcken und dahinter ein großer, mit etwas Wasser gefüllter Eimer mit Deckel.

„Jetzt kannst du schnell auf die Toilette", flüsterte Mutter.

Ich schüttelte den Kopf und ließ ihre Hand nicht mehr los, denn der Bombenhagel hatte mit unbeschreiblichem Lärm begonnen. Die Flieger dröhnten über die Häuser hinweg, sodass man meinen konnte, sie berührten die Dächer. Die Bomben fielen in furchterregendem Pfeifton vom Himmel und schlugen mit ohrenbetäubendem Krachen ein. Dazwischen ertönte das spitze Stakkato unserer Flak, der Fliegerabwehrkanonen.

„Wenn uns eine Bombe trifft, hören wir sie überhaupt nicht", murmelte ein alter Mann. Seine Frau kauerte neben ihm und ließ die dunklen Perlen ihres Rosenkranzes still durch die Finger gleiten. Andere Frauen beteten halblaut vor sich hin, während einige Kinder bei jedem Einschlag aufschrien und laut weinten. Ihre Mütter drückten sie an sich und gaben sich Mühe, sie zu beruhigen, obwohl sie sich selbst ängstigten und bei jedem Schlag zusammenzuckten. Das Abziehen der Flieger und ihre Rückkehr zu erneutem Bombardement hörte sich an wie das An- und Abschwellen eines mächtigen Donners, und die Detonationen der Bomben übertrafen an Lautstärke das Krachen gewaltiger Blitzeinschläge.

„Das hört ja gar nicht mehr auf!", klagte die Frau mit dem Rosenkranz mit zitternder Stimme. „So schlimm war es noch nie!"

„Das geht bestimmt schon seit zwei Stunden so", pflichtete der alte Mann ihr bei.

Mutter hatte einen Arm um mich gelegt und ich drückte mich an ihren warmen Körper. Da merkte ich, dass sie leicht bebte. „Du musst keine Angst haben, Mutti", sagte ich zu ihr, „der liebe Gott wird schon auf uns aufpassen."

Mutter blickte mich erstaunt an: „Hast du denn gar keine Angst, Rosalie?"

Ich dachte nach: Hatte ich Angst? Nein, ich hatte keine Angst. Mir war, als wäre ich gar nicht Teilnehmerin dieses ungeheuren Spektakels, sondern nur interessierte Zuschauerin. Ich fühlte gar nichts. „Nein, Mutti, ich habe keine Angst!", antwortete ich.

Dieses infernalische Bombengewitter schien kein Ende zu nehmen. Niemand wusste, wie lange wir schon im Keller saßen.

Plötzlich erschreckte uns ein lauter Knall. Hinter Tante Evas Stuhl war ein Rohr geplatzt. Ein kräftiger Wasserstrahl ergoss sich über ihren Kopf und in Sekundenschnelle war ihre Kleidung tropfnass.

Sie rief: „Ein Wasserrohrbruch!" Eilig brachte sie ihren Stuhl an einen anderen Platz und stellte sich darauf. Alle kletterten auf ihre Sitze, denn auf dem Kellerboden bildete sich schnell eine geschlossene Wasserfläche.

„Jetzt können wir's uns aussuchen, ersaufen oder verbrennen!", knurrte der alte Mann mit grimmigem Humor.

„Ersaufen bestimmt nicht!", beruhigte ihn Herr Weber, der für Hausmeisterdienste zuständig war. Er hatte die Wasserzufuhr zu dem defekten Rohr bereits gefunden und den Wasserhahn zugedreht.

Der Tumult, den die Überschwemmung verursachte, hatte uns einen Augenblick von den Fliegerattacken abgelenkt.

„Hört doch! Es ist ruhiger geworden", rief Mutter.

Alle lauschten angespannt. Tatsächlich! Das bedrohliche Fiasko über unseren Köpfen schien vorüber zu sein. Als nach wenigen Minuten das ersehnte Signal zur Entwarnung ertönte, drängten alle zur Kellertreppe.

Vor der Haustür schlug uns eine Welle heißer Luft entgegen, die uns fast den Atem nahm. Das Haus nebenan brannte lichterloh. Obwohl es erst kurz vor drei Uhr war, kam es uns so vor, als sei es schon Tag. Wir blickten zum Himmel hoch. Durch einen Schleier von Rauch leuchtete er in allen Varianten von Gelb-, Rosa- und Rottönen.

Das Haus, in dem Tante Eva wohnte, hatte etliche Schäden erlitten. In einer Ecke der Außenwand des obersten Stockwerks klaffte ein großer Riss und der Dachboden brannte an verschiedenen Stellen. Einige mutige Personen eilten die Treppen zu den pflichtgemäß bereitgestellten Sandsäcken und Löscheimern hoch.

„Wir können jetzt nicht zurück in die Wohnung", erklärte Tante Eva, „vielleicht sind Gasrohre beschädigt und explodieren."

Andere Hausbewohner schienen den gleichen Gedanken zu haben und zerstreuten sich in verschiedene Richtungen, um vermutlich bei Verwandten oder Bekannten Unterschlupf zu suchen.

„Kommt, wir gehen zu Oma Franzi nach Hause", sagte Mutter, „wir müssen hier schnell weg."

Tante Eva eilte uns voraus, sodass wir kaum Schritt halten konnten. Der Boden unter den Füßen war so heiß, dass wir die Hitze durch unsere feuchten Schuhsohlen spürten. Wir hatten den Eindruck, dass die gesamte Marienstraße in Flammen stand. Auch im Julius-Streicher-Haus loderte das Feuer aus den Fenstern. Die Häuser spuckten brennendes Holz,

Glasscherben und glühendes Gestein aus Fenster und Türen. Dachstühle fielen unter lautem Bersten in sich zusammen und Fassaden ehemaliger Prachthäuser stürzten um.

Zwischen glimmendem Geröll und Trümmern lagen vereinzelt Leichen und Verletzte. Mutter schickte sich gerade an, über ein Trümmerfeld zu steigen, um nach den Verwundeten zu sehen, als wir die Signalhörner der Feuerwehr und Rettungswagen hörten und die Sanitäter bereits herbeieilen sahen.

Neben einem Kellerausgang lehnten in unnatürlicher Körperhaltung rußgeschwärzte Leute mit versengten Kleidern.

„Mutti, schau! Dort drüben sitzen Leute auf den heißen Steinen. Tut das nicht weh?", fragte ich.

„Ach Schatz, das merken sie gar nicht, weil sie viel zu müde sind."

Gehsteig und Straße waren übersät mit glühenden Steinen und schwelendem Holz.

„Schau schön auf deinen Weg!", ermahnte mich Mutter.

Plötzlich stolperte Tante Eva und fiel der Länge nach mit dem Gesicht auf den Boden. Im gleichen Augenblick schoss eine Feuerzunge aus einem Haustor und fegte über sie hinweg zur anderen Straßenseite.

„Eva!", rief Mutter besorgt und eilte zu ihr, um ihr aufzuhelfen.

Der Umstand, dass Tante Evas Kleider immer noch nass waren, hatte ihr das Leben gerettet, doch das Feuer hatte ihre Haare weggebrannt. Von ihrer wunderschönen, kupferroten Lockenpracht war nichts mehr übrig. Ihr Kopf war völlig kahl. Wir starrten sie entgeistert an. „Tante Evi, deine Haare sind weg!", rief ich entsetzt.

Sie schaute uns mit leerem Blick an, als würde sie uns nicht erkennen. Dann strich sie über ihren Kopf, lachte hysterisch auf und rannte davon.

„Eva, bleib doch stehen!", rief Mutter. „Eva, Eva", schrien wir, so laut wir konnten, aber sie schien uns nicht zu hören. Sie war nicht aufzuhalten.

Mutter begann zu weinen: „Das wird wohl der Schock sein. Wir können sie nicht einholen. Wollen wir hoffen, dass sie bald wieder zu sich kommt."

Ich klammerte mich ganz fest an Mutter. Nun hatte mich doch noch das Grauen über die Ereignisse der Nacht gepackt. „Was machen wir jetzt, Mutti?"

„Du zitterst ja, meine Kleine." Meine Mutter kam zu mir in die Hocke und nahm mich in die Arme. „Du brauchst nun keine Angst mehr zu haben, Röschen! Solch einen großen Bombenangriff hatte niemand nach den monatelangen blinden Fliegeralarmen erwartet. Aber jetzt ist alles vorbei. Komm, wir gehen nach Hause!"

„Aber vielleicht ist unser Haus auch ausgebrannt?", fragte ich angsterfüllt.

„Nein, bestimmt nicht", sagte Mutter mit fester Stimme, obwohl ihre Gedanken sicher in Sorge um Oma Franzi, Helga und Daniel kreisten. „So weit draußen am Stadtrand bombardieren sie nicht."

Als wir nach einer Viertelstunde an der Luitpoldarena vorbeikamen, wurden wir eines Besseren belehrt. Die Luitpoldhalle brannte und von Weitem sahen wir, dass auch aus der Kongresshalle an mehreren Stellen Flammen schlugen. Die Feuerwehr bemühte sich immer noch, die Brände unter Kontrolle zu bekommen.

Etwa um vier Uhr morgens erreichten wir unser Haus am Dutzendteich. Oma Franzi hatte schon seit der Entwarnung vom Fenster aus die Gartentür im Blick behalten und nach uns Ausschau gehalten. Sie lief uns entgegen und schloss uns vor Erleichterung weinend in die Arme. Auch Mutter und mir liefen die Tränen unaufhaltsam über das Gesicht. Wir waren glücklich und erleichtert, dass unsere Familie das Schreckens-szenario dieser Nacht unbeschadet überstanden hatte. Nur um Tante Eva machten wir uns noch Sorgen.

„Sobald ihr die Kraft zum Rennen ausgeht, wird auch ihre Aufregung nachlassen", meinte Oma Franzi, „Eva ist eine starke Frau und nicht so leicht unterzukriegen."

„Ja, das stimmt", pflichtete ihr Mutter bei, „aber es war schon etwas viel auf einmal: Nach diesem schrecklichen Bom-benterror auch noch die Wassertaufe und gleich die Feuer-taufe hinterher! Es braucht seine Zeit, diese Schrecken zu ver-kraften!"

„Jetzt gehen wir alle ins Bett und ruhen uns aus", be-stimmte Oma Franzi. „Wer weiß, vielleicht liegt Eva längst im Gästezimmer, bis wir morgens ausgeschlafen haben. Ihren Schlüssel hat sie immer dabei."

Oma Franzi hatte vorsorglich heißes Wasser zum Waschen bereitgestellt, denn der Gasboiler durfte nicht ständig in Be-trieb bleiben. Schnell streifte ich meine Kleider ab, wischte mit dem Waschlappen im Eiltempo über Gesicht, Hals und Ohren, Körper, Arme und Beine und nahm mir kaum die Zeit zum Abtrocknen. Ich schlüpfte in die Pyjamahose und auf dem Weg zu meinem Zimmer zog ich das Oberteil an. Durch die Spalten der Fensterläden blinzelte schon das Tageslicht und ich konnte sehen, dass Daniel sich heimlich in mein Bett geschlichen hatte.

Wie immer, wenn er Angst hatte, suchte er meine Nähe. Er drückte sich auch gleich fest an mich und schlang die Arme um meinen Hals: „Ich bin so froh, dass dir nichts passiert ist! Lass mich nie mehr so lange allein! Bitte, schlaf nie mehr bei Tante Evi. Dort ist es zu gefährlich!"

„Dani, ich bin so müde! Lass mich erst mal schlafen! Morgen reden wir, einverstanden? Und geh jetzt zurück in dein Bett!"

Er lockerte seinen Griff um meinen Hals, blieb aber neben mir liegen. Ich war zu müde, um auf meiner Aufforderung zu bestehen. Ich drehte mich zur Seite und schlief augenblicklich ein.

Oma Franzis Vermutung war richtig gewesen. Nach einiger Zeit des Dauerlaufs hatten Eva die Kräfte verlassen, sodass sie sich erschöpft auf einer Haustreppe niederlassen musste. Nachdem sie ein wenig ausgeruht hatte, klärten sich ihre Gedanken und die Erinnerung an die vergangene Schreckensnacht kehrte mit Macht zurück.

Sie befühlte mit den Fingerspitzen ihr Gesicht. Abgesehen von ein paar Schrammen, die von ihrem Sturz herrührten, schien die Haut nicht weiter verletzt zu sein. Sie empfand auch nirgendwo einen Schmerz, der auf eine Brandverletzung hingewiesen hätte. Dann betastete Eva jeden Zentimeter ihrer Kopfhaut. Sie schien nicht verwundet zu sein, aber sie konnte kein einziges Härchen entdecken. Doch das machte ihr im Moment keine Sorgen; in ein paar Monaten würde sie wieder eine Kurzhaarfrisur vorzeigen können. Vielmehr beschäftigte sie der Gedanke, ob ihre Mitbewohner das Feuer im Dachboden hatten löschen können, ob es womöglich eine Gasexplosion gegeben hatte und ob ihre Wohnung überhaupt noch bestand.

Eva wusste, dass sie im Moment nicht mehr die Kraft aufbringen konnte, dies zu erkunden. Sie fühlte nur noch das dringende Bedürfnis nach Ruhe. Sie stand auf und versuchte sich zu orientieren. Nach ihrem Sturz war sie immerzu geradeaus gelaufen. Nun befand sie sich in der Ostendstraße in der Nähe einer Kreuzung, von der eine Straße abzweigte, die direkt zum Dutzendteich führte. Welch eine Erleichterung! Bei Ludwina würde sie sich geborgen fühlen. Sie holte ein Tuch aus ihrer Handtasche, wand es sich um den Kopf und machte sich auf den Weg.

Nach einer mühseligen Stunde Fußmarsch erreichte Tante Eva unser Haus, kramte den Haustürschlüssel aus ihrer Tasche und verschloss wieder sorgfältig die Tür hinter sich. Mit letzter Kraft schleppte sie sich die Treppe ins obere Stockwerk empor, ging in das Gästezimmer, das eigentlich schon seit Jahren ihr Zimmer war, streifte die Schuhe von den Füßen, ließ sich in ihren Kleidern, so verrußt und verschmutzt, wie sie waren, auf das Bett fallen und schlief erschöpft ein.

20. Evakuierung aufs Land

„Keine einzige Nacht bleiben wir mehr in Nürnberg! Fritz hatte recht! Ich hätte euch schon längst in Sicherheit bringen müssen! Ich hätte die Kinder nicht solchen Ängsten und Schrecken aussetzen dürfen wie in dieser Nacht!", klagte Mutter. Sie stützte die Ellbogen auf den Tisch und barg ihr Gesicht in den Händen.

„Nun mach dir keine Vorwürfe", tröstete Oma Franzi, „sobald die Kinder merken, dass es in Schnaittach friedlich zugeht, werden sie sich beruhigen."

Ein Teil unserer Möbel war schon seit Wochen auf dem Land und der Inhalt aus den Schränken lag in Kartons verpackt auf dem Dachboden. Wir schliefen auf provisorischen Liegen, für unsere Kleider mussten Kartons genügen.

Bis Daniel und ich gegen Mittag ausgeschlafen hatten, war die Kleidung bereits in Koffer gepackt und das Mittagessen stand fertig gekocht auf dem Herd. Tante Eva blockierte eine halbe Stunde lang das Bad. Als sie aber endlich frisch gebadet und gekleidet herauskam, konnte ihr niemand mehr die Strapazen der vergangenen Nacht ansehen. Um ihren Kopf hatte sie ein Seidentuch so elegant drapiert, dass man ihre rote Lockenpracht kaum vermisste.

„Eva, wir fahren mit dem Fünf-Uhr-Zug nach Schnaittach. Fährst du mit?", fragte Mutter.

„Ich muss jetzt erst in die Marienstraße, um in meiner Wohnung nach dem Rechten zu sehen. Dann packe ich ein paar Sachen ein und nehme den Abendzug."

„Du kommst aber in Schnaittach abends noch in die Festungsstraße, ja? Ich muss wissen, ob deine Wohnung in Ordnung ist."

„Natürlich komme ich. Und außerdem, meinst du nicht, es wäre besser, ich nehme Daniel in seiner Dirndl- und Strohhutverkleidung mit? Spätabends wird sich in Schnaittach kaum jemand darum kümmern, wer mit mir in mein Zimmer geht. Dann kann er seine Jungensachen anziehen und in die Festungsstraße kommen."

„Das ist eine glänzende Idee", stimmte Mutter zu. „Ich kann am helllichten Tag schlecht mit drei Mädchen in Schnaittach aufkreuzen, von denen sich eines über Nacht in einen Jungen verwandelt. Unsere Vermieter würden Verdacht schöpfen."

Daniel wäre zwar lieber gleich mit uns gefahren, aber er sah ein, dass Tante Evis Vorschlag die beste Lösung für seine Verwandlung war.

In Schnaittach brachten wir zunächst Oma Franzis und Helgas Gepäck in ihr Zimmer im Gasthaus Schacht. Die beiden wollten diesen Abend bald zu Bett gehen, um einmal richtig auszuschlafen, ohne Angst vor einem Fliegerangriff haben zu müssen. Unser Hausmädchen Lisa holte einen Leiterwagen, belud ihn mit den restlichen Gepäckstücken und zog ihn die fünfzehn Minuten Fußmarsch bis zu unserer kleinen Wohnung in der Festungsstraße. Das Häuschen lag an einem Hang mit Blick auf den Rothenberg. Es gehörte dem freundlichen Ehepaar Wendler, das tagsüber in der Ziegelhütte arbeitete. Zu unserer Behausung ging es über eine steile Holztreppe zu zwei ausgebauten Dachkammern.

„Das ist ja eine Puppenstube!", rief ich, als ich die Tür öffnete. In der Wohnküche standen unter der Dachschräge ein

Sofa, das man zu einem Bett umbauen konnte, davor ein niedriger Tisch und zwei kleine Sessel. Der Schräge gegenüber befand sich neben der Tür, die zum Schlafzimmer führte, ein Becken mit einem Kaltwasserhahn, eine Herd-Holzofen-Kombination und ein Arbeitstisch zum Zubereiten der Mahlzeiten.

Das Schlafzimmer wies spiegelbildlich gesehen die gleiche Größe und Form auf wie die Wohnküche. Unter der Schräge hatte das Doppelbett der Eltern Platz gefunden. An der Wand gegenüber stand der Schlafzimmerschrank, dessen Türen man aufgrund der Enge nur begrenzt öffnen konnte.

„Und wo bleibt mein Klavier, Mutti?"

„Dein Klavier wird in der nächsten Woche gebracht. Es kommt noch hier hin", sagte sie und deutete auf den länglichen Bereich hinter der Schlafzimmertür.

„Gibt es hier eine Musikschule?", fragte ich.

„Nein, nein, natürlich nicht. Du fährst mit dem Zug nach Nürnberg und gehst weiterhin in deine Musikschule in der Königstraße. Die ist ja nicht weit vom Bahnhof entfernt. Tagsüber gibt es keine Fliegerangriffe. Die Piloten der Bomber haben gehörigen Respekt vor unserer gefährlichen Flak. Da müssen wir uns keine Sorgen machen."

Lisa legte die Koffer auf die Betten, sodass wir den Inhalt nur noch in den Schrank umschichten mussten. Außerdem hatte sie für uns vier, das heißt, auch für Tante Eva und Daniel, vorsorglich etwas aus dem Gasthof zum Abendbrot mitgebracht. Damit waren ihre Dienste bei unserer Familie beendet. Sie musste nun tüchtig in der Landwirtschaft ihrer Eltern mitarbeiten, da ihr Vater eingezogen worden war.

Mutter und ich packten die Kleider aus dem Koffer und hängten sie in den Schrank. „Mutti, dürfen Daniel und ich im großen Bett schlafen?"

„Nein, wir zwei Frauen schlafen im Bett und Daniel schläft auf dem Sofa, bis wir das andere Dachzimmerchen hergerichtet haben."

„Hier gibt es noch ein Zimmer? Zeig es mir doch bitte!"

Mutter öffnete die Tür unserer Wohnküche und führte mich, gleich gegenüber der engen Diele, in einen Dachboden. Es gab zwei Fenster, aber alle Wände waren kahl und unverputzt, nur das Dach war isoliert.

„Wir können die Hälfte des Dachbodens zu einem Zimmer umbauen. Es wird dann genauso groß wie unser Schlafzimmer. Das Material stellt Herr Wendler zur Verfügung, aber wir müssen alles selbst machen. Wie wir das anstellen, weiß ich selbst noch nicht. Ich werde Lisa fragen, wer uns da helfen könnte."

Wir deckten den Tisch für das Abendbrot und warteten auf Tante Eva und Daniel. Es dauerte nicht lange, bis wir das Gartentor quietschen hörten und gleich darauf auch Daniels polternde Schritte auf der Treppe. Er riss die Tür auf und umarmte uns, als hätte er uns seit Wochen nicht gesehen. Ihm musste eine große Last vom Herzen gefallen sein. Endlich durfte er sich frei bewegen, ohne Angst zu haben, es könne ihn jemand erkennen.

„In meiner Wohnung ist alles in Ordnung", erzählte Tante Evi. „Im Keller ist das Wasser schon fast versickert. Auf dem Dachboden hatte es gebrannt. Zum Glück konnte das Feuer gleich gelöscht werden. Der Riss in der Hausecke des obersten Stockwerks soll mit einer großen Eisenklammer repariert werden. Ob das wohl hält?", seufzte Tante Evi. „Aber wir hatten großes Glück, dass unser Haus nicht von einer Sprengbombe getroffen wurde."

„In den nächsten Tagen werde ich nach Nürnberg fahren", sagte Mutter. „Ich muss einiges erledigen und vor allem Rosalie von der Schule abmelden."

„Für die Anmeldung in der Schnaittacher Schule genügt die Geburtsurkunde und das letzte Jahreszeugnis. Diese Papiere habe ich auch für Daniel besorgt und gut verwahrt", sagte Tante Eva.

Ich wusste zwar, dass sie nach dem Muster meiner Geburtsurkunde für Daniel eine täuschend echt wirkende Urkunde hatte anfertigen lassen, dass sie aber auch ein Schulzeugnis für ihn hatte, war mir neu. „Daniel hat doch hoffentlich lauter Einser, Tante Evi! Ich weiß, dass er sie verdient."

„Keine Sorge, ihr werdet zufrieden sein." Eva war im Organisieren einfach großartig. Für jedes Problem kannte sie die richtigen Leute, die es beheben konnten. Für Daniel hatte sie sogar einen Berechtigungsschein für Lebensmittelmarken mitgebracht.

Am nächsten Morgen wollten Daniel und ich Schnaittach erkunden.

„Mutti, können wir ein wenig spazieren gehen?"

„Freilich, schaut euch nur um. Ich bleibe hier und sehe zu, dass ich noch ein wenig mehr Gemütlichkeit in die Bude bringe. Gegessen wird heute etwa um ein Uhr. Bis dahin kennt ihr euch schon gut in Schnaittach aus."

Wir schlenderten die Festungsstraße entlang in Richtung Dorf. Auf einem freien Feld spielten einige Jungen Fußball – barfuß. Fußballspielen, das war etwas Neues für Daniel. Er schaute eine Weile fasziniert zu und stellte dann fest: „Das müssen wir auch lernen, Rosalie!"

„Das ist doch nur etwas für Jungen! Oder siehst du auch ein Mädchen mitspielen?"

„Schade, dann spielen wir eben etwas anderes."

„Sobald wir in die Schule gehen, lernst du bestimmt eine Menge Jungen kennen, die dich auch mitspielen lassen."

Unser Weg führte uns über eine Brücke, die sich über die Schnaittach, einen schmalen Fluss, spannte, an der katholischen Kirche vorbei auf den Marktplatz. Wir bemerkten, dass alle Kinder barfuß liefen und alle Jungen, bis auf einen kleinen Schopf, kurz geschorene Haare hatten. Im Vergleich dazu reichten Daniels Locken bis über die Ohren.

„Dani, ich glaube, du musst deine Haare schneiden lassen. Sonst halten sie dich in der Schule für ein Mädchen oder alle Kinder lachen dich aus."

„Aber so kurz lasse ich meine Haare niemals abrasieren", protestierte Daniel, „niemals!"

„Lass das ruhig Mutti machen! Sie hat auch Vati die Haare geschnitten. Sie kann das gut."

„Ja, du solltest deine Haare schleunigst schneiden lassen", ertönte eine Stimme hinter uns. „Hättest du keine Hosen an, könnte man dich für ein Mädchen halten!"

Erschrocken drehten wir uns um und sahen uns zwei SA-Männern gegenüber. Intuitiv hatte ich Daniels Hand gepackt, um ihn am Davonlaufen zu hindern. Wir waren so vertieft in unserem Haarproblem gewesen, dass wir die Schritte hinter uns nicht bemerkt hatten.

„Na, ihr seid wohl neu hier?", fragte einer der Männer. „Ich habe euch noch nie im Dorf gesehen." Er wandte sich an Daniel: „Wie heißt du denn, du Lockenkopf?"

Daniel sah stumm vor sich auf den Boden. Er zitterte und wagte es nicht, einen Blick auf die Offiziere zu werfen.

„Dein Freund ist wohl schüchtern, Mädchen? Oder hat er etwas zu verbergen?"

„Nein, nein, es geht ihm heute nur nicht so gut. Er hat Bauchweh", beeilte ich mich zu erklären. „Er ist mein Bruder und heißt Daniel und ich bin die Rosalie."

„Der soll dein Bruder sein?", staunte der andere SA-Mann. „Ihr seht aber überhaupt nicht wie Geschwister aus! Eine Ähnlichkeit wie Tag und Nacht."

„Ja, die Leute wundern sich oft, dass wir so unterschiedlich aussehen. Ich habe grüne Augen wie Vater und helle, von der Sonne ausgebleichte Haare, genauso wie Vati sie als Kind hatte. Aber Daniel hat die gleichen dunkelbraunen Locken und die gleichen dunkelbraunen Augen wie Mutti und Oma."

„Wie heißt denn eure Mutter?"

„Bartels! Ludwina Bartels!"

„Ah, dann kenne ich sie ja! Ich habe sie gestern im Gasthof Schacht auf der Treppe kurz gesehen und fragte den Wirt, wer die hübsche junge Frau sei. Stimmt! Daniel ist ihr wie aus dem Gesicht geschnitten! Jetzt lauft mal weiter, ihr zwei! Ihr wollt sicher ins Freibad bei dieser Hitze."

Mit einem schallenden „Heil Hitler!" gingen die beiden SA-Männer an uns vorbei und marschierten über den Marktplatz in Richtung Bahnhof.

„Brrr! Gott sei dank! Das ist gut gegangen!", sagte ich erleichtert. „Jetzt ist im Dorf ein für alle Male geklärt, dass du der Sohn von Ludwina Bartels bist. Hast du das kapiert, Dani?"

„Ja, aber ich werde mich nie daran gewöhnen können, SA-Männern zu begegnen. Schrecklich!"

„Du gehst dann einfach mit einem lauten ‚Heil Hitler!' schnell vorbei. Dann spricht dich kaum einer an."

Wir überquerten den Marktplatz und liefen weiterhin geradeaus. Auf diesem Weg entdeckten wir unsere Schule mit ihrem großen Schulhof mit Spielplatz und zum Schluss endete unser Ausflug vor dem Schwimmbad. Dort herrschte schon vormittags reger Betrieb, denn es waren immer noch Schulferien.

„Wollen wir heute Nachmittag schwimmen gehen?", fragte ich. Daniel schaute etwas unsicher drein. Er war noch nie in seinem Leben in einem öffentlichen Freibad gewesen. Das Schwimmen hatte ihm Onkel David in der Pegnitz beigebracht.

„Ich glaube, ich habe gar keine Badehose mehr", überlegte er.

„Soll das eine Ausrede sein? Ich habe am Marktplatz ein Bekleidungsgeschäft gesehen. Dort gibt es bestimmt auch Badehosen. Und du wirst sehen, welchen Spaß es macht, im Schwimmbad herumzutoben."

Auf dem Heimweg ließ Daniel sich im Bekleidungsgeschäft eine dunkelblaue Hose zurücklegen und wir versprachen, nachmittags wiederzukommen, um sie zu bezahlen.

Oma Franzi hatte Dampfnudeln mit Vanillesoße gebacken, die wir Kinder so sehr liebten, um uns die Eingewöhnung in Schnaittach zu versüßen. Doch wir waren ohnehin bereits begeistert von unserer neuen Heimat und vor allem von der Freiheit, die wir hier genießen konnten.

„Mutti, dürfen wir heute Nachmittag ins Freibad?", fragte ich gleich nach dem Essen.

„Natürlich könnt ihr schwimmen gehen. Das schöne Wetter müsst ihr schon ausnutzen."

„Ich will auch mit! Ich will auch mit!", bettelte Helga.

„Das geht nicht, mein Schatz. Du kannst noch nicht schwimmen", antwortete Mutter. „Ich bringe morgen deinen Schwimmgürtel aus Nürnberg mit. Dann darfst du auch ins Freibad."

Helga gab sich zufrieden, da Oma Franzi versprach, mit ihr auf den Spielplatz zu gehen.

„So, Dani, jetzt müssen wir deine Haare schneiden", bestimmte Mutter. „Mit dieser Lockenmähne kannst du dich wirklich nicht unter andere Kinder wagen. Du fällst hier völlig aus dem Rahmen."

Daniel fügte sich seufzend. „Aber bitte nicht so schrecklich kurz rasieren, wie es hier die Jungen haben."

„Lass dich überraschen, es wird dir schon gefallen!"

Nachdem Mutter etwa zwanzig Minuten mit Kamm und Schere auf Daniels Kopf hantiert hatte, war er fast nicht wiederzuerkennen.

„Toll!", staunte ich. „Dani, du siehst prima aus!"

Mutter führte ihn zur Spiegeltür des Schlafzimmerschranks und hielt einen Frisierspiegel hinter seinen Kopf, damit er sich von allen Seiten betrachten konnte. Über den Ohren und am Hinterkopf hatte Mutter die Haare kurz geschnitten und fein abgestuft. Am oberen Kopf war zwar auch ein großer Teil der Mähne der Schere zum Opfer gefallen, aber es gab immer noch genügend Haare, um in feinen Wellen in die Stirn zu fallen.

Sogar Daniel war begeistert und fiel Mutter um den Hals. „Danke, Mutti, danke! So gefällt es mir auch!" Seit geraumer Zeit nannte er Mutter zu unserer großen Freude „Mutti", wie Helga und ich. Nachdem er seine eigene Mutter „Mami" gerufen hatte, war die Anrede „Mutti" für ihn, emotional gesehen, ein ausreichender Unterschied.

Nun zog ich unter dem Sommerkleid schnell meinen Badeanzug an. Mutter drückte Daniel das Geld für die Badehose und die Eintrittskarten in die Hand und schon liefen wir zum ersten Mal in diesem Sommer ins Schwimmbad.

Daniel konnte von der Wasserrutschbahn nicht genug kriegen; er hatte so etwas noch nie gesehen. Während er sich mit fortwährendem Hinunterrutschen in allen Körperlagen amüsierte, forderte mich ein fröhlich lachendes Mädchen mit triefend nassen Zöpfen zum Wettschwimmen auf. „Ich heiße Gerti", sagte sie und schubste mich vom Beckenrand ins Wasser. Dann hechtete sie mit einem Kopfsprung über mich hinweg und schwamm mir davon. Trotz aller Anstrengung gelang es mir nicht, sie auf der langen Bahn einzuholen.

„Mach dir nichts draus!", tröstete sie mich. „Ich trainiere im Sommer jeden Tag. Und wie heißt du?"

„Rosalie."

„Oh nein! Ich glaube, ich sag lieber Rosi zu dir, aber …", sie überlegte kurz, „wir haben schon zwei Rosis in der Klasse. Du kommst doch auch in die vierte Klasse, oder?"

„Ja, freilich!"

„Dann lass ich mir was anderes einfallen! Jetzt muss ich aber ganz schnell heim. Meine Mama wartet auf mich." Sie gab mir einen Abschiedsklaps auf die Schulter und rannte zu den Umkleidekabinen.

Als ich mich am Beckenrand zu Daniel in die Sonne setzte, um zu trocknen, hockte sich ein kleiner Junge neben mich und fragte: „Wie heißt'n du? Dich kenn i ja gar net."

„Rosalie", antwortete ich.

„Ha? Rosalie? So a ‚ie' wie die ‚Pechmarie' bei ‚Frau Holle'?" Ich nickte.

Er grinste und begann, einen Singsang zu leiern: „Rosalie, Rosalie, Pechmarie, Kikeriki!" Er wiederholte diesen selbst erfundenen Reim immer wieder, bis Daniel aufstand und sich in drohender Haltung vor ihm aufbaute. „Jetzt reicht's. Gleich pack ich dich am Schopf und werf dich ins Wasser."

Schnell sprang der Kleine auf, lief in die Wiese und schrie ängstlich nach seiner Mutter: „Mama, Mama!"

Daniel setzte sich wieder an meine Seite und legte den Arm um meine Schultern. Anscheinend sah ich recht bekümmert aus. „Nimm's nicht so tragisch, Röschen. Er ist doch noch ein kleiner, dummer Junge."

„Ja, aber solche blöden Spottlieder machen schnell die Runde", sagte ich aufgebracht, „und auf einmal ziehen mich alle Kinder damit auf. Mein Name hat mir immer gut gefallen, aber ‚Rosalie' passt halt nicht aufs Land. Hier heißen alle Trudi, Gundi, Frieda, Gerda, Resi, Liese oder ähnlich. In der vierten Klasse gibt es sogar zwei Rosis. Ich will nicht die dritte sein." Ich stand auf und wickelte mich in mein Frottiertuch. Kurz und bündig schloss ich meine Darlegungen ab. „Ab sofort heiße ich Marianne!"

Mutter zeigte sich verständnisvoll, als ich ihr von dem Problem mit „Rosalie" erzählte. „Wenn du unbedingt willst, können wir auf dem Standesamt in Nürnberg einen anderen deiner Taufnamen als Rufnamen eintragen lassen. Aber zu Hause dürfen wir dich schon Rosalie nennen, nicht wahr?"

Erleichtert fiel ich ihr um den Hals. „Freilich, Mutti! Aber nur, wenn niemand zuhört. So schnell könnt ihr euch ja doch nicht umgewöhnen."

Als meine Mutter am nächsten Morgen zum Bahnhof ging, begleitete ich sie zum Zug. „Ich habe solche Angst, Mutti, dass es einen Bombenangriff gibt, wenn du in Nürnberg bist."

„Da brauchst du dir überhaupt keine Sorgen zu machen, Röschen! Tagsüber gibt es keine Angriffe. Ich habe dir doch gesagt, dass die Piloten unsere Flak fürchten. Und bis es dunkel wird, bin ich längst wieder zurück."

Trotz ihrer beruhigenden Worte war ich glücklich, dass

Mutter schon zu Hause war, als wir von unserem zweiten Freibadbesuch zurückkamen. Wir durften bis zum Abendbrot auf der Straße mit Jo-Jo und Kreisel spielen, während meine Mutter und Tante Eva über die Ereignisse des Tages sprachen.

„Ich wollte Rosalie von ihrer Schule abmelden, aber das Gebäude war wegen eines Brandes durch den Bombenangriff geschlossen", berichtete Mutter. „Über die Hälfte der Räume sind völlig ausgebrannt und die übrigen haben ebenfalls Brandschäden. Alle Schulbücher sowie die Schülerunterlagen, die in den Schränken lagerten, sind vernichtet.

An der Haustür wies ein Anschlag darauf hin, man möge sich in der Zabo-Schule melden. Dort wurde mir im Sekretariat gesagt, dass man das Gebäude vorläufig nicht renovieren kann, und Schulbänke und Schränke seien sehr schwierig zu beschaffen.

Ich erklärte, dass ich Rosalie wegen unseres Umzugs nach Schnaittach abmelden wollte. Die Sekretärin gab mir eine Bestätigung über die Abmeldung und über den Verlust des Schülerbogens mit. Somit ist mit der Schule alles erledigt."

„Es tut mir zwar für die Stadt Nürnberg leid, dass sie die Schule neu ausstatten muss, aber für uns ist die Sachlage günstig", meinte Tante Evi. „Ich muss in die Bestätigung nur noch Daniels Namen eintragen. Ist Rosalies Name per Hand oder mit der Schreibmaschine eingetragen?"

„Per Hand."

„Das erleichtert mir die Arbeit erheblich. Bis morgen habe ich das erledigt."

„Ach, Eva, mir geht das ganze Lügen und Betrügen so gegen den Strich, dass mir ganz schlecht wird!"

„Ludwina! Das darf doch nicht wahr sein!", empörte sich Eva. „Ich habe in dieser Angelegenheit nicht die geringsten

Skrupel. Wäre da nicht der verdammte Streicher mit seinem verdammten Judenhass, dann wäre Lügen und Betrügen nicht notwendig. Hast du vergessen, wie es Noah in Flossenbürg erging? Nein, wirklich! Wir brauchen kein schlechtes Gewissen zu haben. Hauptsache ist doch, dass Daniels Identität nicht entdeckt wird, nicht wahr? Dein Lügen und Betrügen macht dich zum Lebensretter! Vergiss das nicht!"

„Du hast ja so recht, Eva! Ich bin froh, dass du mir den Kopf gewaschen hast. Jetzt geht es mir wieder gut. Ich werde künftig meine Bedenken über Bord werfen. Ich verspreche es."

Sobald das Sekretariat der Schnaittacher Volksschule im September geöffnet hatte, legte Mutter unsere Zeugnisse und Urkunden vor, um Daniel und mich anzumelden.

Frau Schneider nahm die Bestätigung meiner kürzlich vorgenommenen Namensänderung ohne Kommentar zur Kenntnis, warf nur einen kurzen Blick auf die Geburtsurkunden und die Abmeldebestätigungen der Volksschule in Nürnberg und legte die Dokumente beiseite. Dagegen prüfte und bestaunte sie die beiden Zeugnisse eine ganze Weile.

„Sie haben ja zwei sehr begabte Kinder! Derart gute Zeugnisse habe ich schon lange nicht mehr gesehen. Aber wie kommt es, dass Daniel nicht ein Jahr früher eingeschult wurde? Nach seinem Alter müsste er jetzt eigentlich in die fünfte Klasse gehen."

„Daniel war damals lange Zeit krank und sehr schwächlich, deshalb hatte der Arzt empfohlen, ihn ein Jahr zurückzustellen", erklärte Mutter.

„Das war sicher eine vernünftige Entscheidung. Die Kinder kommen zu Herrn Dachs in die vierte Klasse. Herr Dachs wurde gerade pensioniert, als der Krieg ausbrach, aber er muss weiterhin unterrichten, weil die jungen Lehrer eingezogen wurden."

Die Tür öffnete sich und ein distinguierter Herr mittleren Alters trat ein.

„Guten Morgen, Herr Sattler! Schön, dass Sie so früh kommen. Da kann ich Sie gleich mit Frau Bartels bekannt machen", sagte Frau Schneider. „Ihre beiden Kinder sind Neuzugänge in der vierten Klasse. – Frau Bartels, das ist Herr Sattler, der Rektor der Schule."

Sie gaben sich die Hand, dann nahm er die beiden Zeugnisse vom Schreibtisch und studierte sie eingehend. Frau Schneider erklärte sogleich den Grund, weshalb Daniel nicht schon ein Schuljahr weiter war.

„Das sind wirklich sehr gute Zeugnisse!", lobte Herr Sattler. „Sie werden die beiden Kinder sicher nach der vierten Klasse ins Gymnasium schicken wollen, nicht wahr?"

„Ja, das ist unser Ziel. Wo ist eigentlich das nächstgelegene Gymnasium?"

„Die Kinder müssen mit dem Zug entweder nach Hersbruck oder nach Lauf fahren. Aber Sie haben noch viel Zeit, um sich zu entscheiden."

Meine Mutter war erleichtert, dass die Anmeldung so reibungslos abgelaufen war. Auf dem Heimweg kaufte sie Schulhefte und neue Schiefertafeln und sonstiges Zubehör für die Schule. Die Tafeln wurden auch in der vierten Klasse weiterhin benutzt, da mit Schulheften gespart werden musste. Einen ledernen Schulranzen für Daniel hatte Mutter schon vor längerer Zeit in Nürnberg ergattert. So waren wir gut ausgerüstet für die vierte Klasse in der neuen Schule.

21. Unser sonderbarer Lehrer

„Es ist schon ein komisches Gefühl", sagte Daniel an unserem ersten Schultag auf dem Weg. „So lange Zeit war ich fast ständig im Haus und nur mit der Familie zusammen und jetzt muss ich plötzlich in eine Klasse mit vielen Kindern, die ich nicht kenne. Das macht mir fast Angst."

„Davor brauchst du dich wirklich nicht zu fürchten, Dani. Sie werden uns beide mit großen Augen anglotzen, weil wir halt neu sind und aus der Stadt kommen. Und wenn sie lange genug geschaut haben, reden sie vielleicht mit ihren Freunden über uns. Die Kinder werden uns mögen. Ganz bestimmt!"

„Aber meinst du, die Lehrer und die Schüler werden genauso wie kürzlich die SA-Männer glauben, dass wir Geschwister sind?"

„Aber, Dani, was hast du nur für Sorgen! Sie könnten höchstens denken, dass ich diejenige bin, die nicht in die Familie passt, weil ich grüne Augen und hellere Haare habe, du aber dunkelbraune Haare und dunkelbraune Augen wie Mutti hast. Das haben auch die Offiziere eingesehen. Niemand wird daran zweifeln, dass du ihr Kind bist."

„Freilich, das stimmt!", erwiderte Daniel und blickte sofort viel fröhlicher drein. „Ich sehe ja Mutti viel ähnlicher als du!"

„Pass auf! Mach mich nicht eifersüchtig." Ich boxte ihn auf die Schulter und rannte lachend davon.

Wir trafen rechtzeitig ein und fanden auch sofort unser Klassenzimmer im ersten Stock. Neben der Tür stand ein Tisch mit drei Stapeln von Schulbüchern. Eine junge Lehrerin gab uns von jedem Stapel ein Buch. Im Klassenzimmer stellten wir zu unserem Leidwesen fest, dass wir nicht nebeneinander sitzen konnten. An der Fensterseite standen die Reihen von Schulbänken für Jungen und die Reihen auf der Türseite waren für Mädchen vorgesehen.

Ich setzte mich neben Gerti, die einen Platz für mich freigehalten hatte. Gerti hatte viel Ähnlichkeit mit meiner verstorbenen Freundin Annelie: Die gleichen langen, braunen Zöpfe und das gleiche verschmitzte Lächeln mit den Grübchen in den Wangen. „Grüß dich, Marianne!", begrüßte sie mich gleich, „deine Namensänderung war eine gute Idee."

„Grüß dich, Gerti! Meine Familie hat sich noch nicht daran gewöhnt. Besonders Mutti hängt noch an ‚Rosalie'. Und wie ist denn der Lehrer, der Herr Dachs?", fragte ich sie.

„Wir hatten ihn schon in der dritten Klasse", antwortete Gerti. „Er ist ein bisschen ‚Dings'!", sie klopfte mit dem Finger auf ihre Stirn, „du weißt schon! Bei dem lernt man nichts, du wirst schon sehen. Deshalb bekomme ich zusätzlich Privatstunden, denn ich will nach der vierten Klasse ins Gymnasium."

Plötzlich verstummte das laute Durcheinander in der Klasse. Herr Dachs war eingetreten. Alle Schüler rumpelten von ihren Bänken hoch und ich erhob automatisch meinen Arm zum „Deutschen Gruß", ließ ihn aber sofort wieder fallen, denn die Klasse rief gemeinsam: „Guten Morgen, Herr Dachs!" Er legte seine Mappe auf das Pult und stimmte das Kirchenlied „Lobet den Herren" an. Wir sangen davon drei Strophen.

„Das ist aber sonderbar", dachte ich, „kein ‚Heil Hitler', stattdessen ein Kirchenlied. Kein Hitlerbild, stattdessen immer noch ein Kreuz an der Wand!"

Nach dem Singen schnarrte der Lehrer mit seiner rauen Stimme den Befehl: „Tafeln raus! Hausaufgaben herzeigen!"

Das war neu! Über die Ferien gab es doch noch nie Hausaufgaben, wunderte ich mich.

Aber jedes Kind zog brav seine Tafel aus dem Ranzen und legte sie vor sich auf das Schreibpult. „Wir bekommen jeden Tag die gleichen Hausaufgaben", flüsterte Gerti mir zu. Sie zeigte mir ihre Tafel. Die eine Seite war mit dem kleinen Einmaleins vollgeschrieben, die andere Seite mit den vier Fällen in verschiedenen Variationen. Zumeist verwendeten die Schüler Wörter wie Vater, Mutter, Kind und sonstige Verwandte, die gewissenhaft dekliniert wurden.

„Das kannst du so lange auf der Tafel stehen lassen, bis die Schrift verwischt. Das merkt der Dachs gar nicht", erklärte Gerti.

Es war nicht zu übersehen, dass der Lehrer ein bisschen „Dings" war. Als er zu unserer Bank kam, stellte ich mich mit meinem Namen als neue Schülerin vor.

„So, so", sagte er und strich mit den Fingern durch seine grauen, struppigen Haare, „die Neue!" Mehr hatte er zu dem Thema nicht zu sagen. Ebenso verhielt er sich bei Daniel: „So, so, der Neue!"

Nachdem er auch die Tafeln der Jungen geprüft hatte, setzte er sich an sein Pult und ordnete wieder seine Haare. Anscheinend wusste er nicht recht, was er mit der Klasse anfangen sollte.

„Du!", damit meinte er Daniel, „komm mal an die Tafel! Wir wollen sehen, was ihr ,Stoodterer' könnt!"

Mit „Stoodterer" bezeichneten die Schnaittacher Kinder die Leute aus der Stadt. Daniel nahm die Kreide in die Hand. „Schreib das Einmaleins an die Tafel! Und ihr", er wandte sich an die Klasse, „ihr schreibt vom Lesebuch die Seite fünf ab!"

Nach einer Weile meldete Daniel sich: „Mehr als bis zum Einmalachtzehn bin ich nicht gekommen. Mehr passt nicht auf die Tafel, Herr Dachs."

Der Lehrer kontrollierte die Rechenaufgaben und war offensichtlich überrascht, dass Daniel über das kleine Einmaleins hinaus gerechnet hatte. „Weiter bist du nicht gekommen? So, so!"

Er wendete die Tafel. „Jetzt schreibst du die Fälle auf von …", anscheinend überlegte er sich besonders schwere Wörter, „der Kalender, die Taschenuhr, das Klassenzimmer."

Wieder machte sich Daniel an die Arbeit, während wir uns weiterhin mit dem Abschreiben der Seite fünf beschäftigten. Gerti schrieb in ein Heft, um die Hausaufgaben auf der Tafel für die tägliche Kontrolle zu erhalten.

„Ich bin fertig, Herr Lehrer!", sagte Daniel. Herr Dachs konnte keinen Fehler entdecken, weder im Singular noch im Plural.

„Das kannst du also! Wie unsere Klasse auch!" Er überflog die Schüler mit etwas zweifelndem Blick.

„Setz dich! Und sag deiner Mutter, sie soll dich zum Friseur schicken. Deine Haare sind viel zu lang. Wir wollen nicht, dass sich wieder Läuse in der Schule verbreiten!"

„Was meint denn Herr Dachs damit, es könnten sich die Läuse verbreiten, nur weil Daniel ein bisschen längere Haare hat als die anderen Jungen?", fragte ich Gerti in der Pause.

„In jedem Jahr gibt es in der Schule Läuse. Deshalb haben die Buben alle so kurze Haare", antwortete sie. „Es mussten auch schon einige Mädchen sich die Zöpfe abschneiden lassen, wenn das Auskämmen mit dem Läusekamm nicht geholfen hat."

„Oh, ich will meine Haare nicht schneiden lassen. Lieber kämme ich sie jeden Tag mit dem Läusekamm durch."

„Das tue ich auch. Meine Mutter sucht meine Haare regelmäßig nach Nissen ab. Die sitzen hauptsächlich in den Haaren um die Ohren herum, weißt du?"

Nach der Pause rief Herr Dachs auch mich auf, um meine Fähigkeiten zu prüfen. „Marianne, lies die Geschichte auf Seite fünfzehn vor!"

Im Lesen war ich von meinem Vater schon in der ersten Klasse getrimmt worden. Er duldete keinen Fehler. So konnte ich auch diese zwei Seiten lange Geschichte ohne einen Versprecher vorlesen.

Herr Dachs sah mich eine Weile stumm an. Offensichtlich war er beeindruckt. Mit Recht, wie ich später feststellen musste. Kaum einer in der Klasse konnte flüssig lesen. „Gut!", brummte er, „setz dich!" Lob zu erteilen, fiel ihm offensichtlich schwer. Er wandte sich wieder an die ganze Klasse: „Rechenbücher raus! Ihr macht die Rechnungen auf Seite drei!"

Dann setzte er sich an sein Pult und verschanzte sich hinter seiner Zeitung.

„Komisch!", flüsterte ich Gerti zu. „Er erklärt ja gar nichts! Wir haben doch ein neues Rechenbuch!"

„So war er schon in der dritten Klasse. Da hat er auch nichts erklärt. Pst!", sie legte den Finger auf den Mund. „Wenn er merkt, dass wir schwätzen, gibt's ‚Pfötschle'! Schau! So!" Sie zeigte ihre Handfläche und schlug mit einem Bleistift darauf.

„Das ist wirklich ein verrückter Lehrer!", wisperte ich. „Er unterrichtet nicht, aber er schlägt die Kinder. Da müssen wir vorsichtig sein!"

Wehmütig erinnerte ich mich an den Unterricht bei Fräulein Kuhn. Sie hatte die Kinder nie geschlagen, dagegen erklärte sie den Lehrstoff so gut, dass ich alles schnell begreifen konnte. Außerdem übte ich nachmittags zusammen mit Daniel, daher hatte ich auch die guten Noten im Jahreszeugnis.

Nach der Schule erzählte ich Daniel alles, was ich von Gerti erfahren konnte. Daniel hatte Ähnliches von seinem Banknachbarn Georg gehört und noch mehr: „Bei den Jungen ist er noch schlimmer. Wenn dem Dachs etwas nicht passt, zieht er ihnen die Hosen stramm und schlägt mit einem Stock zu. Es hat in der Klasse schon jeden Jungen erwischt."

„Wir müssen halt sehr brav sein. Dann wird es schon gutgehen! Wollen wir heute Nachmittag ins Freibad gehen? Ich habe gehört, dass es schon am Wochenende geschlossen wird."

„Klar machen wir das. Wir müssen nur vorher unsere Tafeln vollschreiben, wie wir es bei den anderen gesehen haben."

Mutter war entsetzt über unsere Berichte von Herrn Dachs' Unterrichts- und Erziehungsmethoden. „Kein Wunder, dass Gerti nebenbei Privatunterricht braucht, um es ins Gymnasium zu schaffen! Bis das Freibad schließt, habt ihr nachmittags noch frei. Aber dann müssen wir nachholen, was der Lehrer versäumt, euch beizubringen, sonst fallt ihr im Gymnasium bei der Aufnahmeprüfung durch. Und was die Läuse betrifft, werde ich sofort einen Läusekamm besorgen und eure Haare öfters kontrollieren."

Jeden Morgen erfolgte bei unserem Lehrer das gleiche Ritual: Jeden Morgen der gleiche Gruß, jeden Morgen das gleiche Kirchenlied. Herr Dachs war eben ein bisschen „Dings".

Schon in der ersten Schulwoche zeigte er seine Vorliebe fürs Prügeln. Fast täglich geriet er über irgendeine Kleinigkeit in Wut. Selbst wegen eines fallen gelassenen Bleistifts zückte er seinen Stock und es gab „Pfötschle", das heißt, einige Schläge auf die flache Hand. Den Jungen drohten Hiebe auf den Hosenboden.

Nach wenigen Wochen sollte Daniel und mich dieses Schicksal an ein und demselben Tag ereilen. Ich musste an der Tafel drei Substantive deklinieren, und zwar ein Maskulinum, ein Femininum und ein Neutrum. Als maskulines Wort wählte ich „Junge" aus.

Kaum hatte Herr Dachs meine Aufgaben erblickt, brüllte er: „Bei uns heißt das ‚Bube'! Hand her!"

Verblüfft darüber, dass „Junge" ein Fehler sein sollte, streckte ich meine Hand aus und er schlug dreimal mit seinem Stock darauf. Die Hand brannte wie Feuer und ich konnte nur mit Mühe meine Tränen unterdrücken. Als der Lehrer uns gleich darauf die Aufgabe stellte, drei Seiten aus dem Lesebuch abzuschreiben, konnte ich den Bleistift nicht in der Hand halten. „Das nächste Mal hältst du die linke Hand hin!", raunte mir Gerti zu. „Ich beeile mich und schreibe zweimal ab, damit du auch drei Seiten hast."

Dankbar flüsterte ich zurück: „Du bist eine echte Freundin!"

Herr Dachs war in seine Zeitung vertieft und ließ uns reichlich Zeit. „Daniel, sammle die Aufgaben ein!", befahl er und beobachtete ihn bei seiner Arbeit. Plötzlich tobte er los: „Ich habe dir doch gesagt, du sollst deine Haare schneiden lassen!"

„Meine Mutter schneidet meine Haare jede Woche. Und ich habe keine Läuse, Herr Lehrer."

„Was, du widersprichst auch noch!" Seine Stimme überschlug sich. Er schnellte von seinem Stuhl hoch und griff nach dem Stock. „Komm sofort hierher!"

„Nein, nein!", schrie ich. „Dani lügt nicht!" Ich sprang auf Daniel zu, der im Begriff war, die letzten Blätter von den Bänken nahe der Tür einzusammeln, packte ihn am Arm und zog ihn hinaus auf den Gang. „Schnell weg von hier!", rief ich und zerrte ihn die Treppe hinunter und hinaus auf die Straße.

„Bist du meschugge? Wir können doch nicht einfach abhauen!", protestierte Daniel.

„Und ob wir das können! Sollen wir uns schlagen lassen, obwohl wir gar nichts getan haben? Ich hasse Ungerechtigkeit!"

Aufgeregt stürzten wir zu Hause ins Zimmer und erzählten Mutter von unserem Desaster. Sie tadelte uns nicht, sie teilte sogar unsere Meinung, dass der Lehrer ungerechtfertigt Schläge austeilte. Noch am gleichen Nachmittag ging sie zu Rektor Sattler und unterbreitete ihm die Missstände in der Klasse, nicht nur, was Herrn Dachs' Züchtigungseifer betraf, sondern auch dessen Mangel an qualifiziertem Unterricht. Offensichtlich waren bei Herrn Sattler schon des Öfteren Beschwerden vonseiten der Eltern eingegangen, denn er zeigte sich keineswegs überrascht oder zurückweisend. Er versprach, sich umgehend für die Klasse einzusetzen.

Zum Glück wurden wir sehr bald von Herrn Dachs befreit. Er erkrankte und man munkelte, dass er in die „Klapsmühle" eingeliefert worden sei. Ein anderer, bereits pensionierter Lehrer wurde zurück ins Amt berufen. Herr Sattler, der für seinen ausgezeichneten Unterricht bekannt war, übernahm zu unserer großen Freude unsere Klasse.

Und dann gab es da noch einen anderen Pluspunkt, der uns außerordentlich beruhigte: Wir hörten in der Schule nie verächtliche Bemerkungen über Juden. Offensichtlich waren die judenfeindlichen Schulbücher nicht bis nach Schnaittach vorgedrungen oder möglicherweise auf Herrn Sattlers Veranlassung nicht verteilt worden.

22. In Stalingrad vermisst

Mutter ließ mich vorläufig nur noch einmal wöchentlich am Unterricht in der Musikschule teilnehmen, damit mir noch genügend Freizeit blieb. Ich konzentrierte mich daher mehr auf das Klavierspiel und übte Akkordeon für mich alleine. Oma Franzi sorgte dafür, dass ich es nicht verlernte. Oft forderte sie mich abends auf, ihre geliebten Volkslieder zu spielen, und die ganze Familie sang mit. Auch Helga hatte ihren Spaß daran, denn sie kannte die Texte schon recht gut.

An den Nachmittagen, an denen ich zur Musikschule ging, fuhr Tante Eva mit mir nach Nürnberg, kam aber erst am späten Abend zurück. Während der übrigen Woche nahm sie den Frühzug, denn sie hatte immer noch Schüler sowie Aufträge für Porträts und andere Bilder, doch das Verlangen nach Kunst hatte in den Kriegsjahren schon erheblich nachgelassen.

Manchmal besuchte ich sie nach dem Unterricht und sah ihr beim Malen zu. Später nahmen wir zusammen den Sechsuhrzug, genauso wie an jenem unvergesslichen Abend Ende November. Tante Evi begleitete mich in die Festungsstraße. Als wir die Zimmertür öffneten, fanden wir die ganze Familie bitterlich weinend vor. Mutter reichte uns wortlos ein Feldposttelegramm entgegen, auf dem stand: „Vermisst in Stalingrad. November 1942."

Ich ließ mich neben Mutter auf das Sofa fallen. „Aber Mutti, das gibt es doch gar nicht. Ich habe erst letzte Woche die hübsche Postkarte von Vati bekommen", schluchzte ich. „Er wird bestimmt gefunden. Er muss wiederkommen!"

Mutter gab keine Antwort. Sie drückte mich nur fest an sich.

„Ich begreife das nicht!", klagte Tante Eva. „Friedrich hat immer so zuversichtlich geschrieben. Dass sie dem Sieg immer näher rücken und …"

„Ja, was hätte er denn anderes erzählen sollen?", unterbrach Mutter sie in einem jähen Wutausbruch. „Die Soldaten wurden von den anfänglichen schnellen Siegen ebenso geblendet wie die Menschen in der Heimat, genauso, wie sie auch von den aufputschenden Reden von Hitler und Goebbels, seinem Propagandaminister, hingerissen waren. Das war es, was sie bei der Stange hielt, selbst wenn sie dabei draufgingen. Sollten sie ihren Angehörigen die Wahrheit schreiben? Wie schön es ist, bei Eiseskälte ohne schützende Winterausrüstung mit erfrorenen Fingern und Zehen in Gräben zu hocken und auf die nächste Granate zu warten, die sie in die Luft sprengt? Oder auf Befehl anzugreifen mit vor Kälte starren Gliedern? Die meisten haben Hitler und seinen Wahnsinn, das riesige Russland zu überfallen, doch schon längst durchschaut. In seiner Machtgier wird er ganz Europa in den Abgrund reißen!"

Oma Franzi kannte das Temperament ihrer Tochter und hatte uns Kinder noch vor diesem Ausbruch gepackt und hinüber in Daniels Kammer gezogen. Eine Vorsichtsmaßnahme, die wenig fruchtete, denn die dünnen Wände konnten Mutters zornerfüllten Vortrag kaum dämpfen. Um uns abzulenken, ließ Oma Franzi uns beim Anzünden des Ofens helfen. Feuer hat auf Kinder immer einen Reiz, der sie fasziniert und vergessen lässt, was um sie herum geschieht. Helga stopfte durch das untere Türchen geknülltes Zeitungspapier, Daniel splitterte mit seinem scharfen Messer von einem Holzscheit dünne Späne ab und legte sie über das Papier. Ich durfte das Papier anzünden, und als die Holzspäne Feuer fingen, legten wir erst Zweige nach und später Holzscheite. So wurde das kleine Zimmer schnell warm und wir beobachteten gebannt die lodernden Flammen durch das Glasfenster der Ofentür.

Nach einer Weile hatte Mutter sich wieder etwas beruhigt und zusammen mit Tante Eva das Abendbrot hergerichtet. Wir setzten uns zu sechst – zwei Kinder auf Klapphockern – um den Couchtisch und strichen Brote. Keiner von uns hatte großen Appetit, daher räumten wir den Tisch bald wieder ab und brachten die Lebensmittel in einer großen Blechschachtel in den kühlen Dachboden neben Daniels Kammer.

Weil es inzwischen neun Uhr war und auf der Straße absolute Dunkelheit herrschte, schlief zum ersten Mal auch Tante Eva bei uns. Sie nahm das Sofa, Helga teilte sich mit Oma Franzi ein Bett, und ich legte mich in Mutters Bett.

Mutter beratschlagte noch mit Tante Eva in der Wohnküche über unsere Soldaten, den sinnlosen Krieg und die furchtbaren Kämpfe, während ich mich in den Kissen hin und her wälzte.

Ich versuchte zu beten: „Lieber Jesus, Vati trägt doch das Bild über seinem Herzen, das ich von dir malte. Bitte beschütze ihn und führe ihn zu einer warmen Scheune oder einem Stall, wo er bleiben kann, so wie du auch einmal in einem Stall gewohnt hast. Pass bitte auf ihn auf, dass ihn die Feinde nicht finden! Amen." Das kleine Gebet und die Vorstellung, mein Vater habe in einem warmen Stall Unterschlupf gefunden, hatte mich zwar etwas getröstet, aber ich konnte immer noch nicht einschlafen, weil ich immerzu an ihn denken musste und wie schön es doch mit ihm in seinem letzten Urlaub gewesen war. Ich durchlebte noch einmal in Gedanken den wundervollen Ausflug an den Tegernsee und stellte mir Daniel im Dirndl mit Hütchen und Zöpfen vor. Ich sah das Hüpfen der Steine auf dem Wasser, ich hörte das Rauschen des Windes in den Segeln, als wir im Boot über das Wasser glitten, und immerzu hatte ich dabei Vaters liebes Gesicht vor Augen.

Schließlich stand ich auf, schlüpfte in meine Pantoffeln und ging durch die Wohnküche an Mutter und Tante Eva vorbei zu Daniel. Sein Zimmerchen war immer noch warm. Er hörte mich kommen und rückte in seinem Bett zur Seite. Ich drückte mich an ihn, wie er es immer tat, wenn er zu mir ins Bett kam, weil ihn etwas betrübte. An diesem Tag war ich es, die Kummer hatte und weinte.

„Ich vermisse ihn auch so sehr, Röschen!", flüsterte Daniel. Er legte seine Arme um mich und streichelte meinen Kopf und meinen Rücken, genauso wie ich ihn damals gestreichelt hatte, um ihn zu trösten, als er seine Eltern verloren hatte.

Später fand ich mich in Mutters Bett wieder. Sie hatte mich hinübergetragen, als ich eingeschlafen war. Ich kuschelte mich an ihren warmen Körper. Obwohl sie es zu verbergen suchte, merkte ich, dass sie während der Nacht immer wieder weinte. Ich umarmte sie und streichelte ihre tränenfeuchten Wangen. Mutter küsste mich und flüsterte: „Ach, Röschen, geben wir die Hoffnung nicht auf! Vati kommt bestimmt wieder nach Hause, selbst wenn er den weiten Weg zurücklaufen muss."

23. Jüdischer Pimpf

Im Frühjahr wurde Daniel während der Pause auf dem Schulhof von einem etwa vierzehnjährigen Jungen aus der achten Klasse angesprochen, der sich als Jungzugführer zu erkennen gab. Er sah mit strengem Blick auf ihn herunter und fragte in herrischem Tonfall: „Warum meldest du dich nicht zum Dienst? Ich habe erfahren, dass du schon im vergangenen Jahr zehn Jahre alt geworden bist. Dann musst du in Nürnberg bereits in einem Fähnlein gewesen sein!"

„Ja, selbstverständlich! War ich auch", antwortete Daniel geistesgegenwärtig, obwohl er nur eine diffuse Vorstellung davon hatte, was mit einem Fähnlein gemeint war. „Ich warte schon lange darauf, abgerufen zu werden!"

„Hm, dann muss deine Karteikarte auf dem Überweisungsweg verloren gegangen sein. Melde dich am Mittwoch bei mir, dann stellen wir eine neue aus."

Daniel fragte bewusst naiv, um aus ihm herauszulocken, was es mit einem „Fähnlein" auf sich hatte: „In welches Fähnlein komme ich hier?"

„Ha, ha, du bist hier nicht in der Großstadt! Wir stellen hier nur ein einziges Fähnlein. Es besteht aus 120 Pimpfen aus Schnaittach und den umliegenden Ortschaften und ist in drei Jungzüge aufgeteilt. Du kommst in eine Jungenschaft aus fünfzehn Buben, die zu den Jungzügen aus Schnaittach gehören. Also, Mittwoch um sechs Uhr im Schulzimmer Nr. fünf! Heil Hitler!"

Wir wussten, wie sehr Mutter das NS-Regime, die Ansprachen und die Aufzüge der „Braunen" hasste und wie sehr sie die BBC-Nachrichten vermisste, die sie in Schnaittach nur selten bei Tante Evi hören konnte. Trotzdem zeigte sie sich gefasst, als Daniel aufgefordert wurde, zum HJ-Dienst anzutreten. „Ich habe mich schon gewundert, dass sie nicht früher draufgekommen sind, dass du laut deiner neuen Geburtsurkunde schon zehn Jahre alt bist. Du musst wohl oder übel zur HJ", seufzte sie. „Es geht kein Weg daran vorbei, wenn wir nicht in Schwierigkeiten kommen wollen. Jetzt müssen wir dir schnellstens eine Uniform besorgen, damit du am Mittwoch darin antreten kannst."

Im Bekleidungsgeschäft am Marktplatz war gerade wieder eine Lieferung eingetroffen, daher konnte Daniel alles bekommen, was er brauchte. Die Uniform bestand aus einem braunen Hemd mit aufgesetzten Brusttaschen, einem schwarzen Halstuch, das von einem geflochtenen Lederknoten zusammengehalten wurde, und einer kurzen schwarzen Hose mit Koppel und Schulterriemen.

„Die Winterkleidung kaufen wir erst im Herbst, wenn es kalt wird", bestimmte Mutter. „Wir nehmen vorerst nur den Pullover dazu. Auch im Sommer gibt es kühle Tage."

„Dann fehlt ihm aber nur noch die Skihose und die Skimütze, um die Winteruniform komplett zu machen", wandte der Verkäufer ein. „Wir haben nicht ständig alles auf Lager, so wie heute."

„Nun gut, nehmen wir die restlichen Sachen auch noch mit, damit wir keine Überraschung erleben, wenn du sie brauchst."

Als Daniel am Mittwoch in seiner neuen Uniform „dienstbereit" vor uns stand, rief ich anerkennend: „Da soll nur einer sagen, dass du nicht wie ein richtiger Pimpf aussiehst! Niemand wird auf den Gedanken kommen, dass du ein Ju…"

Blitzschnell schoss Mutters Hand vor und legte sich mit festem Griff über meinen Mund. „Bist du verrückt?", fauchte sie mich an. „Geht's vielleicht noch ein wenig lauter, du dumme Gans! Du bringst nicht nur Daniel, sondern uns alle in Gefahr!"

Als sie mich losließ, merkte ich, wie sie vor Aufregung zitterte. Mutter musste im höchsten Maße aufgebracht sein, da sie sich zu einem Schimpfwort hinreißen ließ. Ich drehte mich zu ihr um und umklammerte sie: „Bitte verzeih mir, Mutti! Ich weiß, das gehört zu den ‚gefährlichen Wörtern', die wir nicht aussprechen dürfen. Es wird mir nicht mehr passieren. Ich verspreche es."

Sie löste sich aus meinen Armen und nickte: „Gut! Sei künftig vorsichtig! Du weißt nie, ob sich nicht gerade ein missgünstiger Mensch in Hörweite aufhält. Und bei uns …", sie deutete auf die weit geöffneten Fensterflügel, „steht ständig das Fenster offen."

Daniels Dienstschluss war um acht Uhr. Vor lauter Ungeduld zu hören, wie der Abend verlaufen war, hätte ich ihn am liebsten abgeholt.

Mutter hielt mich zurück. „Das kannst du wirklich nicht machen! Die Pimpfe lachen ihn doch aus, wenn ihn ein Mädchen abholt. Noch dazu die Schwester!"

Als Daniel zur Tür hereinkam, bestürmte ich ihn mit Fragen. Die Antworten waren ernüchternd. Zunächst mussten sie auf dem Schulhof exerzieren. Das war für ihn nicht einfach, da er das weder gelernt noch jemals gesehen hatte. Zum Glück stellte er sich nicht ungeschickt an. Sie mussten ebenso wie die Rekruten die Kommandos befolgen. Das heißt, Antreten in Linie zu einem Glied. Dann kamen die Befehle „Augen rechts! Richtet euch!" Jeder musste sich dem rechten Pimpf anpassen, um eine gerade Linie zu bilden. Die Fußspitzen wurden genau ausgerichtet. Kommandos: „Augen geradeaus! Die Augen links!" Sobald die Linie zur Zufriedenheit erstellt war, kam das Kommando: „Rechts um! Im Gleichschritt marsch!" Hierbei musste immer der linke Fuß zuerst auftreten.

„Ich habe mich gewundert, dass das Exerzieren noch nicht richtig klappt, obwohl die Pimpfe schon so lange dabei sind", sagte Daniel. „Aber vielleicht liegt es daran, dass immer wieder Neue dazukommen und alles durcheinanderbringen. Manche verwechseln ständig rechts und links, sodass Horst, unser Jungzugführer, eine Zeit lang ‚links und links und links' rief, bis jeder den richtigen Tritt hatte. Anschließend gingen wir in unser ‚Dienstzimmer' und mussten uns eine langweilige Rede von Horst anhören und NS-Lieder singen."

Daniel zog ein verächtliches Gesicht. „Die kann ich ja gar nicht und will sie auch nicht können."

„Daniel, ich verstehe dich. Ich weiß, dass dies alles sehr schwer für dich ist", sagte Mutter. „Aber wie sollen wir diese Zeit überstehen, wenn wir nicht ‚mit den Wölfen heulen'? Wir dürfen auf keinen Fall die Aufmerksamkeit auf uns lenken!"

Daniel nickte zustimmend. „Für Samstag ist Sport angesagt. Das ist eher etwas für mich. Außerdem werden sonntags oft schon in der Frühe Geländespiele gemacht, wie Räuber und Gendarm, Schnitzeljagd und Ähnliches. Das kann vielleicht ganz lustig sein. Ich werde mich schon durchbeißen. Keine Sorge, Mutti!"

„Aber wir wollen doch am Sonntag in den Kindergottes-
dienst gehen!", warf ich ein.

„Ja, Georg hat mir erzählt, dass sich der katholische und
der evangelische Pfarrer und viele Eltern beschwerten, dass
die Kinder nur selten zur Messe gehen können. Aber sie bekamen nur zur Antwort: ‚Der Dienst für den Führer geht vor!'"

Er hob die Schultern und fügte bedauernd hinzu: „Schade,
die Bibelstunde bei Pfarrer Kleinlein hat mir immer gut gefallen." Daniel fand auch unseren Religionsunterricht in der
Schule „interessant", wie er sich ausdrückte. Er war stets bereit, Neues dazuzulernen. Daher beteiligte er sich lebhaft am
Unterricht und zeigte sich sehr wissbegierig.

Wie Daniel schon vermutet hatte, waren die Sport- und Geländespiele an den Wochenenden viel spannender und unter-
haltsamer. Gleich am ersten Samstag nach seinem Eintritt war
Geräteturnen vorgesehen. Die Pimpfe trafen sich in der Turn-
halle, die mit verschiedenen Geräten ausgestattet war. Alle
trugen eine schwarze Turnhose und ein weißes Turnhemd mit
dem roten HJ-Rhombus auf der Brust.

Horst erteilte Daniel sofort den ersten Rüffel, weil das
Symbol auf seinem Hemd fehlte. „Das nächste Mal ist das
Abzeichen auf dem Hemd! Verstanden?"

Beim Geräteturnen holte Daniel sich die Achtung des Jung-
zugführers und aller Pimpfe wieder zurück, denn keiner
konnte den Aufschwung am Reck so flott wie er und keiner
beherrschte alle Turngeräte so gut wie er.

Anerkennend meinte Horst: „Wenn du so weitermachst,
können wir dich eines Tages zur Olympiade schicken."

Als Onkel David vor vielen Jahren die Turngeräte in seinem Treppenhaus anbrachte, hatte er sich bestimmt nicht

träumen lassen, dass sein durchtrainierter Sohn ausgerechnet bei der Hitlerjugend Lob einheimsen würde.

Tatsächlich waren die Geländespiele bei Pimpfen wie Jungmädeln gleichermaßen hochbeliebt. Als Daniel zu seinem ersten großen Geländespiel, an dem das gesamte Fähnlein beteiligt war, antreten sollte, war er sehr aufgeregt. „Mutti", fragte er, „was mach ich nur, wenn ich im Wald mal muss? Wenn ich mich an einen Baum stelle, kommt vielleicht ein anderer Junge hinzu. Der sieht dann, dass ich beschnitten bin, und erzählt es weiter."

Meine Mutter überlegte kurz und schlug vor: „Du könntest von vorneherein erklären, dass du zurzeit etwas Durchfall hast. Wenn du dann hinter einem Baum in der Hocke Pipi machst, kommt dir bestimmt keiner zu nahe. Du bist ein gewitzter Junge. Ich bin sicher, du mogelst dich schon durch. Nimm dir gleich Papier mit, damit die Ausrede glaubhaft klingt."

Daniel war erleichtert und strahlte. „Das ist eine gute Idee. Und wenn wir in die Nähe eines Wirtshauses kommen, kann ich auch aufs Klo."

Pünktlich um acht Uhr versammelten sich die Schnaittacher Pimpfe im Schulhof und marschierten im Gleichschritt und singend zu einem Treffpunkt am Waldrand unterhalb des Rothenbergs, wo die Pimpfe des gesamten Fähnleins sich zueinandergesellten.

Es sollte „Räuber und Gendarm" gespielt werden. Deshalb marschierte das Fähnlein etwa 800 Meter auf einem Feldweg in den Wald hinein. An ihrem Stopp wurden die Pimpfe in 70 Räuber und 55 Gendarmen aufgeteilt. Daniel befand sich unter den Gendarmen. Er kannte das Spiel noch nicht, daher passte er gut auf, was Horst erklärte. Das große Areal, in dem gespielt wurde, war schon anlässlich früherer Spiele mittels markierter Bäume abgegrenzt. Es musste nur noch das „Gefängnis" eingerichtet werden.

Die Jungen bildeten mit herabgefallenen Zweigen und Stöcken einen Kreis von etwa zwölf Metern Durchmesser, der die gefangenen Räuber aufnehmen sollte. Jeder der Pimpfe erhielt von Horst oder seinen Adjutanten, drei Jungzugführern, eine Armbinde; die Gendarmen eine grüne, die Räuber eine rote. Wenn ein Räuber gefangen wurde, musste er seine Armbinde einstecken und sich ins Gefängnis führen lassen. Dort konnte er allerdings von einem Kumpan durch Schulterklopfen befreit werden und durfte seine Armbinde wieder anlegen.

Alle Räuber einzufangen, war also für die Gendarmen kein leichtes Unterfangen. Auf Horsts Pfeifsignal hin rannten die Räuber in alle Richtungen davon. Nach einigen Minuten startete nach einem zweiten Pfeifsignal die Verfolgungsjagd der Gendarmen. Zwei von ihnen blieben zurück, um das Gefängnis zu bewachen.

Nach zwei oder drei Stunden wurde das Spiel abgepfiffen und nach einer halbstündigen Pause mit neuer Einteilung in Räuber und Gendarmen wiederholt.

Später hockte sich jeder Jungzug in einem Kreis auf den bemoosten Waldboden und erholte sich bei mitgebrachten Broten und Getränken. Als der Fähnleinführer NS-Lieder anstimmte, sang Daniel so unerträglich falsch, dass Horst ihm den Mund verbot.

„Ja, leider bin ich furchtbar unmusikalisch", log er. „Das ärgert meine Mutter auch." Hiermit waren die unausstehlichen NS-Lieder für ihn ein für alle Mal erledigt.

Als Daniel völlig erschöpft nach Hause kam, fragten wir ihn natürlich sofort aus, ob alles gut gegangen sei. Er grinste nur und sagte: „Der Rat mit dem Vortäuschen eines Durchfalls in der Hocke war gut. Keiner wagte sich in meine Nähe, wenn ich hinter einem Baum kauerte. Aber jetzt brauche ich etwas zu essen. Ich komme um vor Hunger."

An meinem zehnten Geburtstag kam für mich der heiß ersehnte Tag: Ich durfte der Jungmädelschar beitreten. Dabei interessierten mich weder die NS-Ideologie noch das Exerzieren, sondern ausschließlich die Volkslieder und -tänze, welche die Mädel einübten, sowie die Geländespiele, die denen der Pimpfe ähnlich waren.

Mutter hatte lediglich die grauen Kniestrümpfe und eine Berchtesgadener schwarze Strickjacke mit Schößchen und grün-roten Streifen am Halsausschnitt gekauft. Die sogenannte Kletterweste erhielt ich zu einem geringen Preis von Gerti, die zu schnell herausgewachsen war. Bei der Weste, die mit Klettern überhaupt nichts zu tun hatte, handelte es sich um eine hellbraune Velveton Jacke mit Brusttaschen. Die weiße kurzärmelige Bluse und den dunkelblauen Rock mit Kellerfalte hatte Mutter selbst genäht. So ausgestattet erschien ich am ersten Mittwoch nach meinem zehnten Geburtstag zum „Dienst".

Ich kam zu einer Jungmädelschar, die aus drei Jungmädelschaften bestand, von denen jede bis zu fünfzehn Mädchen einschloss. Wir waren vierundvierzig Mädchen in unserer Jungmädelschar und wurden von Gerda geleitet, einer Jungmädelscharführerin, die kaum älter als vierzehn Jahre war und voll Stolz eine grüne Kordel auf ihrer Uniform trug als Zeichen ihrer Führungsposition. Zumeist erhielt sie Unterstützung von ein oder zwei Führerinnen einer niedrigeren Stufe, die rotweiße Kordeln trugen.

Mein erster Dienstabend verlief ähnlich wie Daniels Abend: Erst mussten wir exerzieren, dann Reden anhören. Wie die meisten anderen Mädchen auch fand ich das zum Gähnen langweilig.

Das Singen der Jungmädelschar fand im Musikzimmer statt, weil die Mädel außerdem Volkstänze einübten, wozu das Klavier als Begleitmusik nötig war. Die Musikbegleitung eines größeren Mädchens, eines BDM-Mädels, klappte mehr schlecht als recht. Trotzdem machten mir Volkslieder und Volkstänze am meisten Spaß. Was mir aber weniger behagte, war das Säubern des Musikzimmers und diese Aufgabe fiel den Neuen in der Jungmädelschar zu. Wir waren vier Neue, die sich diese Arbeit teilten. Wir kehrten und schrubbten nach Gutdünken, da uns niemand Anweisungen gab. Glücklicherweise wurde ich von diesen Frondiensten schon nach kurzer Zeit befreit. Die Klavierspielerin erkrankte und unsere Jungmädelscharführerin war ratlos, wie es weitergehen solle.

Ich trat vor und sagte: „Ich kann Erika vertreten!"

Gerda maß mich mit zweifelnden Blicken von oben bis unten und meinte: „Es bleibt uns nichts anderes übrig. Versuchen wir's mit dir!"

Ich kannte die Noten, denn ich hatte gelegentlich während der Proben einen Blick darauf geworfen. Als Erstes wurde „Der Jäger aus Kurpfalz" gewünscht. Ich gab einen Ton vor und spielte und sang munter drauflos. Alle sangen fröhlich mit. Nachdem ich einige Lieder begleitet hatte, fragte mich Gerda: „Willst du von jetzt an die Klavierbegleitung übernehmen?"

Ich stimmte freudig zu – und wurde ab sofort vom Reinigungsdienst befreit. Nun konnte ich aber zu meinem Leidwesen nicht mehr mittanzen.

Lange brauchte mich dieses Manko allerdings nicht zu betrüben, denn die Tanzproben wurden ohnehin bald aufgegeben. Sie befanden sich nur in einer Testphase, welche unsere ehrgeizige Jungmädelscharführerin durchführte. Da die Jungmädel leider nicht mit der nötigen Konzentration bei der Sache waren, beschloss sie, die Volkstänze den BDM-Mädeln zu überlassen.

Gerda nahm mich zur Seite. „Marianne, nun müssen wir die Heimabende wieder ins Klassenzimmer verlegen, weil wir das Klavier nicht mehr brauchen. Schade, dass wir dann keine Begleitung mehr zum Singen haben."

„Doch, haben wir! Ich bringe mein Akkordeon mit. Die Volkslieder spiele ich sowieso alle, weil meine Oma sie so gerne hört."

„Ja, prima!", riefen alle Jungmädel. „Ein Akkordeon ist schön!"

„Das ist großartig, Marianne!", stimmte Gerda zu. „Das Akkordeon kannst du auch auf Ausflügen mitnehmen und wenn wir Lagerfeuer machen. Oder ist es sehr schwer?"

„Nein, es ist kleiner als das für Erwachsene. Das kann ich leicht tragen."

Unser Einstand in der Hitler-Jugend wirkte also durchaus beeindruckend. Daniel konnte sich durch sportliche Leistungen Respekt verschaffen, während ich durch mein Musizieren Anerkennung gewann.

24. Aufdringlicher Verehrer

Tante Eva bastelte im September tagelang an einer Schultüte für Helgas ersten Schultag. Sie rollte feste Pappe zu einem Kegel, strich ihn mit roter Deckfarbe an und bemalte ihn mit wunderschönen Blumen. Zum Schluss befestigte sie über der Öffnung eine rosa Krause, die sie mit einem Seidenband verschloss. Helga bekam die schönste Schultüte, die man sich vorstellen konnte, nur der Inhalt machte uns Kopfzerbrechen, denn Süßigkeiten, vor allem Schokolade, waren nicht mehr zu bekommen. So mussten wir eben improvisieren.

Die einzige Tafel Schokolade, die Tante Evi noch in Reserve hatte, teilten wir in kleine Stücke und wickelten sie in Buntpapier. Außerdem plünderte Oma Franzi unsere Vorräte und gönnte uns so den Luxus, Plätzchen backen zu dürfen. Ein großer Teil davon wanderte in Helgas Schultüte, dann kamen noch zwei kleine Äpfel hinzu und die Tüte war voll.

Helga war begeistert von ihrer Lehrerin und fand sie lieb und freundlich. Wir waren froh, dass sie nicht auch einem Lehrer mit „Dings" ausgesetzt war, der den Kindern nichts beibrachte und sie obendrein noch schlug.

Daniel und ich hatten die Aufnahmeprüfung im Hersbrucker Gymnasium zwar mühelos bestanden, blieben aber weiterhin in der Volksschule Schnaittach. Mutter wollte uns nicht den Gefahren der täglichen Eisenbahnfahrten aussetzen, denn die Fliegeralarme in Nürnberg häuften sich und sie war besorgt, dass auch tagsüber Angriffe kommen könnten.

Rektor Sattler erklärte sich bereit, uns in Englisch, Deutsch und Mathematik zu unterrichten, damit wir zu einem späteren Zeitpunkt ins Gymnasium überwechseln konnten. Der Extraunterricht am Donnerstagnachmittag und die zusätzlichen Hausaufgaben kürzten zwar unsere Freizeit, aber da wir schon immer gerne gemeinsam gelernt hatten, machte uns das nichts aus.

Im Herbst grassierten in der Schule die Windpocken. Helga brachte sie als Erste mit nach Hause und steckte Daniel und mich an. Meine kleine Schwester blieb während der Krankheit in unserer Wohnung in der Festungsstraße und wurde ins große Schlafzimmerbett verlegt, damit unsere Mutter uns drei gemeinsam betreuen konnte.

Mutter rief Dr. Strettner, der für ein großes Gebiet rund um Schnaittach zuständig war. Kriegsbedingt praktizierte er im Augenblick als einziger Arzt in der Gegend. Er war wohl auch eine der wenigen Personen weit und breit, denen noch ein Auto zur Verfügung stand, denn alle Privatautos waren schon kurz nach Kriegsbeginn beschlagnahmt worden. Dr. Strettner zog auf unserer steilen Treppe ein Bein nach, was uns vermuten ließ, dass ihn diese Behinderung vor einer Einberufung bewahrt hatte.

Zur Untersuchung reihte unsere Mutter uns drei in der warmen Wohnküche auf dem Sofa auf, wo Dr. Strettner unsere Gesichter und Oberkörper begutachtete.

„Hübsche Kinder haben Sie! Der Große ist ganz die Mama!", lachte er in einem sonderbar meckernden Tonfall. „Die gleichen schönen braunen Rehaugen!"

Während er uns der Reihe nach in den Mund schaute, seine Hand auf unsere Stirn legte und unsere Wangen tätschelte, begann er nebenbei ein angeregtes Gespräch mit unserer Mutter. Er schien von ihrer Schönheit und ihrem Charme weitaus mehr beeindruckt zu sein als von dem kläglichen Zustand, in dem wir drei Kinder uns befanden. An der Diagnose „Windpocken" gab es keinen Zweifel. Der Doktor drückte Oma Franzi eine Dose Puder in die Hand, mit dem Hinweis, uns regelmäßig mit dem Puder von oben bis unten zu bestäuben, und empfahl, uns ins Bett zu stecken, solange wir Fieber hätten. „Kommt!", forderte Oma Franzi uns auf und wir folgten ihr im Gänsemarsch ins Schlafzimmer, wo sie uns alle drei in die dicken Federbetten packte.

Dr. Strettner ließ sich unaufgefordert in einen Sessel fallen und führte die Unterhaltung fort. Er erzählte von sich, von seinem Studium. Mutter erfuhr, dass er schon in der vierten Generation seiner Familie Arzt sei und alleine in dem großen Haus seiner Familie lebe, da seine Frau verstorben war und seine Söhne in der Obhut der Großeltern lebten. Gleichermaßen fragte er Mutter aus, wo ihr Mann sei, wo sie in Nürnberg gelebt habe, wie ihr Leben verlaufen sei und vieles mehr. Mutter antwortete zwar höflich, aber zurückhaltend und wunderte sich, dass er als viel beschäftigter Arzt so viel Zeit in unserem bescheidenen Wohnzimmer verbringen konnte.

„Ich würde Ihnen ja gerne eine Tasse Kaffee anbieten", sagte sie. „Aber etwas anderes als Muckefuck habe ich leider nicht da." Muckefuck nannten wir damals den Ersatzkaffee, der aus allerlei Kräutern und Eicheln hergestellt wurde.

„Oh, mit Kaffee kann ich Ihnen gerne aushelfen", bot der Doktor an. „Ich habe so meine Verbindungen."

„Ich kann mir denken, woher", dachte Mutter mit einem verstohlenen Blick auf sein Parteiabzeichen.

„Ich kann Ihnen auch andere Nahrungsmittel besorgen. Stets zu Diensten, gnädige Frau!" Wieder folgte das eigenartige meckernde Lachen.

„Vielen Dank! Aber das ist nicht nötig. Wir kommen gut zurecht. Da ich den Bauersfrauen gelegentlich Sonntagskleider nähe, bekomme ich dann und wann Lebensmittel geschenkt. Das ist uns eine große Hilfe." Mutter erhob sich von ihrem Sessel und ging langsam zur Tür.

Der Doktor küsste ihr die Hand. „Diese schönen Hände sind wirklich nicht zu niedrigen Arbeiten berufen! Ich würde Sie gerne einmal in Nürnberg in die Oper ausführen!"

„Vielen Dank, Herr Doktor, aber jetzt ist wirklich nicht die Zeit hierfür. Man muss täglich mit Bombenangriffen rechnen."

„Herr Doktor", sprach er ihr nach, „aber warum so förmlich, Ludwina? Nenn mich doch Otto! Auf dem Land duzen sich alle."

Mutter versuchte die Unterhaltung zu beenden. „Ich bin das nicht gewohnt. Ich komme aus der Stadt, wo sich nur gute Bekannte duzen. Lassen wir's doch lieber beim ‚Sie'!"

Die Tür öffnete sich und Helga bettelte: „Ich möchte bitte Milch, Mutti! Ich habe Durst."

Das war für Mutter eine günstige Gelegenheit, Dr. Strettner zu verabschieden. Sie reichte ihm die Hand. „Auf Wiedersehen, Herr Doktor, und vielen Dank!"

Er beugte sich wieder über ihre Hand zum Handkuss. „Keine Ursache, gnädige Frau! Ich werde mich morgen wieder nach den Kindern umsehen."

Oma Franzi kam ins Wohnzimmer zurück und bemerkte: „Dr. Strettner scheint dich sehr zu verehren! Er würde gut zu dir passen. Er ist gut situiert, gebildet, Musikliebhaber, sieht gut aus und …"

„Aber Mutter, was redest du da! Ich bin immer noch verheiratet, auch wenn mein Mann als vermisst gilt. Fritz wird wiederkommen. Außerdem bin ich an dem Doktor nicht interessiert. Irgendetwas an ihm stößt mich ab. Und wenn er sich das nächste Mal wieder häuslich niederlässt, setz dich doch bitte zu uns, damit er nicht so lange bleibt."

Schon am nächsten Nachmittag traf der Doktor wieder ein und überreichte Mutter eine Dose Bohnenkaffee.

Sie wehrte ab: „Sehr nett von Ihnen, aber ich kann das nicht annehmen. Ich kann mich in keiner Weise revanchieren und möchte mich nicht verpflichtet fühlen."

„Davon kann überhaupt keine Rede sein! Doch heute dürfen Sie mir eine Tasse Kaffee anbieten."

Bevor Mutter antworten konnte, ging er schon durch die offen stehende Schlafzimmertür zu unserem Krankenbett. Pflichtgemäß wiederholte er an uns Kindern die Untersuchung vom Vortag und ermahnte uns, keinesfalls zu kratzen, wenn die Windpocken zu jucken anfingen. Andernfalls würden wir hässliche Narben davontragen.

Mutter hatte zwischenzeitlich Kaffee gekocht und reichte dem Doktor eine Tasse. Sofort machte er es sich in einem Sessel gemütlich und zog Mutter in ein Gespräch über Kinder. „Ich hätte auch sehr gerne noch mehrere Kinder gehabt. Zu den Jungen möglichst noch zwei Mädchen." Er zuckte mit den Schultern, um sein Bedauern zu unterstreichen. „Es hat wohl nicht sein sollen. Aber ich könnte ja eine passende Frau mit Kindern kennenlernen. Dann käme wieder Leben ins Haus!"

Der Höflichkeit halber setzte Mutter sich auch, aber möglichst weit von ihm entfernt, und rief nach Oma Franzi: „Mutter, möchtest du auch eine Tasse Kaffee? Herr Dr. Strettner hatte die Liebenswürdigkeit, uns etwas von seinem kostbaren Vorrat zu opfern."

Oma Franzi nahm das Angebot dankend an, setzte sich auf das Sofa und beteiligte sich lebhaft am Gespräch.

Die Situation gestaltete sich nun offensichtlich nicht gerade so, wie der Doktor es sich erhofft hatte, daher verabschiedete er sich früher als am Vortag.

Wie Dr. Strettner vorhergesagt hatte, begannen die Pusteln unerträglich zu jucken. Der Puder half immer nur für kurze Zeit. Um uns abzulenken, brachte Mutter Daniel und mir das Schachspiel bei, während Oma Franzi mit Helga Domino spielte.

In Decken warm eingewickelt sahen wir gespannt zu, wie Mutter uns die Züge der einzelnen Figuren vorführte. Als wir die Bewegungen der Figuren verstanden und gelernt hatten, versuchten wir unter Mutters Beratung das erste Spiel. Daniel und ich spielten gemeinsam gegen unsere Mutter. Zunächst bestand unser Vergnügen darin, die gegnerischen Figuren so schnell wie möglich vom Brett zu räumen. Mutter lehrte uns jedoch, dass das Ziel des Schachspiels sei, seine Figuren eher zu schützen als zu opfern, und sich eine Taktik zu überlegen, wie der gegnerische König schachmatt zu setzen wäre. Bei jedem Spiel lernten wir dazu, denn Mutter erklärte uns bei allen fehlerhaften Zügen sofort, welche Konsequenzen sie nach sich ziehen würden.

Das Schachspiel zog uns von Anfang an derart in seinen Bann, dass wir das Jucken der Windpocken nicht mehr so sehr spürten und nachts sogar von den Figuren träumten. Als wir mehr Sicherheit gewonnen hatten, ließ Mutter uns beide gemeinsam gegen sie spielen, ohne uns dabei zu beraten. Obwohl sie ihre Dame und die zwei Türme aus dem Spiel nahm, gelang es uns nicht, sie zu besiegen. Sie tröstete uns: „Bedenkt, dass der Doktor euch noch zwei Wochen ‚Hausarrest' verordnet hat. Da habt ihr noch viel Zeit zu üben."

Wenige Tage nach seinem letzten Besuch kam Dr. Strettner wieder. Diesmal hatte er eine Tüte mit sechs Eiern in der Hand. Als Mutter sie ablehnen wollte, sagte er: „Bitte nimm sie, Ludwina! Du hast drei Kinder, du kannst sie brauchen. Ich bekomme von den Bauern ständig Eier geschenkt und weiß gar nicht, wann ich sie essen soll."

Auf die Kinder angesprochen, konnte Mutter nicht Nein sagen und brachte die Eier auf einem Teller in die kühle Bodenkammer. Selbstverständlich war sie über alle Lebensmittel froh, welche die knapp bemessenen Rationen aufstockten, die wir auf Lebensmittelmarken erhielten. Wir hatten zwar immer zu essen, aber Daniel und ich waren eigentlich nie richtig satt zu bekommen.

„Sie sind im Wachsen", erklärte Oma Franzi und sah zu, bei den Bauern Milch und Eier für uns zu bekommen. Das gelang unserer kleinen, zerbrechlich wirkenden Oma auch immer. Die Bäuerinnen hatten sie gern und nahmen wohl an, sie sei diejenige, die unter Hunger litt.

Als der Doktor das Schachbrett auf dem Tisch sah, sagte er voller Anerkennung: „Du spielst Schach, Ludwina! Das ist großartig!"

„Ja, schon seit meiner Kindheit. Meine Cousins haben es mir beigebracht, und später spielte ich fast täglich mit meinem Mann."

„Und jetzt übst du mit den Kindern. Das ist gut. Man kann nicht früh genug damit anfangen. He, he, he!" Der Doktor warf einen Blick auf uns Kinder. „Sehr gut! Die Pusteln fangen an auszutrocknen. Dann dauert es nicht mehr lange und sie fallen ab. Ihr müsst aber trotzdem noch eine Woche zu Hause bleiben."

Enttäuscht darüber, dass die Stube von uns Kindern belegt war, was ihn daran hinderte, mit Mutter eine gemütliche Unterhaltung anzufangen, verabschiedete er sich mit dem obligatorischen Handkuss und versprach, in einigen Tagen nochmals nach uns zu sehen.

Der Besuch des Doktors schien Mutter nervös und unkonzentriert gemacht zu haben, denn es gelang uns beim nächsten Spiel, sie zum ersten Mal zu besiegen. Wir jubelten und tanzten auf dem Sofa herum.

„Freut euch nicht zu früh!", lachte unsere Mutter. „Ich habe gesagt, dass ich nach eurem ersten Sieg einen der Türme wieder mit ins Spiel nehme. Dann wehe euch!"

Solange wir Kinder noch zu Hause waren, besuchte der Doktor uns nicht mehr, aber kaum gingen wir wieder zur Schule, tauchte er zu unterschiedlichen Zeiten bei Mutter und Oma Franzi auf, nicht ohne kleine Präsente in Form von Naturalien mitzubringen. Indem er stets auf ihre Kinder verwies, die sie nötig hätten, konnte Mutter die Geschenke nicht zurückweisen.

Sie erzählte Tante Eva, dass Dr. Strettner ihr den Hof machte und wie lästig ihr das sei.

„Ach lass ihn doch", lachte Tante Eva, „es ist doch nicht schlecht, dass er für die Kinder immer etwas mitbringt. Sei aber vorsichtig! Er ist bekannt dafür, dass er jedem Rock nachsteigt. Besonders die Damen aus der Stadt sind ihm begehrenswert. An mich hat er sich auch schon rangemacht."

„Woher weißt du denn, dass er solch ein Schürzenjäger ist?"

„Wenn ich in der Praxis warten muss, unterhalte ich mich immer ein wenig mit seiner Sprechstundenhilfe Kunigunde. Gundel sagen alle zu ihr. Die ist eine ausgesprochene Plaudertasche. Hinter vorgehaltener Hand hat sie mich vor dem Doktor gewarnt und erzählt, dass er die Frauen wechselt wie andere die Schuhe.

Einmal bin ich mit ihm in Nürnberg ausgegangen. Er gab sich als richtiger Kavalier, liebenswürdig und zuvorkommend. Er überhäufte mich mit Komplimenten. Wir waren im Deutschen Hof beim Essen und anschließend in der Oper. Als wir in Schnaittach ankamen, machte er im Auto Annäherungsversuche, aber als ich mich weigerte, mit ihm nach Hause zu gehen, hat er mich nie mehr eingeladen."

„Warum hast du mir denn nie davon erzählt?"

„Selbstverständlich hätte ich dich eingeweiht, aber solange die Kinder krank waren, konnte ich euch doch nicht besuchen. Du weißt, dass ich nie Windpocken hatte. Sie als Erwachsene zu bekommen, soll fast lebensgefährlich sein."

„Ach ja, daran habe ich gar nicht mehr gedacht! Es ist schon lästig, dass wir hier kein Telefon haben. Gut, jetzt weiß ich wenigstens über den Doktor genauer Bescheid und werde ihm aus dem Weg gehen, so gut ich kann."

25. Daniels Enttarnung

Wie in jedem Jahr war für Mitte Mai der Klassenausflug angesagt. Daniel und ich liefen am Morgen des geplanten Mittwochs als Erstes zum Fenster, um nach dem Wetter zu schauen. Zu unserer Beruhigung zeigte der Himmel sich so wolkenlos wie an den vergangenen Tagen auch. Wir wuschen uns und zogen uns an. Herr Sattler legte besonderen Wert auf feste Schuhe. Nach dem Frühstück packten wir Regenhaut mit Kapuze, Strickjacken sowie Butterbrote und eine leere Flasche in unsere Rucksäcke. Unterwegs würden wir einige Bächlein finden, wo wir unsere Flaschen voll Wasser füllen konnten. Zum Schluss steckte unsere Mutter noch ein paar Streifen Pflaster für eventuelle Notfälle dazu, gab uns einen Abschiedskuss und wünschte uns einen schönen Tag.

Als alle Schüler der Klasse im Schulhof versammelt waren, stellten wir uns in Zweierreihen auf und machten uns auf den Weg, die Jungen vorneweg. Zunächst gingen wir in Richtung Rothenberg und stiegen munter bergauf bis zu der altehrwürdigen Festung. Auf dem Fußweg, der um die Festungsanlage herumführt, kamen wir zu dem schön angelegten Waldfriedhof der früheren Festungsbewohner. Unsere Reihen hatten sich längst aufgelöst und es bildeten sich zwanglos kleine Gruppen, die während der Wanderung eifrig miteinander plauderten. Wir wanderten weiter nach Enzenreuth, wo die Jungen unterwegs von wuchtigen Felswänden am Wegesrand zum Klettern verführt wurden.

Herr Sattler warnte sie: „Schont eure Kräfte! Wir haben

noch ein gutes Stück Weg vor uns und obendrein den steilen Anstieg zur Burg Hohenstein. Wenn ihr auf dem Heimweg noch Lust zum Klettern habt, könnt ihr euch immer noch die Knie an den Felsen wund kratzen!"

Vor Enzenreuth machten wir am Waldrand auf einer sonnigen Wiese Rast. Jungen und Mädchen verstreuten sich in unterschiedlichen Richtungen im Wald. Daniel und ich blieben sitzen.

„Na, ihr zwei müsst wohl nicht austreten?", fragte Herr Sattler. Wir schüttelten beide den Kopf und nahmen einen Schluck Wasser aus unseren Flaschen.

„Dass ihr mir nicht in einer halben Stunde damit kommt und wir alle auf euch warten müssen!", warnte er und verschwand ebenfalls im Wald.

Als die meisten Kinder schon ihre Brote auspackten, empfahl Herr Sattler: „Lasst noch etwas übrig! Die große Rast machen wir erst auf der Burg Hohenstein."

Er rief zum Aufbruch. Als wir durch die Ortschaft Algersdorf wanderten, verschwand Daniel schnell in einer Wirtschaft. Auf Herrn Sattlers vorwurfvollen Blick hin erklärte ich: „Daniel hat ein wenig Bauchweh. Vielleicht hat er zu viel kaltes Wasser getrunken."

Andere Kinder suchten ebenfalls die Toilette auf. Die kleine Verschnaufpause kurz vor dem steilen Aufstieg zur Burg Hohenstein war allen Schülern angenehm.

Die Entfernung zu dem mächtigen, steilen Fels, auf dem die Burg thront, schien uns zunächst unendlich zu sein, aber oben angekommen, genossen wir die weite Sicht über den Fränkischen Jura. Herr Sattler erklärte uns, dass Burg Hohenstein mit 634 Meter Höhe der höchste bewohnte Ort Mittelfrankens sei und früher als Sitz des Vogts der Hersbrucker Gegend diente.

Wir hielten nun eine längere Pause und aßen unsere Brote. Die Stadtkinder schauten begehrlich auf die Äpfel und Käsebrote, welche die Bauernkinder aus ihren Rucksäcken holten. Manche von ihnen bettelten sie sogar an: „Darf ich einmal von deinem Käsebrot beißen?", oder sie baten um das Kernhaus des Apfels:

„Lässt du mir den ‚Apfelbutzen‘ übrig?"

Bereitwillig gaben die Bauernkinder von ihren Käsebroten ab oder ließen sogar einen halben Apfel übrig.

Daniel und ich hatten zu unseren Broten selbst Äpfel und hart gekochte Eier dabei und teilten gerne mit solchen Kindern, die kaum an diese Kostbarkeiten kamen.

Nach der Vesperpause durfte, wer Lust hatte, die Umgebung erkunden. Verstohlen suchten Daniel und ich noch einmal die Toilette eines Wirtshauses auf. Schließlich war nicht abzusehen, wann sich wieder eine Gelegenheit bot.

Um Punkt drei Uhr mussten wir uns am Fuße des gewaltigen Felsens unterhalb der Burg versammeln, um den Heimweg anzutreten. Die Jungen wollten unterwegs unbedingt einige der Felsen erklettern, welche gebietsweise den Waldweg säumten. Wir Mädchen standen natürlich dabei, um ihre Leistungen zu bewundern, während Herr Sattler sich mit wachsamen Augen in der Nähe aufhielt. Wenn ihm ein Felsen als zu steil und daher als zu gefährlich erschien, verbot er das Erklimmen. Er erlaubte nur das Klettern auf solchen Felsen, von denen die Jungen eher abrutschen als abstürzen konnten.

Als wir den felsenreichen Wald schon fast hinter uns hatten, rief Georg, Daniels Banknachbar: „Dani, du bist noch auf keinen einzigen Felsen geklettert! Hast du vielleicht Angst? Oder wird dir schwindlig?"

„Nein, ich habe keine Angst und mir wird auch nicht

schwindlig. Ich bin in Nürnberg schon auf höhere Bäume geklettert, als es hier Felsen gibt."

„Das kannst du leicht sagen!", mischten sich auch andere Jungen ein, „wir haben noch nicht gesehen, dass du klettern kannst."

„Los, komm rauf hier! Sei doch kein Feigling!", spottete Georg.

Daniel wollte auf keinen Fall als Feigling gelten. Diesen Verdacht konnte er nicht auf sich sitzen lassen. Er legte seinen Rucksack ab und stellte sich vor den etwa fünf Meter hohen Felsen, um ihn sich genau anzusehen. Er war nicht absolut senkrecht, sondern wölbte sich etwas nach hinten.

Genauso, wie er es in Nürnberg bei unseren Kletterbäumen tat, prüfte er in Gedanken jeden Tritt und jeden Halt, den er nutzen wollte. Auf dem Felsen gab es viele Möglichkeiten, sicheren Tritt zu finden, und zum Festhalten dienten in gewissen Abständen kleine Bäumchen, die aus dem Fels wuchsen. Ich konnte keinerlei Schwierigkeiten für Daniel sehen.

Herr Sattler hielt sein Zögern vor dem Felsen für Unsicherheit: „Du musst nicht hinaufklettern, Daniel. Du hast bei den Pimpfen gezeigt, wie gut du im Turnen bist. Du brauchst hier nichts zu beweisen."

„Lassen Sie ihn nur, Herr Sattler!", beruhigte ich ihn. „Ich weiß, dass Daniel das mit Leichtigkeit kann."

Schon war Daniel in der Wand. Alle staunten, wie behände er hochkletterte, als müsse er über den nächsten Tritt oder Halt nicht nachdenken. Das musste er auch nicht; er hatte sich seine ausgeklügelte Klettertour gut eingeprägt.

Was Daniel jedoch nicht wissen und daher nicht einkalkulieren konnte, war der hinfällige Zustand eines der Bäumchen hoch oben im Fels. Es hatte sich durch die kräftigen Griffe der vielen Halt suchenden Kletterer derart gelockert, dass es nun schon bei geringster Belastung aus dem Fels gezogen werden konnte.

Und genau das passierte Daniel. Als er das Bäumchen in vollem Schwung packte, um sich hochzuziehen, riss er es aus dem Fels. Dadurch verlor er nicht nur den Halt, den das Bäumchen bieten sollte, sondern gleichzeitig den seines Standfußes und rutschte rasant ab. Unglücklicherweise wurde auf seiner Rutschpartie ein Fuß durch einen vorstehenden Felsbrocken gestoppt, was ihn in die Seitenlage riss und aus etwa zweieinhalb Metern Höhe in voller Wucht auf Kopf und Rücken fallen ließ. Daniel blieb bewusstlos liegen.

„Dani! Dani!", schrie ich entsetzt und rannte zu ihm. Ich griff nach seiner Schulter, um ihn wachzurütteln.

„Nicht anfassen!", befahl Herr Sattler und hielt mich fest. „Er könnte eine Rückgratverletzung haben."

Ich hockte mich weinend neben Daniel und rief immerzu: „Dani, wach auf! Bitte, Dani, wach auf!"

Währenddessen bauten die Schüler auf Herrn Sattlers Anweisung eine Trage. Einige Jungen mussten zwei lange, schlanke Äste suchen und die anderen Kinder knüpften alle verfügbaren Hals-, Kopf- und Taschentücher zu einem langen Seil zusammen. Herr Sattler schlang das Seil gekonnt zwischen den beiden Ästen hin und her, sodass letztendlich eine Liegefläche entstand, die noch mit Strickjacken weich belegt wurde.

Daniel war inzwischen aufgewacht und stöhnte.

„Liegen bleiben!", forderte der Lehrer. „Kannst du deine Zehen und deine Finger bewegen?"

Daniel flüsterte: „Ja!"

„Gut, wir bringen dich zu Dr. Strettner. Er muss deine Wirbelsäule untersuchen."

„Nein, nicht zum Doktor! Ich will nach Hause!"

„Ausgeschlossen! Du musst untersucht werden, Daniel!"

Daniel schloss die Augen und fügte sich in das Unvermeidliche. Er hatte große Schmerzen; schon der kleinste Ansatz einer Bewegung tat ihm weh. Herr Sattler platzierte die tragbare Liege neben Daniel und schob seine Hände unter dessen Rücken und Po. Ein Junge nahm seinen Kopf und ein anderer seine Beine. Auf des Lehrers Kommando legten sie Daniel gemeinsam auf die Liege. Die Jungen wechselten sich auf dem Heimweg in Vierergruppen beim Tragen ab. So kamen wir schnell voran, doch durch die Aufenthalte unterwegs, durch das Klettern und durch den Unfall war es schon sieben Uhr, als wir in Schnaittach ankamen. Bis auf mich und die vier Jungen, welche die Liege trugen, schickte Herr Sattler alle Schüler nach Hause. „Hoffentlich ist der Doktor noch in der Praxis!", sagte er.

Die Praxis war zwar geschlossen, aber wir bemerkten, dass Dr. Strettner sich noch in seinem Sprechzimmer aufhielt. Auf Herrn Sattlers energisches Klopfen öffnete er die Praxistür und wollte zum Schimpfen ansetzen. Als er aber erkannte, dass es sich um einen Unfall handelte, ging er eilig voraus ins Sprechzimmer. Unter seiner Anleitung wurde Daniel vorsichtig auf die Untersuchungsliege gelegt. „Kinder alle raus!", befahl der Doktor.

Herr Sattler bat die vier Jungen zu warten, um Daniel nach Hause zu bringen, falls er nicht ins Krankenhaus musste.

Gemeinsam mit dem Lehrer zog Dr. Strettner Daniel vorsichtig alle Kleider aus und brachte ihn in die Bauchlage. Der Arzt untersuchte vorsichtig und dennoch gründlich jeden einzelnen Wirbel sowie seine Arm- und Beinknochen und prüfte Daniels Reflexe.

„Ich habe so arge Kopfschmerzen, Herr Doktor!"

„Die wirst du auch eine Weile nicht loswerden, denn du hast eine Gehirnerschütterung", antwortete Dr. Strettner. „Du solltest mindestens zwei Wochen lang still liegen. Du kannst froh sein, dass dir nicht noch mehr passiert ist als eine tüchtige Prellung am ganzen Körper. Die Schmerzen bei jeder Bewegung werden vermutlich nach einer Woche abklingen."

Dr. Strettner und Herr Sattler zogen Daniel gemeinsam wieder an. Beim Zurücklegen auf die Trage ging der Doktor mit ihm bei Weitem nicht so sanft um wie beim Heben auf den Untersuchungstisch. Es störte ihn auch nicht weiter, dass der Junge dabei vor Schmerzen laut stöhnte.

Ich schaute Dr. Strettner vorwurfsvoll an, war aber heilfroh, dass Daniel sich nichts gebrochen hatte.

„So, jetzt könnt ihr ihn zu seiner Mutter bringen!", befahl er den vier Jungen.

Herr Sattler begleitete uns nach Hause, um unserer Mutter von dem Unfall in allen Einzelheiten zu berichten. Er schickte mich voraus, um sie vorzuwarnen, dass Daniel zwar auf einer Liege heimgetragen würde, aber bis auf eine Gehirnerschütterung und eine starke Prellung, von welcher der ganze Körper betroffen sei, völlig gesund sei.

Herr Sattler und die Jungen hatten große Mühe, die Liege über die steile Treppe zu Daniels Zimmer hochzubringen. Gemeinsam legten sie ihn in sein Bett, und die Jungen machten sich mit einem großzügigen Taschengeld von Mutter auf den Heimweg.

Während unser Lehrer und Mutter in der Wohnküche in ein Gespräch vertieft waren, brachte ich Daniel zu trinken und zu essen und leistete ihm Gesellschaft.

Herr Sattler unterrichtete Mutter genauestens von den Vorgängen während des Heimwegs vom Ausflug und sprach sein Bedauern aus, dass er den Kindern das Klettern nicht verboten hatte. Damit hätte er das Unglück verhindern können.

„Aber Herr Sattler, Sie trifft doch keineswegs eine Schuld an dem Unfall. Daniel war schon immer ein begeisterter und sehr umsichtiger Kletterer. Dass dieses Bäumchen nicht mehr halten würde, konnte niemand voraussehen."

Herr Sattler schwieg eine Weile und machte den Eindruck, als würde er mit sich kämpfen, etwas vorzubringen, was ihn bewegte. Dann sagte er ernst: „Daniel ist Jude, nicht wahr?"

Mutter hatte sofort das Gefühl, sie könne sich ihm anvertrauen: „Ja", antwortete sie schlicht.

„Und Sie haben ihn gerettet und aufgenommen!"

„Wir haben ihn gemeinsam gerettet: meine Freundin Eva, ich und Rosalie, wie sie zu dieser Zeit noch genannt wurde."

„Meine Hochachtung! Drei mutige Frauen! Von mir wird niemand etwas erfahren."

„Das weiß ich", erwiderte Mutter. „Wollen Sie das ganze Drama hören?"

„Das wäre mir eine Ehre! Ich weiß Ihr Vertrauen zu schätzen."

Es war das erste und einzige Mal, dass Mutter sich einem anderen Menschen außerhalb der Familie anvertraute.

26. Dr. Strettners „Ermordung"

„Was soll ich bloß tun? Wie bekomme ich den Doktor zur Vernunft?", klagte Mutter. „Seit er auf der Untersuchungsliege entdeckt hat, dass Daniel beschnitten ist, bedrängt er mich noch stärker. Ich kann ihm nicht glaubhaft machen, dass er als kleiner Junge wegen einer permanent entzündeten Phimose operiert wurde. Er besteht darauf, dass Daniel Jude ist."

„Ich weiß nicht, was du gegen Otto hast", entgegnete Eva, „er ist doch ein gut aussehender Mann, schlank und groß. Er ist wohlhabend, angesehen und passt im Alter zu dir. Die kleine Beinverletzung kann dich doch nicht wirklich stören, oder?"

„Eva, darum geht es doch gar nicht! Ich …"

„Und er ist Musikliebhaber wie du", fiel ihr Eva ins Wort, „außerdem wärst du dein Leben lang versorgt, und die Kinder scheint er auch zu mögen. Ich würde nicht Nein sagen."

„Na, dann nimm du ihn doch! Mir ist er unsympathisch. Ich kann seine anbiedernde Art nicht leiden und sein meckerndes Lachen und obendrein riecht er aus dem Mund. Überhaupt: Wer spricht denn hier von Heirat und Versorgung? Er will eine Liebschaft, sonst nichts! Du weißt doch von seinen fortwährenden Frauengeschichten. Und hast du Friedrich vergessen? Er ist vermisst, nicht gefallen. Er könnte wieder zurückkommen."

„Wenn du solch eine Abneigung gegen den Doktor hast, sag einfach, dass du auf deinen Mann warten willst."

„Verstehst du denn nicht? Ich kann mich durch nichts

herausreden. Er erpresst mich. Er will mich als Geliebte. Ich soll zu ihm in sein Haus ziehen, sonst verrät er, dass Daniel Jude ist. Das ist der Punkt."

„Will er ihn wirklich verraten? Ich habe bis jetzt einfach nicht daran glauben können. Otto macht solch einen liebenswürdigen Eindruck. Ich hätte nicht gedacht, dass er ein derartiger Dreckskerl ist! Den Nazis einen unschuldigen Jungen ans Messer zu liefern! Unglaublich!"

„Heute Abend hat er mich in sein Haus zum Essen eingeladen und zu einer Besprechung, wie er das nennt. Er besteht darauf, dass ich in sein Haus komme, um es mir anzusehen. Ich wette, seine Haushälterin wird er fortschicken, damit wir alleine sind."

„Du musst wohl oder übel mit ihm sprechen, da kommst du nicht umhin! Er wird dich schon nicht gleich vergewaltigen, Winnie!"

„Was hältst du davon, wenn ich ihm einen von Daniels Brillanten anbiete? Sozusagen als Gegenleistung dafür, dass er ihn nicht verrät?"

„Warum nicht? Es wäre einen Versuch wert. Aber eine Garantie hast du nicht, dass er Ruhe gibt, sobald er den Stein hat."

„Das glaube ich auch nicht. Deshalb verrate ich lieber nichts, sonst kommt er auf den Gedanken: Wo ein Edelstein ist, finden sich noch mehrere."

„Willst du nach deinem Gespräch mit Otto bei mir vorbeikommen, Ludwina?"

„Ja, das habe ich vor. Halte mir die Daumen, dass alles gutgeht, und dass er unsere Familie künftig in Ruhe lässt."

Nachmittags sah Mutter wie jeden Tag unsere Hausaufgaben durch, aber sie wirkte sehr unruhig und unkonzentriert. Sie verkürzte auch die Zeit, in der sie mit uns die obligatorischen Extraaufgaben übte, und schickte uns zeitiger als gewöhnlich zu unserem HJ-Treffen am Mittwoch.

Mutter wollte Oma Franzi nicht durch ihre unangenehmen Auseinandersetzungen mit Dr. Strettner belasten, daher erzählte sie ihr, sie würde zu einem Frauentreffen gehen und anschließend bei Eva übernachten. Sie bat Oma Franzi, bei uns Kindern in der Festungsstraße zu schlafen.

Auch mir erzählte sie erst viel später, als ich schon etwas älter war, von den Vorfällen dieses Mittwochabends. Daher fällt es mir leichter, sie in der Schilderung folgender Ereignisse Ludwina zu nennen.

Ludwina hatte für diesen Besuch eine Kleidung gewählt, die signalisieren sollte, dass sie nicht an einem Schäferstündchen interessiert sei. Sie trug ihre hellgraue Billardhose, ein zu dieser Zeit sehr unangemessenes, ja geradezu skandalöses Kleidungsstück, das Hitler verpönte. Frauen trugen keine Hosen!

Da Ludwina vor dem Krieg zusammen mit ihrem Mann und einer Gruppe von Bekannten regelmäßig zum Billardspielen gegangen war, hatte sie sich dieses Kleidungsstück von einem Schneider anfertigen lassen. Friedrich war der Ansicht, es sähe weitaus skandalöser aus, wenn eine Frau sich in einem engen Rock weit über den Billardtisch streckte als in einer Hose.

Diese Hose wurde in der Taille durch einen Gürtel mit raffiniertem Verschluss gehalten, der nicht leicht zu öffnen war. Dazu trug sie eine hellblaue Bluse mit Rückenverschluss und ein blaues Jackett.

So machte Ludwina sich zwanzig Minuten vor acht Uhr auf den Weg Richtung Schwimmbad, in dessen Nähe Dr. Strettners Haus am Waldrand lag. Zum Glück begegnete sie niemandem, denn zu dieser Zeit hielten die Landleute sich längst zu Hause oder auf ihren Höfen auf. Wäre sie in ihrer Aufmachung gesehen worden, hätte sie Gesprächsstoff für einige Tage abgegeben.

Als sie an der fein geschnitzten Haustür der großen Villa läutete, klopfte ihr Herz so kräftig vor Aufregung, dass sie dachte, man müsse es hören. Der Hausherr öffnete selbst die Tür und legte Ludwina die Hand auf die Schulter: „Komm herein! Schön, dass du hier bist!"

Sie hatte ihn wiederholt gebeten, sie bei ihrem Familiennamen zu nennen und zu siezen.

„Aber wieso?", antwortete er stets. „Auf dem Land duzen sich alle."

Das Haus war wirklich beeindruckend und geschmackvoll mit edlem Parkett, echten Teppichen und antiken Schränken ausgestattet.

„Der Doktor muss tatsächlich gut verdienen", dachte Ludwina, „oder er oder seine verstorbene Frau hat eine reiche Erbschaft gemacht."

Der Hausherr führte sie durch das große Wohnzimmer in ein mit bemalten Bauernmöbeln eingerichtetes Esszimmer zum gedeckten Tisch in einer Sitzecke. Er zog kaum bemerkbar, wie immer, das linke Bein etwas nach. „Bitte nimm doch Platz", forderte er Ludwina auf, „ich hole den Braten vom Herd."

„Aha, der Haushälterin hat er also freigegeben, wie ich erwartet habe", dachte sie.

Der Doktor kam mit einem Tablett zurück, auf dem ein

Holzbrett mit gespicktem Rehbraten, Porzellanschüsseln mit Blaukraut und Semmelknödeln und eine Sauciere standen.

„Das riecht verlockend!", bemerkte Ludwina.

„Genau wie du!", gab er mit einem süffisanten Lächeln zurück. Zunächst schenkte er aus einer geschliffenen Karaffe Rotwein in Kristallgläser ein.

„Auf uns!", prostete er ihr zu.

Ludwina antwortete nicht und nippte nur an ihrem Glas. Der Doktor schnitt mit dem Tranchierbesteck von dem Rehrücken geschickt einige feine Scheiben ab und verteilte sie auf den beiden vorgewärmten Tellern. Zwischenzeitlich hatte Ludwina ganz automatisch, als sei es ihre Aufgabe, die Beilagen und die Soße ausgeteilt.

„Siehst du, du fühlst dich hier schon ganz wie zu Hause!" Der Doktor prostete ihr wieder zu. Er hatte zwei nebeneinanderliegende Plätze am Tisch der Sitzecke gedeckt und konnte daher mit seinem Knie ihren Schenkel berühren. Ludwina zog ihr Bein weg und tat so, als hätte sie nichts bemerkt.

Aber Otto gab nicht auf. Während des Essens kam er ihr immer näher, legte den Arm um ihre Schultern und drückte sie an sich. „Nun, was sagst du zu meinem Haus? Das wäre doch die richtige Umgebung für dich, nicht wahr? Ich habe mich erkundigt. In Nürnberg hast du auch in einem großen Haus gelebt und gleich nebenan wohnten diese Juden. Und deren Balg ziehst du jetzt auf, nicht wahr?"

Ludwina versuchte ruhig zu bleiben. „Nein, Daniel ist mein Sohn. Er ist nicht beschnitten, wie du behauptest. Du weißt als Arzt ganz genau, dass auch eine permanent entzündete Phimose operiert werden muss. Das ist alles."

„Na ja, lassen wir das. Hauptsache, du ziehst zu mir, dann sprechen wir nicht mehr davon. Du wirst es schön haben.

Deine Mutter und deine Mädchen können auch hier wohnen und Daniel soll bei seiner Tante Eva bleiben."

Mit jedem Wort kam er ihr näher, streichelte ihren Schenkel, zerrte ihre Bluse aus der Hose und machte Anstalten, ihre Brüste zu küssen.

Ludwina bemühte sich verzweifelt, Abstand zu halten und Ruhe zu bewahren. Endlich gelang es ihr aufzustehen, aber Otto presste sie mit seinem Körper so kräftig an den schweren Tisch, dass er ihren Oberkörper gewaltsam zurücklehnte.

„Bitte, Otto, lass das! Daniel gehört zu mir und bleibt mit mir zusammen." Sie versuchte, ihn abzulenken: „Außerdem kennst du mich doch kaum. Wir sollten uns erst einmal öfters treffen und näher kennenlernen. Vielleicht entdeckst du dann Seiten an mir, mit denen du nicht einverstanden bist, und willst mich gar nicht mehr."

„Nein, du bist genau die Richtige für mich. Du bist schön, du bist klug und du hast Niveau."

Er zerrte weiter an ihrer Bluse und küsste sie auf den Hals. Mit der anderen Hand öffnete er seine Hose.

„Aber ich selbst muss mich erst mit dem Gedanken vertraut machen. Ich muss mich erst an dich gewöhnen."

„Damit können wir gleich anfangen, dass du dich schneller an mich gewöhnst", keuchte er und riss so gewaltsam an ihrem Gürtel, dass die Schließe platzte und er nur noch in den Schlaufen hängen blieb.

Ottos Hose war längst bis zu den Knien hinuntergerutscht, während er sich an Ludwinas Hosenverschluss zu schaffen machte. Sie war eisern zwischen Tischkante und seinem Körper eingeklemmt und konnte sich seiner kräftigen Hände nicht erwehren, sosehr sie auch auf ihn einschlug. Eine Hand war bereits unter ihren Hosenbund geglitten und versuchte ihn nach unten zu ziehen. Ludwina wand und drehte sich mit aller Kraft. Dabei fiel ihr Blick auf das Tranchiermesser, das noch immer im Rehrücken steckte. Sie packte es und stieß von ihrer Taille abwärts heftig in Richtung seiner Hand. Sie fühlte, dass die Spitze auf einen harten Widerstand stieß.

„Ein Knochen!", schoss es ihr durch den Kopf. Sie warf das Messer zur Seite.

Otto stieß einen eigenartig schluchzenden Laut aus, seine Hände erschlafften und er rutschte mit ausgestreckten Beinen rücklings auf die Eckbank. Dort blieb er regungslos liegen, die Augen weit geöffnet. Ludwina zwängte sich an seinen Beinen vorbei. Sie sah keine Verletzung an seinen Händen, aber ein rötlicher Schlitz in seinem Hemd ließ sie vermuten, ihn am Bauch oder in den Unterleib getroffen zu haben.

„Davon ist man doch nicht gleich tot!", dachte sie.

Das Messer lag etwa einen halben Meter von seinem Sitzplatz entfernt. Es glänzte rötlich feucht. Ludwina wollte sich nicht noch einmal in die Nähe des Doktors wagen, um es näher zu betrachten. Sie ekelte sich davor, ihn zu berühren, um unter dem Hemd nach einer eventuellen Bauchwunde zu sehen. Es schüttelte sie vor Furcht und Grauen.

Sie sah sich nach einem Telefon um. Es stand auf der Kommode neben der Tür. Neben dem Telefon lag ein kleines Verzeichnis, in dem auf der ersten Seite der Notruf vermerkt war. Als sich eine Männerstimme meldete, sagte sie: „Bitte kommen Sie sofort in Dr. Strettners Haus am Schwimmbad. Der Doktor ist bewusstlos."

Ludwina legte sofort auf. Sie fühlte sich wie schlaftrunken und ohne klare Gedanken, während sie wie in Trance ihre Kleidung ordnete, ihre Handtasche von der Konsole neben der Haustür nahm und das Haus verließ. Gerade, als die

Tür ins Schloss fallen wollte, griff sie im Reflex mit der Hand dazwischen und ließ sie einen Spaltbreit geöffnet, damit die Sanitäter eintreten konnten. Ludwina zitterte am ganzen Körper und musste mehrmals tief Luft holen, bevor sie sich auf den Weg zu Eva begeben konnte.

„Was, du bist schon zurück? Ich dachte, dass …" Eva unterbrach sich. „Mein Gott, wie siehst du denn aus! Weiß wie eine Leiche!"

Ludwina wankte zu einem Sessel und ließ sich hineinfallen. „Eine Leiche! Ja, ich habe ihn umgebracht!"

Eva schenkte ein Glas Cognac ein und befahl: „Runter damit und erzähle von Anfang an!"

Nach einer Weile hatte Ludwina sich gefasst und berichtete jedes Detail des Abends.

Eva war auch der Meinung: „Wenn du ihm den Bauch aufgeschlitzt hättest, hätte er vor Schmerzen lauthals geschrien. Nein, mit dem Doktor muss etwas anderes los gewesen sein, was ihn einfach so wegtreten ließ. Aber ich bekomme das heraus. Gleich morgen früh gehe ich in die Praxis auf einen Plausch mit Gundel."

„Glaubst du wirklich, sie wird über solch einen Vorfall mit einer Patientin sprechen?"

„Ich habe noch nie eine Sprechstundenhilfe kennengelernt, die so gesprächig ist wie Gundel. Jedenfalls plaudert sie gerne mit mir, während ich darauf warte, ins Sprechzimmer gerufen zu werden. Und der Gipfel: Ihr Mann ist Polizist! Vielleicht hat sie von dem auch schon Neuigkeiten."

„Danke Eva, du bist mir eine große Hilfe. Jetzt bin ich schon etwas ruhiger, aber ich glaube, ich kann die ganze Nacht nicht schlafen, so rumoren die Gedanken in meinem Kopf."

„Nun trinken wir noch ein Gläschen Wein und reden von erfreulicheren Dingen, damit du auf andere Gedanken kommst. Dann gebe ich dir eine Schlaftablette – und glaube mir, du schläfst wie ein Murmeltier."

Am nächsten Morgen traf Eva pünktlich zu Sprechstundenbeginn in Dr. Strettners Praxis ein. Gundel, die Arzthelferin, brannte offensichtlich darauf, einem gebildeten Menschen aus der Stadt, wie ihrer neuen Bekannten Eva, das Neueste mitteilen zu können: „Denk nur, der Doktor ist tot! Jemand hat gestern Abend die Sanitäter gerufen. Als sie aber eintrafen, fanden sie den Doktor alleine vor. Er war schon tot. Herzschlag, sagte der Notarzt, oder Schlaganfall oder so was. Na, der Doktor hatte sowieso ein schwaches Herz. Deshalb ist er auch nicht eingezogen worden."

Gundel unterbrach ihren Redeschwall, da laufend Patienten hereinkamen, die sie wegschicken musste. Sie hängte ein Schild vor die Tür: „Praxis heute geschlossen!"

„Wegen seiner Herzschwäche hat er auch seinen Leistenbruch nicht operieren lassen", plauderte Gundel weiter, „er befürchtete, sein Herz würde die Narkose nicht überstehen. Deshalb musste er auch ständig ein Bruchband um den Bauch tragen. Ich half ihm öfters, die Pelotten unter dem Band auf die Brüche zu legen. Weißt du, das sind Verstärkungen, die man auf die Bruchpforten, auf die Schwachstellen, legt, damit der Darm nicht durch die Bauchdecke quellen kann. Über sein Bruchband hat der Doktor immer gescherzt und hat gesagt: ‚Gundel, das ist meine Reizwäsche. Das beeindruckt die Damen!'"

„Sag mal, Gundel, dein Mann ist doch Polizist. War er auch dabei, als die Sanitäter im Haus waren?"

„Aber freilich! Sie mussten doch die Polizei rufen, weil

der Doktor tot war. Mein Mann und Franz hatten Dienst. Außerdem war alles so eigenartig. Die Haustür war nur angelehnt und am Tisch war für zwei Leute gedeckt. Der Gast hat sich aber aus dem Staub gemacht. Bestimmt war das wieder irgend so eine Bardame aus Nürnberg. Und die versuchte, ihn zu erstechen."

„Was!", staunte Eva. „Die versuchte ihn zu erstechen? Was meinst du denn mit ‚versuchte'?"

„Sie hat mit dem Tranchiermesser scheinbar in seinen Bauch stechen wollen, aber sie traf mit der Spitze direkt auf die Pelotte. Der Doktor hat sich seine Pelotten aus irgendeinem Metall machen lassen. Ich glaube aus Aluminium. Deshalb ist nur im Bruchband ein Schnitt zu sehen. Aber die Bruchpforte kann schon einen tüchtigen Stoß abbekommen haben."

„Kann der Stoß auf die Schwachstelle ihn getötet haben?"

„Ach, woher denn! Aber vielleicht ist der Doktor darüber so erschrocken, dass sein Herz einfach ausgesetzt hat!"

„War eigentlich Blut an dem Messer?"

„Nein, an dem Messer war nur Bratensauce. Gestern Abend haben sie weiter nichts Aufschlussreiches entdeckt. Vielleicht gibt es heute Vormittag Neuigkeiten. Ich bin schon gespannt, was mein Mann erzählt, wenn er mittags heimkommt. Ich glaube einfach, dass der Doktor es diesmal mit einer Frau zu tun hatte, die nicht so leicht herumzukriegen war wie die anderen. Das war eine, die sich gewehrt hat."

„Wenn du wüsstest, wie recht du hast", dachte Eva. „Du bist ja selbst schon wie eine Detektivin", schmeichelte sie ihr, „du solltest zur Polizei gehen, nachdem deine Stelle als Sprechstundenhilfe hier beendet ist."

„Ich glaube, es wird bestimmt bald wieder ein neuer

Arzt kommen. Vielleicht behält er mich. Aber, hör zu, Eva", Gundel beugte sich zu ihr vor, „das bleibt alles unter uns, was wir besprochen haben, gell?"

„Aber freilich bleibt alles unter uns. Wem soll ich schon etwas erzählen? Ich kenne doch kaum jemanden in Schnaittach."

Ludwina wartete schon ungeduldig auf ihre Freundin, als Eva gegen Mittag zur Tür hereineilte. „Alles in Ordnung, Winnie! Du hast den Doktor nicht umgebracht!"

Sie erzählte ihr alle Einzelheiten des Gesprächs mit Gundel. „Nachdem Otto solch ein schwaches Herz hatte, musste ihn der Kampf mit dir gehörig angestrengt haben. Da war der Stoß auf die Pelotte nur das Tüpfelchen aufs ‚i'. Du wirst sehen, Winnie, nachdem es keinen ‚Mord' gibt, wird die Polizei es sich ersparen, nach dem Gast dieses Abends zu suchen. Da kannst du ganz beruhigt sein."

Genau so, wie Eva vorhergesehen hatte, geschah es auch. Nach einiger Zeit konnten sie in der Zeitung lesen, dass man die Ermittlungen eingestellt hatte.

27. Unter Tieffliegern, Feuerregen und blutendem Himmel

Wir lebten nun schon seit zwei Jahren in Schnaittach und fühlten uns dort wohl und vor allem geschützt vor Fliegerangriffen. Was das Dorf betraf, so konnte man sich hier auch weitgehend sicher fühlen, denn es bot keine lohnenden Angriffsziele. Hingegen war die Eisenbahnlinie dorthin von einem Tag auf den anderen gefährdet, wie Tante Evi und ich bald hautnah zu spüren bekamen.

Nach den Sommerferien fuhren Tante Evi und ich wieder am Freitag zusammen mit dem Zweiuhrzug nach Nürnberg. Sie begleitete mich zur Musikschule in die Königstraße, um anschließend den kleinen Umweg an der Lorenzkirche vorbei in die Marienstraße zu ihrem Atelier zu machen.

Etwa zwanzig Minuten vor drei Uhr standen wir vor der Musikschule. Am Eingang hing ein Schild mit der Mitteilung: „Wegen Trauerfalls vorübergehend geschlossen."

„Oh, hoffentlich ist meinen Lehrern nichts zugestoßen!", sagte ich.

„Ja, wir wollen nicht gleich an das Schlimmste denken!", antwortete Tante Evi geistesabwesend, während sie auf ihre Armbanduhr sah. „Pass auf, wenn du rennst, erwischst du noch den Dreiuhrzug zurück nach Schnaittach. Ach, weißt du was? Ich habe heute auch nichts Besonderes zu tun. Ich fahre gleich mit."

Wir eilten zurück zum Bahnhof und erreichten noch rechtzeitig unseren Zug. In dem Moment, als wir es uns im Abteil bequem gemacht hatten, heulten die Sirenen.

„Schnell, steig aus! Wir müssen in den Bahnhofsbunker!", rief Tante Evi. Aber es war zu spät. Der Zug rollte bereits.

„Es gab schon oft am Tag Fliegeralarm", sagte eine blonde Frau neben mir. „Aber es sind noch nie Bomben gefallen. Die Flugzeuge donnern nur an Nürnberg vorbei oder darüber hinweg und fliegen zu anderen Städten. Furchtbar!" Sie schüttelte sich.

„Einmal ist stets das erste Mal", erwiderte Tante Evi. „Es kann jederzeit passieren, dass auch Nürnberg am Tag angegriffen wird."

Die beiden Frauen unterhielten sich immer noch über die furchtbaren Bombenangriffe, während wir schon weit von der Stadt entfernt durch ländliche Gebiete fuhren.

Plötzlich hörte ich ein lautes Stakkato: „Tack, tack, tack, tack, tack!"

Die blonde Frau lehnte sich an mich, als ob sie an meiner Schulter schlafen wolle. Der Zug hielt mit einem heftigen Ruck an, und die Frau fiel vornüber auf den Boden.

„Tiefflieger! In Deckung unter die Bänke", schrie ein Mann. „Tack, tack, tack, tack, tack!", tönte es weiter.

Tante Evi beugte sich schützend über mich. Erst als die Zuggeräusche verklungen waren, fiel uns das Dröhnen der Flieger auf. Die Lautstärke minderte sich; anscheinend waren sie über uns hinweggeflogen. Der Mann kroch unter der Holzbank hervor, aber die blonde Frau war von einem Geschoss am Hals getroffen worden und lag tot vor unseren Füßen.

„Schnell raus!", rief Tante Evi und ergriff meinen Arm. „Die kommen sofort zurück!"

Aus allen Türen der Waggons hasteten die Menschen ins

Freie. Die einen suchten Schutz unter dem Zug, während andere zum nahen Wald rannten. Tante Evi zerrte mich in Richtung der Bäume. Wir hörten, wie die Flieger sich wieder näherten, erreichten aber den Wald, bevor das gefürchtete Stakkato ertönte. Wir liefen immer weiter, um dieses Inferno weit hinter uns zu lassen.

Nach einer Weile machten wir keuchend Halt und ließen uns auf dem Waldboden nieder.

„Mein Gott, wie siehst du denn aus, Kind!", rief Tante Evi entsetzt. „Ist dir etwas passiert? Wo tut es dir weh?"

„Nein, mir ist nichts passiert! Es tut mir nirgendwo weh", antwortete ich und schaute dabei an mir herunter. Ich erschrak. Mein helles Sommerkleid war über und über mit Blut bespritzt. Schnell zog ich es aus. „Das kommt von der blonden Frau", sagte ich. „Sie hat sich an mich gelehnt. Die arme Frau!", fügte ich bedauernd hinzu. „Sie war so nett!"

Tante Evi nahm mich in die Arme und ich merkte, wie sie vor Aufregung zitterte. „Weißt du, dass sie dich vor einem Kopfschuss bewahrt hat, Röschen? Wenn sie nicht neben dir gesessen hätte, wärest du von dem Geschoss, das sie das Leben kostete, am Kopf getroffen worden."

Tante Evis Schilderung dieser Situation stimmte mich sehr nachdenklich und ich dachte daran, wie oft mein Vater mir versichert hatte, dass ich ein Glückskind sei. Heute hatte ich großes Glück, und ich dankte Gott im Stillen dafür.

Tante Evi riss mich aus meinen Gedanken: „So in der Unterwäsche kannst du aber nicht herumlaufen! Warte, wir können dir mein Kopftuch als Rock umbinden." Sie zog ein Tuch aus ihrer großen Tasche, die sie während der Zugfahrt nicht aus der Hand gelassen hatte, und wickelte mir den bunten Stoff um die Hüften. „Schau, das passt doch! Und außerdem kannst du meine Strickjacke nehmen. Die reicht dir fast bis zum Knie."

„Danke, Tante Evi! Steck sie bitte wieder ein. Ich ziehe sie später an, wenn es nicht mehr so warm ist. Wo sind wir denn überhaupt? Kennst du eigentlich den Weg?"

„Nein", gab sie zu, „aber vielleicht können uns diese netten Leute weiterhelfen."

Zwei ältere Damen näherten sich uns. „Wir waren auch im Zug", sagte die eine von ihnen. „Wir haben uns unter dem Zug hinter die Räder gelegt, weil wir nicht so schnell davonrennen konnten. Die Flieger kamen noch einmal zurück und beschossen den Zug. Dann flogen sie weg. Es war schrecklich. Wir hatten Angst, mit dem Zug weiterzufahren. Wir laufen jetzt nach Simmelsdorf."

„Und wir müssen nach Schnaittach. Dürfen wir uns Ihnen anschließen?"

„Aber selbstverständlich! Wir können uns ein bisschen unterhalten, dann kommt uns der Weg nicht so weit vor."

Als die Dame einen fragenden Blick auf meine spärliche Bekleidung warf, erklärte Tante Evi ihr die Situation.

„Wie furchtbar, was die Kinder heute alles mitmachen müssen!" Sie schüttelte den Kopf und holte eine Flasche Wasser aus ihrer Tasche. „Nehmen Sie ein Taschentuch und waschen Sie dem Mädchen das Blut von Gesicht und Hals! Wir gehen einstweilen langsam voraus. Zwei Stunden werden wir schon laufen müssen."

„Ihr kommt heute aber zu einer ungewöhnlichen Zeit zurück. War etwas los?", fragte Mutter, als wir die Zimmertür öffneten.

„Und ob etwas los war!", antwortete Tante Evi und erzählte ihr von unseren Erlebnissen des Nachmittags.

Mutter schloss mich in die Arme. „Ein Glück, dass ihr mit dem Schrecken davongekommen seid! Du fährst jetzt natürlich nicht mehr zur Musikschule, Röschen! Vorläufig kannst du auch in Schnaittach bei Frau Hessler Unterricht nehmen. Und du, Eva, du solltest auch nicht mehr nach Nürnberg fahren. Du hast ohnehin kaum etwas zu tun in deinem Atelier."

Wie gut, dass Tante Eva auf Mutter hörte und ihre Stadtfahrten einstellte, denn wenige Tage später wurde Nürnberg in der Mittagszeit von amerikanischen Bombern eine Stunde lang attackiert. Von da an erfolgten die nächtlichen Bombenangriffe auf Nürnberg nahezu Monat für Monat. Obwohl in Schnaittach keine Alarmsirenen warnten, wurden die Einwohner von den Fliegern, die über den Dörfern ihre Schleifen zogen, um zum nächsten Angriff anzusetzen, aus dem Schlaf gerissen. Viele Leute gingen dann jedes Mal erst wieder zu Bett, wenn sie sicher waren, dass der Angriff zu Ende war. Daniel und ich hatten mit unseren elf Jahren gottlob einen gesunden Schlaf und hörten bislang nichts von den nächtlichen Dramen. Doch das sollte sich schlagartig ändern.

Zum Jahresbeginn 1945 stand Nürnberg am frühen Abend ein Bombenangriff bevor, der alle vorhergegangenen in den Schatten stellen sollte. Gundel, die immer alle Neuigkeiten wusste, ob es sich um Klatsch handelte oder um vernünftige Berichte, wurde am 2. Januar zugetragen, dass Nürnberg von morgens zehn Uhr bis nachmittags vier Uhr laufend von Fliegeralarm aufgeschreckt wurde. Es handelte sich um ungewöhnlich viele Anflüge von Aufklärungsflugzeugen, welche immer wieder Alarm auslösten. Die Menschen wurden über das Radio vor einem baldigen Großangriff gewarnt.

Tante Eva hatte Gundel am Spätnachmittag kurz in der Praxis des neuen Doktors besucht und erfahren, was der Stadt voraussichtlich bevorstand. Da wir in der Festungsstraße keinen Radioanschluss hatten, eilte sie zu Mutter, um von dem drohenden Angriff zu berichten. „Wir sollten frühzeitig zu Abend essen und die Kinder bald ins Bett schicken, damit sie nichts davon mitbekommen", schlug Eva vor. „Ich würde gerne heute Nacht hierbleiben, denn von eurer Anhöhe aus können wir beobachten, was mit unserem Nürnberg geschieht."

Wir hatten uns um sechs Uhr soeben zum Essen an den Tisch gesetzt, als in Schnaittach die Sirenen aufheulten. Dieser Ausnahmefall konnte nur bedeuten, dass zahlreiche Bombergeschwader im Anflug sein mussten und man daher einen außerordentlich heftigen Angriff auf Nürnberg erwartete. Man wollte den Schnaittacher Bürgern nahelegen, ihre Keller aufzusuchen.

Helga war schon beim ersten Heulton kreidebleich geworden, so sehr war ihr noch der Schrecken und die Angst im Gedächtnis, als wir in Nürnberg in unserem Haus am Dutzendteich im Keller saßen und das Dröhnen der Bomber und die Explosionen im Stadtgebiet hören mussten.

Unsere Mutter nahm sie in die Arme: „Du brauchst keine Angst zu haben, Kleines! Hier passiert nichts, hier ist noch nie etwas passiert! Komm, iss deine Brote auf und trink deine Milch!"

„Ich will ins Bett!", jammerte Helga. „Aber mit Oma Franzi!"

„Ich habe nichts dagegen, ins Bett zu gehen. Ich habe schon einen Krieg hinter mir. Ich will nichts wissen vom Krieg!", grummelte Oma Franzi.

Sie stopfte ein wenig Watte in Helgas Ohren und das älteste und das jüngste Mitglied der Familie zogen sich ins Schlafzimmer zurück.

Tante Eva riskierte einen Blick durch den Vorhangspalt nach draußen. „Es ist noch alles ruhig! Die Flugzeuge wurden anscheinend schon weit entfernt vor Nürnberg gesichtet."

Daniel und ich waren weder durch gutes Zureden noch durch Androhung von Strafarbeiten dazu zu bewegen, ins Bett zu gehen. Obwohl wir ebenfalls große Angst hatten, blieben wir wie festgenagelt am Fenster stehen und blickten hinaus in den sternenklaren Nachthimmel. Niemand von uns ahnte zu diesem Zeitpunkt, dass wir in der folgenden Dreiviertelstunde den Untergang der berühmten Nürnberger Altstadt miterleben würden.

Auf einmal sahen wir vereinzelte helle Lichtgebilde über der Stadt. Sie waren wie Tannenbäume geformt.

„Diese Lichtkaskaden setzen bestimmte Flieger, die sogenannten Pfadfinder, ab. Sie sind der Vortrupp der Bomber", erklärte Tante Evi. „Sie erleuchten das Stadtgebiet wie riesige Taschenlampen, damit die Bomberflotte ihre Ziele klar erkennen kann."

Jetzt wurde meine Angst noch größer. Ich wollte weglaufen und mich in meinem Bett verkriechen, aber Daniel packte meinen Arm und hielt mich fest. Ich bemerkte, dass er zitterte, aber er blieb standhaft stehen.

Schon waren die ersten Bombenexplosionen zu erblicken. Sie erzeugten rote Blitze und Stichflammen, die wir sogar aus der Entfernung als kurzes Aufleuchten am Horizont wahrnehmen konnten. Immer schneller erfolgte Explosion auf Explosion. Ein grauenhaftes Schauspiel!

Da die Bomber sich von Westen her Nürnberg genähert hatten, hörten wir ihr Dröhnen erst, sobald sie die Stadt hinter sich gelassen hatten. Viele der Bomber flogen genau über unserem Gebiet eine Kehre, um von Neuem anzugreifen.

Mittlerweile war unsere geliebte Heimatstadt mehr und mehr von loderndem Feuer erleuchtet. Die schnell aufeinanderfolgenden Angriffswellen bewirkten offensichtlich, dass die zahlreichen Einzelfeuer sich rasch zu einem orkanartigen Feuersturm vereinten. Es lag ein rötlicher Schein über Nürnberg und vom Himmel sprühten Kaskaden von rotgelben Tropfen.

„Was ist das, Tante Evi?", fragte Daniel.

„Phosphor!", antwortete sie kurz.

„Gruselig!", flüsterte er. „Es sieht aus, als ob es Feuer regnete."

Immer wieder donnerten die Bomber über uns hinweg, um zu wenden und ihre Feuer und Tod bringende Ladung über Nürnberg abzuwerfen.

Doch plötzlich trat Stille ein. Gespenstisch und unheimlich. Der rötliche Schimmer, der zu Anfang über Nürnberg lag, hatte sich zu einem kräftigen Rot entwickelt, das sich mehr und mehr über den Himmel ausbreitete.

Ich ahnte, dass dies eine Katastrophe ungeahnten Ausmaßes bedeutete. Mutter und Tante Eva weinten. Auch mir liefen die Tränen fortwährend über die Wangen, als ich an die vielen Menschen dachte, deren Häuser nun brannten und die vielleicht verletzt waren oder gar tot. Das schaurige Rot des Himmels ängstigte mich. Aufgewühlt deutete ich nach oben: „Mutti, sieh doch, über Nürnberg blutet der Himmel."

28. Die Amerikaner kommen

Wenige Monate später, im April, waren nicht allzu weit von Schnaittach entfernt Schüsse und Detonationen von Handgranaten zu hören. Es hieß, dass der Feind näher gerückt sei und dass die Amerikaner bald in Schnaittach einmarschieren würden.

Viele Frauen des Dorfes hatten Angst vor den Amerikanern und wollten die Invasion nicht miterleben. Sie schlossen sich zu einer größeren Gruppe zusammen und hatten vor, gemeinsam mit ihren Kindern auf zwei bis drei Ochsenkarren zu einem nahezu verlassenen Weiler zu fahren. Da er abgelegen im Wald lag und nur auf Feldwegen erreichbar war, befand er sich nicht im unmittelbaren Blickfeld der Amerikaner. Dort wollten sie abwarten, bis sich in Schnaittach nach der Besetzung durch die Befreier alles normalisiert habe.

Auch Mutter wurde gefragt, ob sie sich mit ihrem ganzen Anhang anschließen wolle. Wir packten also Kleidung und Proviant für einige Tage ein und nahmen Wolldecken für die Nacht mit.

Nach einigen Stunden unbequemer Fahrt auf einem der Ochsenkarren erreichten wir am späten Nachmittag den Weiler. Er bestand aus fünf Bauernhäusern, die schon bessere Tage gesehen hatten. Nur ein Gehöft war noch bewohnt und bewirtschaftet. Außerdem gab es einen Brunnen, aus dem wir köstliches Wasser pumpen konnten.

Die Frauen schickten sich sogleich an, eines der Häuser sauber zu fegen und in der großen Wohnküche ein Feuer im Herd zu entfachen. Die größeren Kinder, darunter auch Daniel und ich, wurden zum Holzholen in den Wald geschickt. Wir schichteten die trockenen Zweige und Äste gleich in einer Kammer neben der Küche auf.

Dann erhielten wir den Auftrag, Stühle herbeizuschaffen. Die früheren Bewohner hatten in der Küche zwar den großen Tisch stehen lassen, aber die Stühle reichten für unsere Gruppe nicht aus. Tatsächlich fanden wir in den verlassenen Häusern ein paar wackelige Hocker, die wir am Brunnen auch gleich säubern mussten.

Das gemeinsame Abendessen schmeckte großartig. Die Frauen hatten in zwei riesigen Töpfen Gemüsesuppe mit Kartoffeln gekocht. Dazu gab es ein großes Stück Brot. Die mitgebrachten Vorräte waren in der Kammer in einem Regal untergebracht und es galt die Regel: Alle mitgebrachten Lebensmittel gehören der Gemeinschaft.

Es gab im Haus keine elektrischen Lampen, daher gingen wir alle schlafen, als das verlöschende Feuer im Herd kein Licht mehr spendete. In spärlichem Kerzenschein suchten wir uns in einer der drei Schlafkammern Liegeplätze auf dem Holzboden und wickelten uns in dicke Decken ein. Als Kopfkissen musste eine Jacke oder ein Mantel dienen. Daniel und ich hatten Helga auf unserer Unterlage in die Mitte genommen, was sich als ein großer Fehler herausstellte. Sie knirschte die ganze Nacht lang nahezu ununterbrochen derart laut mit den Zähnen, dass ich von den Geräuschen immer wieder geweckt wurde.

Drei Tage und drei Nächte hausten wir in unserem Zufluchtsort. Wir Kinder fühlten uns dort pudelwohl. Wir mussten nur für ausreichend Holz sorgen, ansonsten durften wir den ganzen Tag lang miteinander spielen und uns im Wald austoben.

Am dritten Tag kam mit dem Fahrrad ein Bote aus Schnaittach mit der Meldung, dass die Übernahme der Amerikaner ganz unproblematisch verlaufen sei und wir getrost nach Hause kommen könnten.

„Die Amis haben unser Haus nach Waffen, Hitlerbildern und Hakenkreuzfahnen durchsucht", teilte uns Frau Wendler mit, als wir am nächsten Vormittag zu Hause eintrafen. „Bei Ihnen haben sie außer den Uniformen der Kinder nichts gefunden. Sie sollen sich aber im Hauptquartier melden."

„Danke, das mache ich gleich. Das fängt ja gut an!", seufzte Mutter. „Los, Kinder! Wascht euch mal gründlich und zieht euch um! Ihr kommt mit!"

Nachdem wir uns gesäubert und unsere besten Kleider angezogen hatten, machte sich Mutter mit uns drei Kindern auf den Weg zum Rathaus.

„Können die Amis die Juden auch nicht leiden, Mutti?", fragte Daniel beklommen.

Mutter blieb stehen, nahm Daniel an den Schultern und sah ihm ernst in die Augen. „Daniel, merk dir gut: Du musst von jetzt an nie mehr vor irgendjemandem Angst haben. Weder vor den Amerikanern noch vor den Deutschen. Es gibt keine Gestapo mehr, keine SA und keine SS! Und was die Amerikaner betrifft – sie werden dich mögen. Da bin ich sicher!"

Daniel überlegte einen Moment, dann bat er: „Aber heute erzählen wir noch nicht, dass ich Jude bin."

„Nein, ich denke, wir können uns noch etwas Zeit lassen. Wir müssen zuvor noch einiges besprechen. Einverstanden?"

„Okay!", antwortete Daniel grinsend.

„Hallo, du passt dich ja schon an!", bemerkte Mutter und knuffte ihn in die Schulter.

„Du meine Güte!", staunte ich, als ich Mutter und Daniel nebeneinander stehen sah. „Sieh mal, Helga! Dani ist ja schon größer als Mutti!"

Allerdings konnte man Mutter nicht gerade als groß bezeichnen, sie war eher von zierlicher Statur. Nun hatte Daniel sie eingeholt. Er war in den letzten Monaten sehr in die Höhe geschossen und zählte mit seinen fast zwölf Jahren zu den größten Jungen in unserer Klasse. Doch im Gegensatz zu den Bauernkindern war er zu dünn und schlaksig. Genauso wie ich. Obwohl unsere Familie nie Hunger leiden musste, waren wir in den Kriegsjahren sicher nicht optimal ernährt.

Der Officer, der sich als Commander Portman vorstellte, gab sich reserviert, aber nicht unfreundlich. Er musterte uns alle der Reihe nach mit offensichtlichem Interesse.

„Wie heißt ihr und wie alt seid ihr?", fragte er uns Kinder.

Daniel und ich konnten seine einfachen Fragen dank unseres Privatunterrichts bei Rektor Sattler recht gut auf Englisch beantworten, und für Helga gab Mutter die Antworten. Eine Schreibkraft tippte das Gespräch mit.

Er wandte sich an Mutter: „Sie stammen nicht aus diesem Dorf, oder?"

Mutter kramte ihr Schulenglisch hervor, obwohl der Dolmetscher einsatzbereit am Schreibtisch saß. „Nein, wir kommen aus Nürnberg."

„Sind Sie Parteigenossin?", wollte der Commander als Nächstes wissen.

Als Mutter verneinte, fragte er: „Wieso schickten Sie Ihre Kinder dann zur Hitlerjugend?"

Über eine solche geistlose Frage ärgerte sich Mutter. „Die Gründe hierfür dürften Ihnen bereits bekannt sein. Sicher bin ich nicht die erste Mutter mit HJ-Kindern, die Sie vernehmen.

Der Eintritt in die HJ war absolute Pflicht. Eine Weigerung hätte harte Konsequenzen nach sich gezogen."

Der Commander verkniff sich ein Lächeln. Er hatte eine selbstbewusste Frau vor sich. Das imponierte ihm augenscheinlich.

„Ist Ihr Mann Parteigenosse?", fragte er weiter.

„Friedrich ist seit zweieinhalb Jahren in Stalingrad vermisst", antwortete Mutter ausweichend.

Es folgten noch einige Routinefragen und wir waren entlassen.

Abends besuchte uns Tante Eva mit brandneuen Berichten aus Gundels Quellen: Während die Schnaittacher auf den Einzug der Amerikaner gewartet hatten, bemühten sie sich, schnellstens alle Hitlerbilder und -bücher, Hakenkreuzfahnen und Uniformen zu vernichten. Weiße Tücher wurden aus den Fenstern gehängt und viele Leute beteten in der Kirche, wohingegen alle Parteimitglieder, die eine einigermaßen bedeutende Rolle gespielt hatten, spurlos verschwanden.

Nach ihrem Einzug in Schnaittach waren die Amis sofort in jedes Haus eingedrungen und hatten die Räume vor allem nach Waffen durchsucht. Dabei gingen sie nicht gerade zimperlich mit den Möbeln um. Einige der Häuser mussten für die Mannschaft zur Verfügung gestellt werden, größere Häuser und Villen blieben den Offizieren vorbehalten. Die Bewohner hatten oft keine andere Wahl, als in Scheunen zu schlafen, wenn sie keine Unterkunft bei Verwandten oder Bekannten fanden.

„Ein Glück, dass euer Häuschen zu weit außerhalb liegt. Das ist für die Amis unbrauchbar", stellte Tante Evi fest.

In diesem Augenblick hörten wir einen Jeep vor der Gartentür bremsen und Türen schlagen. Wir rissen das Fenster auf und sahen, wie ein Soldat aus dem Fahrzeug sprang und mit einer großen, prall gefüllten Tüte unterm Arm über die Stufen der kleinen Anhöhe zum Haus hocheilte. Er polterte die Treppe zu unserer Stube hinauf und überreichte Mutter die Tüte.

„Von Commander Portman!", bellte er, grüßte militärisch und eilte zurück zu seinem Jeep. Völlig verdutzt hielt Mutter die Tüte mit beiden Händen vor sich hin.

„Na, nun stell sie schon endlich auf den Tisch!", drängte Tante Evi. „Lass mal sehen, was drin ist!" Kurz entschlossen griff sie nach dem Paket und kippte den Inhalt auf den Tisch. Ungeahnte, teils lang entbehrte und zum Teil bislang unbekannte Schätze lagen vor uns ausgebreitet: Bohnenkaffee, Zucker, Schokolade, Bonbons, Büchsenmilch, Dosen mit Corned Beef und Erdnussbutter sowie Zigaretten.

„Mich laust der Affe!", staunte Tante Evi. „Das gibt ein Festessen!"

„Nein, ich kann das nicht annehmen! Wir müssen alles zurückschicken!"

„Du spinnst ja! Das kannst du nicht zurückgeben! Das ist ein Geschenk! Willst du den Commander beleidigen? Sicher hat er bemerkt, wie dünn deine Kinder sind!"

Inzwischen hatten wir Kinder uns nicht zurückhalten können, nach den Bonbons zu greifen. „Nein, Mutti! Tante Evi hat recht! Das kannst du nicht zurückgeben."

Mutter gab seufzend nach. „Also gut, dann machen wir uns ein feines Abendessen."

„Na, endlich! Geht doch!", brummte Tante Evi.

Nach einer halben Stunde saßen wir vor einem außergewöhnlich köstlichen Mahl wie seit Langem nicht mehr. Es gab Kartoffelsalat mit dicken Corned-Beef-Scheiben und zum Nachtisch für uns Kinder Schokolade und für die Erwachsenen eine Tasse Kaffee.

„Ich glaube, du hast dir wieder einen Verehrer angelacht!", bemerkte Tante Evi.

„Unsinn, ich habe den Commander doch kaum angesehen."

„Er dich dafür umso mehr", lachte Tante Evi. „Ich wette, das wird nicht das letzte Paket sein."

Mit ihrer Vermutung lag Tante Evi richtig. Künftig brachte der gleiche Bote zweimal in der Woche eine große Tüte mit unterschiedlichen Nahrungsmitteln. Offensichtlich war Commander Portman in einer Position, die es ihm erlaubte, die Vorschrift „Kein Kontakt mit Deutschen" zu umgehen.

Nachdem Oma Franzi und Helga sich auf den Weg zu ihrem Zimmer im Gasthaus gemacht hatten und Daniel und ich alleine mit unserer Mutter am Tisch saßen, fragte Daniel: „Mutti, was wolltest du mit mir besprechen?"

„Nun, es handelt sich um keine einfache Angelegenheit, Dani. Wenn wir dem Commander erzählen, dass du Jude bist und seit einigen Jahren bei uns lebst, besteht die Möglichkeit, dass er diese Tatsache weitermelden muss, und zwar an ein Office, zu dessen Aufgabenbereich es gehört, vermisste Kinder oder Jugendliche schnellstmöglich zu ihren Verwandten zu bringen. In deinem Fall nach Amerika."

„Nein, nein", fiel Daniel Mutter ins Wort, „ich will nicht nach Amerika! Ich will bei euch bleiben!"

„Ja, Dani muss bei uns bleiben!", stimmte ich eifrig zu.

„Wir möchten dich auch gerne behalten, Dani, aber wir haben kein Recht dazu. Ich kann auch das Sorgerecht nicht beantragen, weil hierfür deine Schwester Ruth zuständig ist, oder Tante Rebekka und Onkel Noah, die Geschwister deines Vaters."

„Wenn wir einfach verschweigen, dass ich Jude bin, dann kann ich bei euch bleiben."

„Du willst dein ganzes Leben mit falschen Papieren verbringen, Daniel? Das geht leider nicht. Wir müssen die Karten nun bald aufdecken, denn es gibt keinen Grund mehr, deine Herkunft länger zu verbergen. Außerdem denke an deine Religion, die deinen Eltern und auch dir so wichtig war und nach der deine Verwandten ebenfalls leben. Du musst wieder zum Judentum, der Religion deiner Vorfahren, zurückkehren."

„Ich habe in den vergangenen dreieinhalb Jahren doch schon fast alles vergessen." Daniel überlegte kurz. „Und wie wäre es, wenn ich evangelisch werden würde?"

„Soweit mir bekannt ist, darfst du erst konvertieren, wenn du vierzehn Jahre alt bist, Dani, und auch nur dann, wenn dein Vormund zustimmt."

„Dann muss Ruth mein Vormund werden. Ich bin sicher, sie erlaubt, dass ich bei euch bleibe."

„Erst müssen wir Ruth finden oder noch einfacher, Ruth müsste sich nach uns erkundigen. Wir wissen nicht, ob sie noch in Zürich lebt oder ob sie nach New York ausgewandert ist. Sobald sie erfährt, dass du damals geflüchtet bist, wird sie vermuten, dass du in unserer Familie Unterschlupf gefunden hast. Aber jetzt überschlafen wir das ganze Problem erst einmal. Wir müssen nichts überstürzen."

Die Headquarters hatten einige Zeit damit zu tun, jeden einzelnen Bewohner aus Schnaittach und den umliegenden Ortschaften zu überprüfen und die Parteigenossen unter ihnen zu vermerken.

Tante Evi überbrachte uns eines Abends wieder Gundels neueste Nachrichten: „Die Amerikaner werden in den nächsten Tagen abziehen. Commander Portman wird nach Nürnberg versetzt. Schade, dann ist Schluss mit deinen Lebensmittelpaketen!"

„Vor seiner Abreise muss ich mit Commander Portman unbedingt über Daniel reden. Vielleicht kann er uns helfen, mit Ruth Kontakt aufzunehmen, falls sie noch in Zürich lebt."

„Für dich wird er alles tun. Es ist doch deutlich erkennbar, dass er an dir interessiert ist."

„Unsinn! Mir genügt schon, wenn er sich für Daniel einsetzt."

Daniel und ich hörten dieser Unterhaltung aufmerksam zu. Wir wussten, dass die Rückkehr meines „Bruders" zu seiner früheren Identität unumgänglich war, aber wir hatten große Sorge, dass die Kontaktaufnahme mit seinen Verwandten unsere Trennung bedeuten würde.

Am folgenden Tag baten Mutter und Tante Eva im Hauptquartier um eine Unterredung mit Commander Portman, konnten ihn aber nicht mehr erreichen. Er war schon unterwegs nach Nürnberg, während die Angestellten die Auflösung des Headquarters organisierten.

„Kinder, jetzt haben wir noch viel Zeit, bis wir uns wieder bei Commander Portman melden können. Erst müssen wir in Nürnberg nach dem Rechten sehen und dort wieder Fuß fassen", sagte Mutter. „Ich habe gehört, dass der Bauer Musel in den nächsten Tagen einige Leute mit dem Ochsenkarren nach Nürnberg bringt. Es geht schon früh um sechs Uhr los und abends wieder zurück. Ich werde zusammen mit Tante Eva mitfahren."

„Aber Mutti, wir müssen doch nicht wieder nach Nürnberg zurück. Es ist doch so schön in Schnaittach und wir haben nette Freunde", wandte ich ein.

„Ach, Röschen, es gibt viele Gründe, weswegen wir wieder nach Nürnberg ziehen werden. Erstens muss ich unbedingt Geld verdienen und das kann ich nur in Nürnberg. Zweitens könnt ihr in der Stadt ins Gymnasium und drittens", Mutter schmunzelte, „in Nürnberg wirst du später einen netten Mann finden."

„Wieso muss ich einen netten Mann finden?", entgegnete ich überrascht. „Ich habe doch Dani!"

Daniel nickte zustimmend. Ohne je darüber gesprochen zu haben, waren wir uns darüber einig, dass wir für immer zusammenbleiben wollten.

Nun, vorerst waren Daniel und ich sehr erleichtert, dass die Diskussion über sein zukünftiges Leben bis auf Weiteres zurückgestellt wurde.

„Ich habe Ruth sehr lieb gehabt, weißt du?", vertraute er mir an, „aber als sie nach Zürich ging, war ich vier Jahre alt. Stell dir vor, ich habe sie seit acht Jahren nicht mehr gesehen! Onkel Noah und Tante Esther sind vor fünf Jahren nach Amerika ausgewandert und wie lange Tante Rebekka und Onkel Simon schon in der Schweiz sind, weiß ich überhaupt nicht. Ich kenne doch meine Mischpoke gar nicht mehr. Ich habe Angst davor, zu fremden Menschen in ein fremdes Land zu gehen. Jetzt seid ihr meine Familie. Bei euch fühle ich mich zu Hause."

29. Neuer Anfang am Dutzendteich

In letzter Minute gab Mutter meinem Betteln nach: „Gut, fahr meinetwegen mit, wenn Musel noch einen Platz auf seinem Karren frei hat. Aber untersteh dich ja nicht zu quengeln, wenn dir die Fahrt zu lange dauert!"

Ich versprach, brav zu sein, und erinnerte sie daran, dass ich mit meinen fast zwölf Jahren schließlich schon ein großes Mädchen sei. Die Schule war bis auf Weiteres geschlossen, daher versäumte ich zu Hause nichts. Nachdem im ganzen Reich fast alle Lehrer Parteimitglieder gewesen waren, gab es niemanden mehr, der die nötige Kompetenz besaß, die Schüler zu unterrichten. Die Lehrer mussten vorerst auf ihre Entnazifizierung warten, welche in den folgenden Monaten durch die Besatzungsmacht durchgeführt werden sollte.

Da wir für unseren Aufenthalt in Nürnberg nicht viel Zeit zur Verfügung hatten, wollte Mutter nur nach unserem Haus am Dutzendteich sehen und eine gute Bekannte in der Nähe besuchen. Tante Eva hatte vor, ihre Wohnung und das Atelier in der Marienstraße zu kontrollieren.

Niemandem von uns verlangte danach, schon bei unserer ersten Fahrt nach Nürnberg mit den großen Verwüstungen der Innenstadt konfrontiert zu werden.

Als wir an der Uferpromenade entlang auf unser Haus zugingen, bemerkten wir zu unserer großen Freude, dass es unversehrt war. Das bedeutete, dass auch unsere zurückgelassenen Möbel noch vorhanden waren.

Beim Öffnen der Haustür minderte sich unsere Freude jedoch erheblich, denn wir mussten feststellen, dass alle Zimmer von fremden Menschen bewohnt waren. Mehrere Familien hausten in jeweils ein bis zwei Räumen und die große Küche wurde als Gemeinschaftsraum benutzt.

Im ganzen Haus herrschte ein unbeschreibliches Chaos und aus der Küche quoll unerträglicher Geruch von altem Fett und ausgekochten Rinderknochen.

Alle Bewohner beteuerten, die Behörden hätten ausgebombten Familien die Erlaubnis erteilt, leer stehende Wohnungen zu nutzen. Dies nachzuprüfen war für Mutter ebenso unmöglich, wie die Obdachlosen vor die Tür zu setzen.

Als wir das Haus verließen, standen Mutter die Tränen in den Augen. Ihr Traum, in Kürze wieder nach Nürnberg zu ziehen, schien zerronnen. Ich warf einen wehmütigen Blick hinüber zum ehemaligen Haus Rosenholz. Nein, hier wollte ich ohnehin nicht mehr wohnen.

„Komm, Röschen, wir besuchen jetzt Familie Barth und laden sie zu einer Tasse Kaffee ein. Und du bekommst deinen Kakao!"

Familie Barth gehörte ein Mietshaus in der Herzogstraße, ein Katzensprung von unserem Haus entfernt. Dort hatten meine Eltern gewohnt, bevor sie in das Haus an der Uferpromenade umgezogen waren. Mutter hatte die Verbindung mit Frau Barth nie abreißen lassen und sie bis vor unserem Umzug nach Schnaittach ab und zu besucht. Frau Barth empfing uns mit großer Freude und strahlte über die Geschenke, die wir mitbrachten.

Mutter hatte extra für diesen Besuch Milchpulver und Kaffee aufgehoben sowie einen Kuchen, den Oma Franzi aus den Geschenken des Commanders gebacken hatte. „Frau

Barth, laden Sie doch bitte Ihre Tochter zum Kaffeetrinken ein, wir haben sie schon seit Jahren nicht mehr gesehen", bat Mutter.

Elfriede nahm die Einladung gerne an und stellte uns Susi, ihr dreijähriges Töchterchen, vor.

„Elfi hat vor vier Jahren geheiratet. Mit achtzehn Jahren! Es war eine Ferntrauung!", seufzte Frau Barth. „Ihr Mann kam gleich danach in russische Gefangenschaft. Genauso wie mein Emil. Vater und Großvater haben Susi noch gar nicht gesehen."

Wir setzten uns an den Esszimmertisch und beim Genuss von Kaffee, Kakao und Kuchen erhellten sich die Mienen zusehends.

Als Susi aufgegessen hatte, spielte ich mit ihr auf dem Teppich mit ihren kleinen Plüschtieren, während sich die Frauen über die vergangenen Jahre unterhielten.

Auf einmal hörte ich aus der Unterhaltung Bruchstücke wie „Ich bin jetzt den ganzen Tag bei Elfi und Susi", „Mama hütet Susi, wenn ich im Krankenhaus Dienst habe" und „Mama kocht für uns drei".

Blitzartig schoss mir ein Gedanke durch den Kopf und spontan, wie ich stets war, musste ich ihn auch gleich weitergeben. Ich sprang auf und platzte heraus: „Frau Barth, nachdem Sie doch sowieso den ganzen Tag bei Elfi und Susi sind, könnten Sie dann nicht auch bei ihnen schlafen und uns Ihre Wohnung geben?" Selbst verdutzt über meinen Auftritt, fügte ich leise hinzu: „Nur leihen, meine ich, bis wir anderswo wohnen können!"

Ich fühlte, wie mein Gesicht rot wurde. Schnell drehte ich mich um und setzte mich wieder zu Susi auf den Teppich. Die drei Frauen sahen sich verblüfft an. Sogleich entschuldigte Mutter sich wegen meines frechen Vorschlags.

„Nein, nein, sie hat ja recht!", erwiderte Frau Barth. „Ich bin wirklich fast nur zum Schlafen in meiner Wohnung. Ich muss ja auch bei Susi sein, wenn ihre Mama im Krankenhaus arbeitet. Wenn Elfi einverstanden ist, ziehe ich zu ihr und Sie können meine Wohnung vorübergehend haben."

Mutter war überglücklich über die unerwartete Lösung ihrer Probleme und bedankte sich bei Frau Barth mit einer spontanen Umarmung. Die drei Frauen besprachen noch einige Einzelheiten wegen der Wohnungsübergabe. Frau Barth wollte nur einige persönliche Sachen in die zweite Etage bringen, ansonsten durften wir ihre im ersten Stock gelegene Wohnung möbliert übernehmen.

Als wir uns verabschiedet hatten, küsste mich Mutter im Treppenhaus. „Wie gut, dass ich dich mitgenommen habe, Röschen! Du bist doch wirklich ein Glückskind, wie Vati immer sagte! Alles, was du anpackst, gelingt dir auch!"

Als wir am späten Nachmittag am vereinbarten Treffpunkt auf den Ochsenkarren stiegen, fragte Tante Evi sofort: „Was ist denn mit euch los? Ihr strahlt ja wie Honigkuchenpferde!"

„Stell dir vor, wir können schon nächste Woche nach Nürnberg umziehen!"

Mutter erzählte noch ganz aufgeregt in allen Einzelheiten von der unerwarteten Wendung, die wir im Laufe des Tages erlebt hatten, während ich mich an sie lehnte und trotz der rumpelnden Fahrt einschlief.

Daniel wartete in der Wohnküche ungeduldig auf unsere Rückkehr und verlangte eine lückenlose Berichterstattung über die Ereignisse unseres Tages. Das überließ Mutter diesmal mir und bereitete inzwischen ein spätes Abendbrot vor.

Ich erzählte ihm von der schönen, großen Wohnung, in die wir bald einziehen konnten, aber unsere ehemaligen Nachbarhäuser an der Uferpromenade erwähnte ich mit keinem Wort. Ich fühlte, dass er nicht an die alten Zeiten erinnert werden wollte.

„Tante Evi, ist deine Wohnung heil geblieben?", fragte ich. „Ich habe auf der Fahrt ein wenig geschlafen und nicht alles gehört, was ihr erzählt habt."

„Ja, es ist nicht viel kaputt. Zwischen zwei Zimmern hat eine Wand ein großes Loch, und im Wohnzimmer ist der Stuck von der Decke gefallen. Das wird schnell repariert sein. Meine Wohnung ist ebenfalls von einer Familie belegt worden. Sie versprach aber, bald auszuziehen, weil sie eine Wohnung auf dem Land bekommt."

Mehr wollte ich gar nicht wissen. Ich hatte Angst davor zu hören, wie grauenhaft zerstört unser Nürnberg war. Das würde ich noch früh genug sehen, sobald wir umgezogen waren.

Mutter sah nachdenklich vor sich hin. „Wisst ihr, dass ich jetzt vier Mieten zu bezahlen habe? Das Haus, die Wohnung bei Frau Barth, das Zimmer im Gasthaus und diese Dachstuben", rechnete sie uns vor. „Wovon? Mir geht langsam das Geld aus."

„Also, ich werde gleich meine Verbindungen spielen lassen, um für dein Auto einen zahlungskräftigen Käufer zu finden", beruhigte sie Tante Evi. „Dann gibst du in Schnaittach sowieso bald alle Unterkünfte auf. Außerdem solltest du mit dem Vermieter des Hauses sprechen. Wenn schon mindestens seit dem Großangriff im Januar so viele Fremde im Haus wohnen, muss er dir wenigstens eine anständige Mietminderung einräumen. Außerdem kündigst du sofort, denn du hast ja vorläufig eine Wohnung bei Frau Barth."

„Später kannst du meine Wohnung in der Marienstraße

übernehmen. Sie hat vier große und zwei kleine Zimmer und die Miete ist weitaus günstiger als die für dein Haus."

„Das klingt gut, aber was machst du?"

„Ich habe vor, zu Maja zu ziehen, denn sie hat mir in ihrem Haus in Erlenstegen die Mansardenwohnung angeboten. Dort kann ich mir ein schönes Atelier einrichten."

„Das ist fabelhaft! Ich freue mich für dich. Freilich gehe ich gern in die Marienstraße. Vielleicht eröffne ich einen Modesalon auf den Namen meiner Mutter. Am Dutzendteich sah ich auf der Uferpromenade schon einige Amis mit ihren Freundinnen Hand in Hand spazieren gehen. Die Mädchen lassen sich bestimmt von ihren GIs, wie die Infanteristen der US-Army genannt werden, Kleider schenken. Und da man keine kaufen kann, müssen sie angefertigt werden. In so manchen Haushalten liegen sicherlich noch Stoffe ungenutzt herum. Oder die Amis lassen sich welche schicken. Egal, irgendwie muss ich Geld verdienen. Niemand wird mich in diesen Zeiten als Juwelierin und Gemmologin einstellen."

„Schau an, schau an! Du hast ja schon Zukunftspläne gemacht! Das gefällt mir! Nur nicht den Kopf hängen lassen!"

„Du weißt ja, dass ich beim Nähen immer sagte: ‚Wenn ich damit mein Geld verdienen müsste, könntet ihr mich bald ins Irrenhaus einliefern!' Jetzt muss ich mich eben vorerst ans Schneidern gewöhnen."

Am nächsten Morgen suchten wir unsere Kartons und Koffer hervor, die wir beim Umzug nach Schnaittach verwendet hatten, und begannen mit dem Einpacken unserer Habseligkeiten. Mutter und Tante Eva mussten ein zweites Mal mit dem Ochsenkarren nach Nürnberg fahren, um ihre Mietangelegenheiten zu klären. Diesen Tag nutzten wir Kinder, um noch ein letztes Mal lieb gewordene Freunde zu besuchen und uns zu verabschieden.

Innerhalb einer Woche waren wir reisefertig und wurden mitsamt unseren Koffern, Kartons und Mutters Nähmaschine von Musels Ochsengespann nach Nürnberg in die Herzogstraße gekarrt. Unsere Möbel sollten in die Marienstraße gebracht werden, sobald die Wohnung renoviert war und sobald Mutter ein geeignetes Gefährt für den Transport gefunden hatte.

Zu meiner großen Freude hatte Frau Barth ihr Klavier im Wohnzimmer stehen lassen. Das tägliche Klavierspiel hätte mir sehr gefehlt, aber nun lief ich nicht Gefahr, aus der Übung zu kommen.

Wir hatten uns kaum eingerichtet, als Mutter große Buchstaben aus Buntpapier schnitt und sie quer über die drei schmalen Fenster des Wohnzimmererkers klebte. So konnte man auf der Straße schon von Weitem „Dressmaker" lesen.

Der Erfolg zeigte sich schon am nächsten Tag. Zwei ältere Damen brachten abgetragene Mäntel, um sich aus dem gewendeten Stoff Röcke anfertigen zu lassen, und ein GI kam mit seiner Uniformjacke zur Reparatur geplatzter Nähte. Er stellte sich als Jeff vor und bat Mutter, die Jacke sofort zu nähen.

Während sie arbeitete, sagte er: „Ich sehe so gerne zu. Das erinnert mich an meine Kindheit. Meine Mutter ist nämlich auch Schneiderin."

Nach einer Weile fragte er: „Haben Sie auch Stoffe vorrätig? Ich möchte meiner Freundin zum Geburtstag ein Kleid schenken."

„Leider nein", antwortete Mutter, „ich kann nur aus mitgebrachtem Material Kleider, Blusen und Röcke herstellen."

„Kein Problem! Ich werde Stoffe besorgen."

„Dann bringen Sie bitte auch gleich das passende Nähgarn mit. Meine Vorräte schwinden nämlich langsam dahin."

„Kein Problem!", wiederholte er. „Ich bringe Ihnen Nähgarn in allen Farben. Brauchen Sie sonst noch etwas?"

„Ich wäre Ihnen sehr dankbar, wenn Sie mir Schreibpapier und Bleistifte beschaffen könnten. Da die Schulen vorläufig geschlossen sind, müssen meine Kinder alleine üben, und das geht nicht ohne Schreibmaterial."

„Schreibmaterial kann ich Ihnen schon morgen bringen. Wie alt sind denn Ihre Kinder?"

Mutter rief nach uns: „Ist das nicht großartig? Wir bekommen morgen Papier und Bleistifte. Sagt doch bitte, wie ihr heißt und wie alt ihr seid!"

Artig stellten wir uns vor und teilten dem GI unser Alter mit. „Das ist ja erstaunlich, dass die Kinder schon Englisch sprechen!"

„Ja, sie hatten Privatunterricht bei einem sehr guten Lehrer."

Jeff verabschiedete sich und gab jedem von uns einen Kaugummi.

Ratlos betrachteten wir die Streifen von allen Seiten. „Was ist denn das?", fragten wir Mutter.

„Das ist ein Kaugummi. Man kaut so lange darauf herum, bis er keinen Geschmack mehr hat, und wirft ihn dann in den Abfall."

Am nächsten Tag bekamen wir unsere Schreibutensilien, und als Mutter Jeff anbot, als Gegenleistung eine weitere Näharbeit für ihn zu erledigen, lehnte er entrüstet ab.

Fast jeden Tag kamen neue Kunden und, wie Mutter vorausgesehen hatte, auch die Soldaten mit ihren Freundinnen. Mit anderen Worten: Das Geschäft blühte und Mutter konnte sich eine Angestellte leisten. Sie klebte in mehreren Läden eine Annonce an die „Angebot- und Nachfragetafeln", und schon nach wenigen Tagen meldete sich eine Schneidergesellin bei ihr. Sie hieß Klara und erwies sich als ebenso tüchtig wie sympathisch.

Auch wir Kinder waren fleißig. Wir hatten in Schnaittach die Aufforderung, unsere Schulbücher abzugeben, versäumt, daher konnten wir sie jetzt zum Üben benutzen. Sogar Herrn Sattlers Englischbuch fand sich in Daniels Schulranzen.

Mutter wollte versuchen, eine geeignete Lehrkraft für uns zu finden. Bis dahin bestand sie darauf, dass Daniel und ich vormittags für jedes unserer drei Hauptfächer Deutsch, Englisch und Mathematik eine Stunde lernten und uns gegenseitig abfragten und korrigierten, wie wir es gewohnt waren. Währenddessen ließ sich Oma Franzi von Helga aus ihrem Lesebuch vorlesen und übte mit ihr Rechenaufgaben.

An den Nachmittagen hatten wir viel Zeit für uns. Zeit für gefährliche Abenteuer!

30. Gefährliche Spiele auf Trümmerbergen

Ich dachte oft an unser Baumhaus. Wie es jetzt wohl aussehen mochte, nach diesen vielen Jahren! Vielleicht hatten es andere Kinder entdeckt und träumten unsere Kinderträume weiter, aus denen wir durch Hitlers Handlanger so grausam gerissen worden waren. Daniel und ich sprachen nicht darüber und mieden „unser Wäldchen", um nicht alte Wunden aufzureißen. Wir vermieden es auch, in die Nähe unserer ehemaligen Häuser an der Uferpromenade zu kommen. Zu schmerzlich wäre die Erinnerung an die Nacht, als Daniels Eltern abgeholt wurden.

In der näheren Umgebung der Herzogstraße lernten wir Jungen und Mädchen kennen, mit denen wir spielen konnten. Die große Leidenschaft der Jungen war das Suchen von Granatsplittern. Sie schlossen sogar Wetten ab, wer binnen eines Tages den größten Fund vorzeigen könne.

Das Sammeln dieser „Kriegsandenken" stellte sich als höchst gefährliches Unterfangen heraus. Eines Nachmittags kam Daniel mit blutendem Rücken nach Hause.

„Mein Gott, was ist denn mit dir passiert?", rief Mutter entsetzt.

„Es ist nicht schlimm, es tut überhaupt nicht weh!", beruhigte Daniel sie, obwohl er das Gesicht vor Schmerz verzog.

„Röschen, hol schnell Elfriede! Sag ihr, sie möchte ihren Erste-Hilfe-Koffer mitbringen!"

Ich rannte die Treppe hoch in die zweite Etage. Glücklicherweise hatte Elfi, die im Städtischen Krankenhaus als Krankenschwester arbeitete, an diesem Tag frei.

Sie legte auf den Esszimmertisch eine Wolldecke und darüber ein Bettlaken und half Daniel beim Hinlegen. Mutter schnitt das blutverklebte Hemd am Rücken auseinander und Elfi zog die beiden Hälften vorsichtig von den Wunden ab. Daniels Rücken war übersät mit kleineren und größeren Schnittwunden, die offensichtlich von Granatsplittern herrührten. Während Elfi ihn behandelte, bestürmten Mutter und ich ihn mit Fragen.

„Wir waren zu fünft: Rudi, Werner und ich und noch zwei andere", erzählte Daniel. „Wir suchten wieder nach Splittern auf einem Gelände, wo schon viele Teile gefunden wurden. Werner und ich gingen in eine andere Richtung als Rudi und seine zwei Freunde.

Nach einer Weile rief Rudi: ‚Schaut her, ich habe eine Granate gefunden!' Noch bevor wir uns umdrehten, hörten wir einen lauten Knall und Werner und ich spürten einen harten Schlag auf dem Rücken. Erst fühlten wir, dass wir bluteten, dann fing es an zu brennen."

„Ein Glück, dass euch nichts Schlimmeres geschehen ist! Was ist mit den andern Jungen passiert?"

„Rudi lag am Boden und rührte sich nicht und die beiden Jungen, die in Rudis Nähe waren, schrien wie verrückt. Es kamen gleich Erwachsene von der Straße herbei und ein Jeep mit GIs hielt an. Sie nahmen Rudi und die zwei anderen Jungen im Jeep mit. Wahrscheinlich haben sie sie ins Krankenhaus gebracht."

Elfi hatte inzwischen die Wunden gereinigt und desinfiziert, sodass man das Ausmaß der Verletzungen beurteilen konnte. „Durch das viele Blut sah es schlimmer aus, als es ist. Die meisten Schnitte heilen von alleine zu, bis auf einen, der etwas tiefer geht. Er sollte besser genäht werden. Ich kann einen befreundeten Arzt aus der Klinik fragen, ob er bei Daniel nachschauen würde. Er wohnt nicht weit von hier."

„Ja, Elfi, mach das!", bat Mutter, obwohl Daniel heftig protestierte.

Elfi versorgte seine Wunden mit Heilsalbe und packte den Rücken mit Verbandmull ein. „So, nun bleib schön auf dem Bauch liegen, und wenn du dich setzen willst, musst du die Schultern zurücknehmen, damit die Haut am Rücken nicht gedehnt wird. Dann können die Schnitte gut zuheilen. In einer Woche bist du wieder wie neu."

Nachdem Rudi versehentlich eine funktionsfähige Granate zur Explosion gebracht hatte, verbot Mutter uns künftig das Sammeln von Splittern. Daniel kam mit den kleinen Wunden auf seinem Rücken glimpflich davon. Er hatte abgewandt und weit genug entfernt vom Unglücksort gestanden, doch Rudi war tödlich getroffen worden und seine zwei Freunde hatten schwere Verletzungen davongetragen.

Als Daniel wieder aus dem Haus konnte, entdeckten wir mit unserer Gruppe von Spielkameraden unsere Vorliebe für das Versteckspiel in den vereinzelten zerbombten Häusern in unserer Nachbarschaft. Dabei sahen wir im Hinterhof eines der Häuser eine Menge mehr oder weniger beschädigter Backsteine herumliegen.

„Daraus könnten wir uns ein Häuschen bauen!", rief ich. „Das wäre doch lustig!"

Mit Eifer machten wir uns an die Arbeit. Die Mädchen suchten die besten Bausteine heraus, und die Jungen begannen auf einer im Staub vorgezeichneten Linie die Steine säuberlich übereinander aufzubauen.

Unser Vorhaben nahm mehrere Tage in Anspruch, denn das Häuschen sollte so hoch werden, dass wir bequem darin sitzen konnten. Für das Dach lagen schon große Bleche bereit, als uns für die oberste Reihe unseres Bauwerks die Backsteine ausgingen.

„Wir könnten in der Ruine nachsehen!", schlug Daniel vor. „Dort finden wir bestimmt noch genügend Steine."

Alle Kinder begaben sich auf die Suche und legten ihre Fundstücke neben dem Häuschen ab.

Plötzlich rief Daniel: „Seht mal her, was hier liegt! Kann das eine Bombe sein?"

Wir liefen alle zu ihm, um den Fund zu begutachten. Daniel stand im ersten Stockwerk auf dem Balkon und deutete hinunter in den Vorgarten. Dort lag in einem Erdtrichter ein metallener, zylinderförmiger Gegenstand, der zur Hälfte mit Steingeröll bedeckt war.

„Klar ist das eine Bombe!", schrie Werner.

Die Mädchen rannten kreischend aus dem Haus und die Jungen folgten ihnen. Sie flüchteten in alle Himmelsrichtungen. Werner, Daniel und ich liefen zur gegenüberliegenden Straßenseite und berieten, was zu tun sei.

„Wir müssen die Feuerwehr holen", meinte Daniel.

„Oder mit den GIs sprechen", sagte ich, „sie sind doch ständig auf Patrouille."

Schon steuerte ein Jeep mit vierköpfiger Besatzung auf uns zu. Ich gab mit beiden Armen Zeichen, er möge anhalten. Der Wagen stoppte neben uns. Es war Jeff, der ausstieg.

„Jeff", rief ich aufgeregt, „dort drüben liegt eine Bombe!"

„Zeig mir, wo!"

„Geh hinauf auf den Balkon, dann kannst du sie im Garten liegen sehen. Ich trau mich nicht mehr hinüber!"

„Wenn die Bombe jetzt explodierte, würdest du genauso gut hier auf der Straße zerfetzt werden."

Ich fand seine Antwort nicht gerade tröstlich, blieb aber ebenso wie Werner und Daniel wie angewurzelt stehen, um die Begutachtung der vier GIs abzuwarten.

„Es ist tatsächlich eine Sprengbombe. Sie muss entschärft werden", sagte Jeff. „Wir werden dies veranlassen, und ihr geht schön nach Hause!"

Nach kurzer Zeit fuhr ein Wagen mit Megafon durch unser Viertel. Es wurde bekannt gegeben, dass wegen der Entschärfung einer Bombe alle Bewohner ihre Häuser sofort zu verlassen hätten und alle Fenster und Türen geöffnet bleiben müssten.

Mutter, Oma Franzi und wir Kinder machten einen großen Spaziergang rund um den Dutzendteich. Als wir zurück zur Herzogstraße kamen, wurden die Straßensperren gerade aufgehoben. Die Bombe war entschärft und die Bewohner des Viertels durften in ihre Wohnungen zurückkehren.

Unser Bombenfund trug uns beim Entschärfungskommando zwar Lob für die rasche Meldung ein, bei Mutter dagegen ein weiteres Verbot: das Spielen in zerbombten Häusern.

Seit unserem Umzug nach Nürnberg waren Mutters Gedanken ausschließlich auf den Aufbau einer neuen Existenz ausgerichtet, sodass sie von frühmorgens bis spätabends nahezu ununterbrochen an ihrem Arbeitstisch Stoffe zuschnitt oder an der Nähmaschine saß. Selbst sonntags war ihr Tag mit Arbeit ausgefüllt. Erst als Klara, ihre patente Hilfe, eingearbeitet war, nahm sie sich einen Tag Zeit, um nach Tante Eva zu sehen. „Wer will mit mir in die Marienstraße?", fragte Mutter beim Frühstück.

Diese Frage kam für mich völlig überraschend. „Ja, ich

möchte gerne mitgehen. Aber es ist mir schon ein bisschen mulmig zumute, wenn ich an die vielen zerbombten Häuser denke."

„Wir werden nicht umhinkommen, die zerstörte Stadt zu sehen, mein Kind. Einmal muss der Anfang gemacht werden!"

Daniel und Helga wollten lieber bei Oma Franzi zu Hause bleiben, daher machten Mutter und ich uns alleine auf den Weg.

Im Stadtteil Dutzendteich gab es verhältnismäßig wenige Ruinen. Viele Häuser waren zwar beschädigt, aber noch bewohnbar. Doch je mehr wir uns der Marienstraße näherten, desto häufiger sahen wir Häuser, die teilweise oder völlig ausgebrannt waren. Trotzdem hausten Menschen darin, wenn noch ein Treppenhaus benutzbar war. Fehlte die Vorderfront eines Hauses, schirmten die Menschen sich vor neugierigen Blicken der Passanten ab, indem sie von Wand zu Wand Stricke zogen und große Tücher daran aufhängten.

Seit wir vor drei Jahren in der Bombennacht aus der brennenden Marienstraße geflohen waren, zeigten sich jetzt noch weitere Ruinen zwischen den schon früher ausgebrannten Häusern.

„Mutti, willst du wirklich in Tante Evas Wohnung ziehen, wo es so viele abgebrannte Häuser in der Straße gibt?", fragte ich beklommen.

„Ich weiß, es sieht im Augenblick schrecklich aus. Aber ich muss praktisch denken. Sobald der Wiederaufbau beginnt, wollen die Menschen in ihre Wohnungen zurück und das ist auch gut für mein Geschäft. Kleider werden immer gebraucht. Außerdem hast du von hier aus nicht weit ins Gymnasium. Es gibt noch viele Gründe, weshalb eine Stadtwohnung für uns vorteilhafter ist als eine am Stadtrand."

Ich sah Mutter zweifelnd an, aber ihr Entschluss stand fest. Daran gab es nichts mehr zu rütteln.

Tante Eva hatte uns schon vom Fenster aus kommen sehen und winkte uns entgegen. „Ich bin zufällig hier, denn ich pendle ständig zwischen der Marienstraße und Erlenstegen hin und her. Kommt herein und schaut euch die Wohnung an."

Die fremde Familie war inzwischen ausgezogen und alle Möbel, die von Schnaittach zurücktransportiert worden waren, hatte Tante Evi in einem der intakten Zimmer unterbringen lassen.

„Nun darf ich hoffentlich bald die restlichen Möbel aus dem Haus herschaffen, damit sie von den fremden Leuten nicht noch völlig ruiniert werden", meinte meine Mutter.

„Ja, du kannst sie im hinteren Zimmer einlagern. Leider dauert es noch, bis vollständig renoviert ist. Ich bekomme zwar Arbeiter, doch um das Material ist es schlecht bestellt."

„Und übrigens", fügte Tante Evi hinzu, „ich habe einen Käufer für deinen Opel gefunden. Er zahlt einen ausgezeichneten Preis und übernimmt die Kosten für den Stellplatz in der Scheune, bis er den Wagen abholen kann."

„Du bist ein Tausendsassa, Eva! Ich danke dir. Wieder eine Sorge weniger!"

Tante Eva ging mit uns in die Innenstadt. Wir liefen die Marienstraße entlang, welche durch das Marientor in die Lorenzer Altstadt führt. Die ehemals stattliche Marientormauer war nur noch ein jämmerlicher Wall aus Trümmern. Dieser Anblick ließ uns befürchten, dass die übrige Stadtmauer, welche die Altstadt umgab, kaum in einem besseren Zustand sein würde.

Die Verwüstungen in der Innenstadt waren erschütternd.

Zwischen dem Gemäuer der ausgebrannten Lorenzkirche lag der Schutt meterhoch. Von der Kirche aus bot sich aufgrund der zerstörten Häuser nahezu freie Aussicht bis zur Kaiserburg. Auch die Burg war nur noch eine Ruine.

In welche Richtung wir unsere Blicke auch schweifen ließen, ob über die Königs- oder Karolinenstraße oder zum Sebalder Altstadtteil, wir sahen nur Trümmerhaufen und gespenstisch wirkende Skelette ausgebrannter Gebäude.

„Es ist grauenvoll!", seufzte Mutter.

Nichtsdestotrotz waren Kinder zu beobachten, wie sie über die Steinhaufen kletterten und Fangen oder Versteck spielten.

„Wie gut, dass sich Kinder derartig misslichen Gegebenheiten leichter anpassen als Erwachsene!", meinte Mutter.

Überall arbeiteten Frauen in den Trümmerbergen. „Die Frauen schlagen den Mörtel von verwendbaren Ziegelsteinen", erklärte Tante Evi. „Verwertbares Material wird zu Zwischenlagern abtransportiert und der Schutt wird in der Nähe des ehemaligen Reichsparteitagsgeländes im Silbersee abgeladen."

„Das ist also aus unserem ‚Schatzkästlein' geworden!", klagte Mutter, „ein Haufen Schutt und Asche!"

Ich verstand, was sie mit „Schatzkästlein" andeuten wollte. In der Schule hatte ich gelernt, dass Nürnberg wegen seiner romantischen Gassen, historischen Gebäude und zahlreichen Meisterwerke berühmter Künstler wie Albrecht Dürer, Veit Stoß, Adam Kraft und anderen seit alters her „Des Deutschen Reiches Schatzkästlein" genannt wurde.

„Komm, Mutti, lass uns gehen!", drängte ich. Ich hatte von dem beklemmenden Anblick dieser Verwüstungen genug. Meine Erinnerungen an das verträumte, altertümliche Nürnberg, wie ich es als Neunjährige gekannt hatte, wurden überdeckt durch diese verheerenden Eindrücke.

31. Deutsch-amerikanische Freundschaft

Schweren Herzens trennten wir Kinder uns von Familie Barth in der Herzogstraße und von unseren Spielkameraden, mit denen wir so manches Abenteuer erlebt hatten. Mutter jedoch war glücklich, Ende August die frisch renovierte Wohnung in der Marienstraße mit ihren eigenen Möbeln ausstatten zu können. Dank Evas Organisationstalent war auch unsere geschundene Einrichtung von einem geschickten Möbeltischler restauriert worden.

Der Ausblick auf den hübschen Vorgarten von den Fenstern des Speisezimmers und des Wohnraums aus verdrängte die Gedanken an die zerstörte Umgebung. Die Fliederbüsche hatten den Krieg überlebt und in der Mitte des Gärtchens blühten in einem Rondell rosarote Rosen.

Wir Kinder verbrachten jede Minute unserer Freizeit auf der nahe gelegenen Wöhrder Wiese und freundeten uns bald mit neuen Spielkameraden an. Das Gelände bot mit seinen ausgedehnten Rasenflächen zwischen mächtigen Laubbäumen reichlich Platz für Ballspiele, und die Pegnitz, welche das Gebiet durchfließt, lud bei heißem Wetter zum Schwimmen ein. Das Verweilen in dieser idyllischen Anlage vermittelte uns wenigstens zeitweise die Illusion, in einer intakten Welt zu leben.

Die Schneiderei in der Herzogstraße hatte die Testphase erfolgreich bestanden, sodass Mutter nunmehr ohne Bedenken auf Oma Franzis Namen und deren Meisterbrief ein Modeatelier anmelden konnte, und zwar zur Überbrückung der

Zeit, bis sie selbst die Meisterschule in zwei Jahren absolviert hatte.

Mutter fungierte weiterhin als Geschäftsleiterin und führte neben dem Studium des Lehrstoffs der Meisterschule wie bisher alle notwendigen Arbeiten aus, wie Entwurf, Zuschnitt und Anprobe. Aufgrund ihrer fortschreitenden Sehschwäche konnte Oma Franzi eher mit Rat als mit Tat zur Seite stehen.

Wie Mutter vorausgesehen hatte, kamen in der Marienstraße einige neue Kundinnen hinzu. Das Modeatelier expandierte, und sie konnte eine zweite Gesellin sowie einige Lehrmädchen einstellen. Die ungeliebte Näharbeit übertrug sie nun vollständig auf die Angestellten, um sich ihrer Natur entsprechend kreativ entfalten zu können. Mutter liebte es, Kleider zu entwerfen, daher verließ kein Modell ihr Atelier in zweiter Ausfertigung. Jede Kundin erhielt ein Unikat.

Die meisten der GI-Freundinnen, die zu Mutters ersten Kundinnen gehörten, folgten ihr nach unserem Umzug in die Marienstraße.

Oft entstanden aus höchst ungewöhnlichen Materialien Kleider für die Mädchen. Nicht selten mussten Vorhangstoffe, Tischdecken und gut erhaltene Fahnen herhalten. Erfreulicherweise zahlten die GIs teilweise mit Naturalien, wie Milch- und Eipulver, Fleisch- und Obstkonserven, Schokolade, Margarine und Kaffee. Diese Schätze stockten unsere Vorräte auf, welche aufgrund der spärlichen Zuteilungen auf Lebensmittelmarken kaum ausreichten. Oma Franzi konnte solche Kostbarkeiten sogar gelegentlich gegen Gemüse und Obst eintauschen, was unseren Speisezettel beträchtlich bereicherte.

Es gehörte zu den Aufgaben der Lehrmädchen, beim Läuten der Wohnungstürklingel zu öffnen und Besucher oder Kundinnen ins Wohnzimmer zu führen und ihnen einen Platz anzubieten.

Eines Tages kam Luise zurück ins Atelier und meldete: „Ich habe einen Offizier hereingeführt. Einen Colonel, aber seinen Namen habe ich nicht verstanden."

Mutter legte Zeichenblock und Stifte beiseite und ging zum Wohnzimmer. Überrascht blieb sie in der Tür stehen. Vor ihr stand der ehemalige Commander des Schnaittacher Headquarters. Luise hatte von einem Colonel gesprochen, demnach musste er seit ihrer letzten Begegnung befördert worden sein.

„Sie genießen einen guten Ruf hier in Nürnberg, Mrs Bartels", begrüßte er Mutter lächelnd. „Die schönsten Modellkleider Deutschlands sollen aus Ihrem Modeatelier kommen!"

„Nun übertreiben Sie aber, Colonel Portman. Ich gebe mir Mühe und meine Arbeit macht mir wirklich Spaß. Was führt Sie zu mir?"

„Mehr oder weniger der Zufall. Vor einigen Wochen sah ich in der Herzogstraße auf einem Erkerfenster ‚Dressmaker' stehen. Ich dachte, das könnte ein Hinweis auf Sie sein, denn ich hörte schon in Schnaittach von Ihren Nähkünsten und wusste, dass Sie sobald wie möglich wieder nach Nürnberg ziehen wollten."

„Ihr Nachrichtendienst scheint gut zu funktionieren, Colonel!"

„Als ich Zeit fand, mich in der Herzogstraße nach Ihnen zu erkundigen, erfuhr ich Ihre neue Adresse. Meine Sekretärin teilte mir nach meiner Abreise mit, dass Sie mich in Schnaittach noch dringend sprechen wollten. Tut mir leid, dass ich erst jetzt darauf zurückkomme. Arbeitsüberlastung, wissen Sie! Ist die Angelegenheit noch wichtig?"

Mutters Herz pochte schneller. Jetzt kam die Stunde der Wahrheit; sie konnte nicht mehr schweigen. „Ja!", antwortete sie, „sie ist noch wichtig. Es handelt sich um meinen Pflegesohn Daniel. Er ist Jude. Wir nahmen ihn auf, als seine Eltern von der Gestapo deportiert wurden."

Colonel Portman zog überrascht die Augenbrauen hoch. „Sie wissen, dass Sie diese Tatsache schon in Schnaittach bei der Personenüberprüfung hätten melden müssen?"

„Ja, ich weiß. Aber Daniel ist so glücklich in unserer Familie. Seine Schwester, die vermutlich noch in Zürich wohnt, und seine Verwandten in New York sind ihm fremd geworden. Als wir Sie in Schnaittach nicht mehr erreichen konnten, waren wir alle über einen Aufschub der Meldung erleichtert."

„Gut, ich kann durchaus verstehen, dass Sie nicht böswillig gehandelt haben. Ich darf mich aber mit Ihnen nicht privat über dieses Thema auseinandersetzen. Ich möchte Sie bitten, morgen zu mir ins Office zu kommen." Colonel Portman überreichte ihr seine Visitenkarte, und nachdem sie sich noch eine Weile über unverfängliche Themen unterhalten hatten, verabschiedete er sich.

Mutter schickte sogleich eines der Lehrmädchen mit einer Nachricht zu Tante Eva, denn aufgrund der großen Zerstörungen gab es in Nürnberg noch keine Telefonverbindungen. Evas Weg zur Marienstraße führte sie über die Wöhrder Wiese, wo Daniel und ich gerade mit einer Gruppe von Kindern Völkerball spielten. Als sie uns aufforderte mitzukommen, sahen wir an ihrem Gesichtsausdruck, dass etwas Besonderes passiert sein musste. Widerspruchslos gehorchten wir.

Traditionell wurden bei uns wichtige Besprechungen auf die Zeit nach dem Abendessen verlegt, und ebenso traditionell übernachtete Tante Eva anschließend auf unserer Wohnzimmercouch.

Mutter berichtete von Colonel Portmans Besuch und dem Gespräch mit ihm.

Daniel wurde schneeweiß im Gesicht. Mutter nahm ihn in die Arme und sagte: „Dani, du weißt doch, dass der Tag einmal kommen würde, an dem wir aufdecken müssen, dass du Jude bist. Colonel Portman fragte mich, warum wir ihn in Schnaittach sprechen wollten, daher konnte ich nicht mehr ausweichen."

„Ich weiß, Mutti", sagte er bedrückt.

Als Eva sich erkundigte, wann der Termin sei, kehrte Daniels Energie zurück. „Mutti, bei dieser Unterredung muss ich dabei sein!", verlangte er. „Schließlich geht es um mich und meine Zukunft." Er nahm mich an der Hand. „Und Rosalie kommt auch mit!" Daniels Haltung drückte Entschlossenheit aus.

„Er hat recht!", stimmte Tante Evi zu. „Daniel ist zwölf Jahre alt. Er ist kein kleiner Junge mehr und sollte mitreden dürfen, wenn über sein Schicksal gesprochen wird."

Am nächsten Morgen standen wir pünktlich um acht Uhr vor Colonel Portmans Office. Er wirkte zunächst etwas überrascht, Mutter in Begleitung von Tante Evi, Daniel und mir zu sehen, führte uns aber sogleich zu einer Sitzecke mit mehreren Sesseln und ließ Coca Cola, Kaffee und Donuts servieren.

Mutter hatte zwar um ein Gespräch ohne Büropersonal gebeten, doch Colonel Portman erklärte, dass er diese Vorschrift nicht umgehen könne. Der Dolmetscher und eine Schreibkraft müssten zugegen sein.

Unser Bericht über die vergangenen Jahre, angefangen mit der Freundschaft unserer Familien, Daniels Flucht während der Festnahme seiner Eltern, sein Leben in unserer Familie, verborgen in unserem Haus, und später dank Evas Kunst im Fälschen von Urkunden, der Besuch der Schule in Schnaittach, begleitet von der ständigen Angst vor Entdeckung, bis hin zu dieser Zusammenkunft, zog sich über den ganzen Vormittag hin. Der Offizier ließ uns erzählen und warf nur gelegentlich Fragen an Daniel oder Mutter ein.

Sichtlich beeindruckt von unseren Schilderungen blickte er dann eine Weile nachdenklich vor sich hin. „Selbstverständlich werde ich sofort Nachforschungen einleiten, ob Daniels Schwester Ruth noch in Zürich lebt. Und gleichzeitig werde ich seine Onkel und Tanten in New York und Zürich informieren, dass Daniel wohlauf ist. Ruth ist seine nächste Angehörige, und er würde offensichtlich eher vorziehen, bei ihr zu leben als bei anderen Verwandten. Außerdem werde ich die Angelegenheit an höherer Stelle in Berlin durchleuchten lassen, um den Vorgang zu forcieren. Bitte besorgen Sie inzwischen für Daniel alle erforderlichen Urkunden und einen Kinderausweis."

Colonel Portman ging zu seinem Schreibtisch und legte das Blatt Papier, auf dem Mutter die Adressen der Verwandten notiert hatte, unter einen Briefbeschwerer.

Als wir uns verabschiedeten, blickte er uns teilnahmsvoll an und sagte: „Ich weiß, wie schwer alles für euch ist. Und ich bin sehr dankbar, dass ich während meiner Arbeit hier in Deutschland immer wieder erfahren durfte, wie sich manche Menschen in der Zivilbevölkerung für Juden einsetzten, sie versteckten und ihnen dadurch das Leben retten konnten." Nach einer kurzen Pause fügte er hinzu: „Ich selbst bin auch Jude."

Wir sprachen auf dem Heimweg kaum ein Wort. Jeder hing seinen Gedanken nach.

Zu Hause setzte ich mich ans Klavier. Wie immer, wenn ich Probleme hatte oder wenn ich traurig oder glücklich war, spielte ich. Meine Finger liefen über die Tasten, als hätten sie ein Eigenleben. Ohne darüber nachzudenken, spielte ich zunächst einige Moll-Akkorde, die wie von alleine in den Trauermarsch von Chopin übergingen. Mehrmals nacheinander spielte ich die Melodie, doch als ich zum wiederholten Mal ansetzte, holte Mutter mich vom Klavier weg.

„Komm, wir gehen spazieren!", forderte sie mich auf.

Wir liefen hinunter in den Pegnitzgrund auf die Wöhrder Wiese. Dort schlug sie auf dem Johann-Sörgel-Weg ein strammes Tempo an. Wir gingen kilometerweit, ohne ein Wort zu sprechen. Die monotone Bewegung, das gleichmäßige Laufen Schritt für Schritt wirkte beruhigend, ja, fast tröstend. Am Ende des Weges kehrten wir um und behielten unser Tempo bei, bis wir wieder zu Hause waren. Noch völlig außer Atem lehnte ich mich an Mutter. „Danke, Mutti! Das hat gutgetan. Jetzt geht es mir besser."

Colonel Portman besuchte uns von nun an regelmäßig ein- bis zweimal in der Woche, um uns „auf dem Laufenden zu halten", wie er die Besuche nannte. Daniel und ich freuten uns immer riesig, wenn Frank, wie er genannt werden wollte, zu uns kam. Er bot sich an, unsere Englischaufsätze zu kontrollieren, ließ sich vorlesen oder Erlebnisse erzählen, um uns in der englischen Konversation mehr Sicherheit zu vermitteln, und er beantwortete geduldig unsere neugierigen Fragen über Land und Leute in Amerika.

Sobald sie sich von ihrer Arbeit lösen konnte, führten Mutter und Frank meist ein bis zwei Stunden lang angeregte Gespräche. Das bedeutete allerdings, dass Mutter ihre verlorene Arbeitszeit nach Feierabend nachholen musste.

Trotz Mutters heftiger Proteste brachte Frank für uns Kinder immer Süßigkeiten und eine Schachtel voller Donuts mit, da wir dieses Gebäck in seinem Büro mit großer Begeisterung gegessen hatten. Für Oma Franzis Küche hatte er manchmal mehrere Dosen an Lebensmitteln und Kaffee dabei.

Persönliche Geschenke wie Nylonstrümpfe oder Dessous, wie wir sie bei den Freundinnen der GIs sahen, lehnte Mutter allerdings rigoros ab.

Wegen unserer zahlreichen amerikanischen Kunden begannen die Hausbewohner uns mit schiefen Blicken anzusehen. „Habt ihr denn keinen Stolz, euch mit unseren Feinden abzugeben?", wurde Mutter in verächtlichem Tonfall gefragt.

„Nein", gab sie sarkastisch zurück, „Hitler und seine Nazis haben sich Feinde gemacht – nicht wir!"

Mutter hatte Oma Franzi, Daniel und mich gebeten, bei Franks Besuchen abwechselnd als „Anstandsperson" anwesend zu sein. Sie wollte dadurch unterbinden, dass Frank Annäherungsversuche unternahm.

Nicht, dass er ihr missfallen hätte – im Gegenteil, er war ein gut aussehender und gebildeter Mann und sie fand ihn sehr sympathisch. Aber sie wollte mit keinem Mann eine Bindung eingehen, weder mit einem deutschen noch mit einem amerikanischen. Sie hoffte noch immer auf Vaters Rückkehr.

Allen Vorsichtsmaßnahmen zum Trotz fand Frank Gelegenheit, Mutter seine Gefühle für sie zu bekennen. Er machte ihr einen Heiratsantrag an einem Tag, als während unserer Abwesenheit eine von Mutters Näherinnen die „Anstandsdame" spielte und sich im Hintergrund mit dem Einordnen von Stoffen und Zuschnitten im dafür vorgesehenen Schrank beschäftigte. Er wusste, er konnte offen sprechen, denn die Angestellten verstanden kein Englisch.

Frank wollte Mutter mit „Kind und Kegel" heiraten und mit unserer Familie wieder Leben in sein großes Haus in Seattle im Staat Washington bringen. Seine Frau und seine zwei kleinen Töchter waren vor einigen Jahren mit dem Auto verunglückt. Er gestand, dass er schon in Schnaittach bei unserer ersten Begegnung für Mutter und uns Kinder große Sympathie empfunden hatte.

Noch bevor sie Stellung nehmen konnte, erzählte er von seiner Heimatstadt mit den vielen Seen und grünen Anlagen. Er schilderte die blühende Kunst- und Musikszene der Stadt und die Vielfalt des Staates mit seinen tiefblauen Gewässern, grünen Wäldern, imposanten Vulkanen und farbenreichen Sonnenuntergängen.

„Frank, ich wusste gar nicht, dass du so romantisch veranlagt bist", wunderte sich Mutter. „Das klingt alles sehr schön, aber du weißt doch, dass ich verheiratet bin. Friedrich ist als vermisst gemeldet. Das kann auch bedeuten, dass er in Russland in Gefangenschaft geraten ist und eines Tages nach Hause kommen wird. Außerdem habe ich mir hier ein Geschäft aufgebaut. Soll ich das alles stehen und liegen lassen?"

„Bei mir brauchst du nicht zu arbeiten. Du malst und modellierst doch so wunderschön. Du kannst dich ganz deinen Hobbys widmen und die Mädchen können die besten Schulen besuchen. Aber lass dir Zeit, alles zu überdenken. Ich habe Geduld, ich kann warten."

Als Mutter uns von Franks Antrag erzählte, war ich die Einzige, die begeistert reagierte. Ich war stets für Neues zu gewinnen und liebte das Abenteuer. Außerdem rückte die Möglichkeit, Daniel in Amerika zu sehen, falls Ruth doch nach New York ausgewandert war und ihren Bruder zu sich holen würde, in greifbarere Nähe. Und auf Vaters Rückkehr aus Stalingrad wagte ich schon lange nicht mehr zu hoffen.

Helga hingegen hatte Angst davor, in ein fremdes Land umzusiedeln, obwohl sie als Achtjährige ebenso wenig über amerikanische Staaten wusste wie über deutsche Länder.

Und Oma Franzi sagte: „Mit mir kannst du nicht rechnen. Wenn du nach Amerika auswanderst, ziehe ich zu meinem Bruder nach Augsburg. Du weißt, dass man sagt: ‚Alte Bäume verpflanzt man nicht mehr!'"

Nun, Frank bewies Geduld. Er besuchte uns weiterhin regelmäßig und erzählte uns unbeirrt von den Schönheiten seiner Heimat, von seinen Verwandten und vom Leben in Seattle.

32. Glückliches Wiedersehen

Einige Wochen nach unserer Unterredung im Office des Headquarters schwenkte Frank beim Eintreten einen großen Umschlag in der Hand. Er enthielt an Mutter und Daniel gerichtete Briefe, die von Ruth sowie von den Verwandten in Zürich und in New York eingetroffen waren.

Alle Verwandten hatten von Colonel Portman eine Kopie von unserer Unterredung erhalten. Sie überschütteten unsere Familie, einschließlich Tante Eva, mit Danksagungen für Daniels Rettung und Aufnahme und baten uns, sie, sobald es möglich sei, in Amerika zu besuchen, wofür sie jegliche Kosten mit Freude übernehmen würden.

Daniel erhielt sowohl von Noah und Esther in New York als auch von Rebekka und Simon in Zürich herzliche Briefe mit der Einladung, bei ihnen zu leben. Ruths Zeilen waren augenscheinlich besonders liebevoll und mitfühlend, denn Daniel kämpfte mit den Tränen. Er hielt ein vergrößertes Passfoto in der Hand und küsste es. „Seht nur! Ruth! Wie schön sie ist. Jetzt kann ich mich wieder an sie erinnern." Er reichte das Bild an uns weiter.

„Wirklich", sagte ich erfreut, „sie hat sich überhaupt nicht verändert!" Sie lächelte so lieb, wie wir sie in Erinnerung hatten. Ihre dunklen Augen strahlten und ihr dicker Zopf hing ihr wie gewohnt über eine Schulter.

„Sie schreibt, dass sie uns bald besuchen wird. Ich freue mich! Ich freue mich!", jubelte Daniel.

In dem an meine Mutter gerichteten Brief erzählte Ruth,

dass sie vier Jahre lang verheiratet gewesen sei und nun Janneck heiße, und dass sie mit ihrem Ex-Ehemann Carlo kommen werde, uns zu besuchen.

Meine Mutter und ich sahen uns bedrückt an. Wir wussten, dass „besuchen" nur eine Umschreibung für „abholen" war. Das bedeutete, dass Ruth Daniel bald zu sich nach Zürich holen würde.

„Wir haben Ruth und Carlo Janneck für die Amerikanische Besatzungszone Passierscheine zugehen lassen", erklärte Frank, als er uns wenige Tage später wieder besuchte. „Die Passierscheine für die Französische Besatzungszone müssen sie sich von der Schweiz aus an der Zonengrenze besorgen. Das dürfte keine Schwierigkeiten bereiten, da Mrs Janneck nun die Schweizer Staatsangehörigkeit hat."

„Fahren bereits Züge von Zürich nach Deutschland?"

„Nein, es gibt zurzeit keine andere Reisemöglichkeit als die mit dem Auto. Daher müssen Ruth und Carlo ausreichend Benzin in Kanistern mitnehmen, um bis nach Nürnberg zu kommen. Um den Sprit für die Rückreise werde ich mich kümmern."

„Danke, das ist sehr großzügig", antwortete Mutter. „Ich würde mich gerne mit einem schönen Kleid für deine Freundin oder deine Schwester revanchieren."

„Ich habe niemanden, dem ich ein Modellkleid von dir schenken könnte, es sei denn meiner Mutter. Aber sie lebt in Seattle."

„Das spielt keine Rolle." Mutter gab Frank die Strichzeichnung einer Figur. „Sag bitte deiner Mutter, sie möchte ihre Maße auf den angegebenen Linien eintragen. Dann muss sie sich nur noch einen hübschen Stoff besorgen und mir ein

Foto von sich schicken. Ich werde ihr ein Kleid entwerfen, das ihrem Typ entspricht."

„Oh, das ist wirklich realisierbar? Großartig! Meine Mutter gibt in einigen Monaten eine Party anlässlich ihres 65. Geburtstags. Das ist ein wunderbarer Anlass, ein Modellkleid zu tragen! Aber ich bestehe darauf, deine Mühe zu honorieren."

Mutter lächelte und schüttelte den Kopf. Sie dachte an die großzügigen Pakete an Lebensmitteln, die wir in Schnaittach von Frank erhalten hatten und auch jetzt immer noch bekamen. „Das kommt nicht infrage. Ich freue mich darauf, wenn ich mich erkenntlich zeigen kann."

Daniel fieberte dem Tag entgegen, an dem er Ruth wiedersehen würde. Er erzählte uns täglich, wie sehr er sich auf sie freue.

„Mutti, ich glaube fast, Daniel freut sich darauf, von Nürnberg wegzukommen."

„Nürnberg wird er sicher gerne verlassen, so zerstört, wie die Stadt jetzt ist. Aber uns zu verlassen, wird ihm genauso wehtun wie uns. Ich denke, er hat noch gar nicht realisiert, dass Ruth kommt, um ihn mitzunehmen."

„Hoffentlich dauert es recht lange, bis sie den Passierschein für die Französische Zone erhält", seufzte ich.

Im Oktober hatte Daniels Ungeduld den Höhepunkt erreicht. Wegen des trüben Wetters saßen wir fast nur zu Hause. Der Vormittag verging mit Lernen und Üben, und nachmittags spielten wir Schach oder lasen Romane aus Mutters Bücherschrank. Manchmal bat Oma Franzi mich, Volkslieder auf dem Akkordeon zu spielen und mit uns zu singen. Die gute Laune, die sich daraufhin einstellte, ebbte allerdings schnell wieder ab, denn Daniels Unruhe wirkte auf uns alle anstekkend. Sein Blick schweifte immer wieder zum Fenster hinaus auf die Straße und bei jedem Klingeln rannte er als Erster an die Wohnungstür.

An einem Samstagnachmittag kam der ersehnte Moment. Daniel öffnete die Tür und erblickte eine lachende Ruth. Sie ließ ihre Reisetasche fallen und flog ihm um den Hals. Die Freudenrufe der beiden lockten die ganze Familie herbei. Jeder umarmte und drückte Ruth, bis sie um Gnade flehte.

Carlo stand vorerst unbeachtet daneben und betrachtete lächelnd das Szenario, das wir ihm boten. Oma Franzi fasste sich als Erste und begrüßte auch Carlo: „Herzlich willkommen, Carlo! Hängt doch eure Mäntel auf und kommt ins Speisezimmer. Ich werde gleich Kaffee kochen."

In den vergangenen Wochen hatten wir stets einen Teil unserer Donuts, die Frank mitbrachte, für den ersehnten Besuch in der Speisekammer aufbewahrt. Wir aßen sie erst, wenn sie zum Anbieten zu altbacken waren. An diesem Tag konnten wir Ruth und Carlo erfreulicherweise frisches Gebäck servieren.

„Wir haben so sehr auf dich gewartet, Ruth! Warum bist du nicht schon früher gekommen?", fragte Daniel.

„Es gab in Zürich viel vorzubereiten", antwortete sie ausweichend. Sie wollte nicht schon in den ersten Minuten von ihrer Mühe mit dem Züricher Verwaltungswesen erzählen, die sie durchstehen musste, um die Einreisegenehmigung für ihren Bruder zu erhalten.

„Außerdem war die Reise nicht einfach. Wir mussten wegen gesprengter Brücken und zerstörter Straßen viele Umwege fahren und mehrmals übernachten. Zum Glück hatten wir genügend Proviant mitgenommen."

„Und jetzt bist du hier. Endlich!"

Daniel setzte sich dicht neben seine Schwester und verschlang sie nahezu mit bewundernden Blicken.

Es gab von beiden Seiten viel zu berichten, wobei wir streng vermieden, die Unterhaltung in tragische Themen abgleiten zu lassen. Wir erzählten Ruth auch, wie es zu meiner Namensänderung kam, blieben aber auf ihre Bitte hin während ihres zweiwöchigen Aufenthalts bei „Rosalie", bei dem Namen des kleinen Mädchens, das sie in liebevoller Erinnerung hatte.

Carlo beteiligte sich wenig an den Gesprächen, hörte jedoch aufmerksam und interessiert zu.

Zum Abendbrot kam Tante Evi zu uns, um sich an den Berichten über unsere Erlebnisse in den vergangenen Jahren zu beteiligen. Sie dauerten bis tief in die Nacht hinein an und hielten sogar Daniel und mich munter und aufmerksam.

Später wurde Ruth im Wohnzimmer einquartiert, wo sie auf der bequemen Couch schlafen konnte. Für Carlo stand im Speisezimmer ein Klappbett bereit. Tante Evi schlief in meinem Bett und ich schlüpfte bei Helga unter die Decke.

Carlo, Ruths Ex-Ehemann, war ein liebenswürdiger, gut aussehender Mann und uns allen sehr sympathisch. Er arbeitete ebenso wie Ruth als Assistenzarzt in einer Züricher Klinik, wo sie sich auch kennengelernt hatten.

Als Ruth Gelegenheit hatte, mit Mutter alleine zu sprechen, vertraute sie ihr an, dass die Ehe mit ihm nicht so glücklich verlaufen war, wie sie das erhofft hatte. „Ich habe einen großen Fehler gemacht", gestand sie. „Ich hätte ihn nicht heiraten dürfen. Er war zwar lieb und las mir jeden Wunsch von den Augen ab, aber er hatte nicht das geringste Verständnis für meine jüdischen Bräuche. Dadurch gab es zwischen uns häufig Unstimmigkeiten."

„Ich weiß, eure Bräuche waren der Familie Rosenholz immer sehr wichtig."

„Ja, und nachdem Carlo sie nicht tolerieren konnte und als Zeitverschwendung betrachtete, kam es vor einem halben Jahr zur Scheidung."

„Sicher ist es besser für beide Partner, sich zu trennen, bevor man sich gegenseitig nicht mehr ausstehen kann."

„Das ist richtig. Wir sind gute Freunde geblieben und Carlo bot sofort an, mich nach Deutschland zu begleiten. Er hielt es für zu gefährlich, als Frau alleine durch die besetzten Gebiete zu fahren."

„Damit hat er auch völlig recht. Arbeitet ihr beide noch in derselben Klinik?"

„Bisher schon, aber ich will wechseln. Daher tauchte der Gedanke wieder auf, nach Amerika auszuwandern, um dort meine Ausbildung zur Fachärztin für Innere Medizin in Angriff zu nehmen. Cousin Aaron und Cousine Rachel schrieben, dass sie gute Kontakte in New York haben und mir den Weg ebnen können."

„Du scheinst schon zu allem entschlossen zu sein, da du bei deinen Verwandten bereits die Fühler ausgestreckt hast, nicht wahr?"

„Ja, ich glaube, dass ein Neubeginn in Amerika eine Chance für mich bedeutet, die ich wahrnehmen sollte. Die Bürgschaften und Einladungen werden Rachel und Aaron uns zuschicken. Unsere Einreisegenehmigungen in die USA kann ich in der Botschaft in Bern abholen, sobald ich Daniels Kinderausweis vorlege."

„Wie hast du den Reiseweg geplant? Mit dem Schiff?"

„Nein, nicht mit dem Schiff. Freunde in London haben mir geschrieben, dass der regelmäßige zivile Flugverkehr zwischen

London und New York Anfang November wieder aufgenommen wird. Also werde ich mich mit Daniel in einigen Wochen auf den Weg nach London machen, um vor dem Abflug ein paar Tage bei meinen Freunden zu verbringen." Ruth schwieg eine Weile und fügte hinzu: „Auch für Daniel bedeutet Amerika eine große Chance."

„Ich habe Daniel schon vor langer Zeit erklärt, dass er – so gerne wir ihn auch behalten würden – zurückmüsse zu seiner Familie und zur Religion seiner Vorfahren, um wirklich glücklich zu werden. Wir sind so froh, dass er seine Liebe zu dir neu entdeckt hat. Das wird ihm die Trennung vor allem von Rosalie erleichtern. Nur haben wir alle gedacht, dass wir uns gegenseitig gelegentlich besuchen könnten. Aber Amerika!" Mutter seufzte. „Wie bringe ich das nur Rosalie bei! Amerika!"

Ruth umarmte sie und sagte tröstend: „Auch von Deutschland aus wird man in nicht allzu ferner Zukunft nach Amerika reisen können. Wir sehen uns ganz gewiss wieder."

Seit Ruths Ankunft konnte ich verfolgen, wie die Geschwister täglich vertrauter wurden und wie sehr Daniel seine große Schwester verehrte. Sie führte ihn Schritt für Schritt wieder in ihren jüdischen Glauben ein und Daniel ließ sich willig leiten. Sie betete mit ihm täglich in seinem Zimmer und sie feierten den Sabbat zusammen nach alter Tradition.

Daniel wollte, dass wir den Sabbatausgang mitfeierten, wie wir es früher bei Familie Rosenholz manchmal taten. Statt der mehrdochtigen Hawdalakerze stellten wir mehrere Kerzen in die Mitte des Tisches und Daniel las über einem Glas Wein das traditionelle Abendgebet und den Segen der Woche vor. Diesmal durften Daniel und ich auch an dem Glas nippen, dann löschte Daniel mit dem Rest die Kerzen und wir wünschten uns „Gute Woche", Schawua tow!

Es tat sehr weh zuzusehen, wie Daniel sich aus unserer Familie langsam löste, aber ich war verständig genug, einzusehen, dass er in Ruths Welt gehörte, nicht in unsere. Dies würde unsere Freundschaft ebenso wenig beeinträchtigen wie früher, als wir durch die „Feenpforte" schleichen mussten, um zueinanderzukommen. Als Daniel mir erzählte, dass er mit Ruth nach Amerika auswandern sollte, wusste ich auch diesen Schlag zu verkraften. Ich wusste, er würde unter unserer Trennung genauso leiden wie ich, doch ich war mir sicher, dass wir uns eines Tages wiedersehen würden.

Frank brachte für die Reise der „Schweizer" nicht nur die Passierscheine für die US-Zone mit, sondern für Daniel auch die Einreisegenehmigung für die USA. „Da Daniel Deutscher ist, wird es einfacher für Sie sein, wenn er das Visum gleich mitbringt", sagte er.

Er stellte einen großen Karton voller Reiseproviant auf den Tisch, wie wir ihn nicht zur Verfügung gehabt hätten. Die Nahrungsmittel, wie Fleisch, Gemüse, Obst, Honig und sogar Brot, waren eingedost, sodass während der langen Reise nichts verderben konnte.

„Die gefüllten Benzinkanister stehen draußen vor der Tür", sagte er. Außerdem bot Frank an, die Nachricht über die glückliche Ankunft der Reisenden in Zürich an uns weiterzuleiten und unseren Briefwechsel über seine Adresse zu ermöglichen.

Ruth hatte noch eine wichtige Frage an Frank, die ihr auf der Seele lag: „Ist es Ihnen möglich herauszufinden, in welches KZ unsere Eltern damals gebracht wurden?"

„Das werde ich gerne für Sie erkunden lassen. Sobald ich Näheres weiß, gebe ich Ihnen Nachricht."

Am Abend vor der Abreise legte Mutter vor Ruth eine kleine Schachtel auf den Tisch. „Das gehört Daniel. Pass gut darauf auf!"

Ruth öffnete das Schächtelchen und wir alle hielten vor Überraschung den Atem an. Vor ihr lagen, in Watte gebettet, Daniels fünf Edelsteine. Rubin, Turmalin, Imperialtopas und zwei Brillanten leuchteten und blitzten unter der Tischlampe um die Wette. Mutter berichtete, wie raffiniert die Steine in Daniels Unterwäsche eingenäht waren.

„Und wie hast du die Edelsteine über den Krieg hinweg aufbewahrt?", fragte Ruth.

„Zunächst hatte ich sie in unseren Banksafe eingeschlossen", antwortete Mutter. „Als wir später nach Schnaittach zogen, nahm ich sie mit, denn ich hatte Sorge, dass die Bank bei einem Bombenangriff zerstört werden könnte. Ich nähte aus einem festen Stoff einen Gürtel mit kleinen Taschen auf der Innenseite, in die ich die Steine steckte, bevor ich die Taschen wieder zunähte. Den Gürtel trug ich bei jedem Umzug unter meinen Kleidern. Ansonsten diente Rosalies Klavier als Tresor."

„Das Klavier? Wie denn das?"

„Ich habe beim Klavierstimmer zugesehen, wie er den oberen Teil des Gehäuses auseinandernahm. Da kam mir der Gedanke, die Steine im Klavier zu verstecken. Ich habe jeden Stein einzeln mit Klebepflaster an den Innenseiten der Seitenwände befestigt. Für den Transport des Klaviers nach Schnaittach und zurück nach Nürnberg nahm ich die Steine vorübergehend heraus und bewahrte sie in meinem Gürtel auf."

Ruth schüttelte den Kopf, „Unglaublich, auf welche Ideen du kommst! Ich kann euch gar nicht genug dafür danken, was ihr für Daniel alles getan habt."

„Das ist eine Herzensangelegenheit! Da gibt es nichts zu danken."

Daniel fing an zu weinen. „Mutti", schluchzte er, „bist du mir böse, dass ich nun doch von euch weggehe?"

„Aber nein, Dani! Es war schön, dich eine Zeit lang als Sohn zu haben, aber ich freue mich, dass du deine Schwester wiedergefunden hast. Wir haben während der vergangenen Wochen gesehen, wie eng eure Verbindung über die vielen Jahre hinweg immer noch war und wie sie sich von Tag zu Tag noch mehr festigte. Du gehörst zu Ruth, Dani. Das verstehen wir doch."

„Bitte besucht uns bald, wenn wir in Amerika sind, ja?"

„Weißt du, das ist vorerst nicht so einfach. Wir werden noch eine Weile warten müssen, bis wir als Deutsche wieder reisen dürfen."

Mutter dachte nach und gab zu bedenken: „Außerdem dauert eine Schiffsreise zu lange. Ich müsste das Modeatelier für einige Wochen schließen, wodurch ich vermutlich viele Kundinnen verlieren würde. Wenn wir mit dem Flugzeug an einem Tag nach New York fliegen könnten und in einer Woche wieder zurück, wäre das kein Problem. Wir werden sehen, wie sich die Dinge hier entwickeln."

Am nächsten Tag ging alles sehr schnell – viel zu schnell. Nach dem Frühstück wurden die bereits gepackten Koffer im Auto verstaut und wir mussten Abschied nehmen. Es war ein sehr tränenreicher Abschied mit langen Umarmungen, denn ein Wiedersehen stand in weiter Ferne.

Nachdem alle Familienmitglieder an der Reihe waren, verabschiedete Daniel sich zum Schluss von mir. Er nahm mich fest in seine Arme. „Denkst du noch an unsere Feenpforte?", flüsterte er mir ins Ohr. „Weißt du noch, wie wir uns in unserem Baumhaus trafen? Wir haben doch immer Möglichkeiten gefunden, wie wir uns sehen konnten. Ich erinnere mich noch gut, wie du mich als Mädchen mit langen Zöpfen und Dirndl verkleidet hast, damit mich niemand erkennen konnte. Auch in Schnaittach mussten wir uns ständig vor Entdeckung in Acht nehmen. Aber jetzt gibt es keine Heimlichkeiten mehr. Sobald das erste Passagierschiff nach Amerika fährt, kommst du mich besuchen. Versprichst du's mir, Röschen?"

„Ach, Dani! Ich darf doch nicht alleine reisen. Ich kann dich erst besuchen, wenn ich ein wenig älter bin."

Daniel nickte. Er drückte mich noch fester an sich und küsste mich auf den Mund. Es war das erste Mal – ein sanfter, ein zärtlicher Kuss. Dann folgte er widerstrebend Ruths Rufen, und ohne mich aus den Augen zu lassen, ging er langsam rückwärts zum Wagen. Er kniete sich auf die hintere Sitzbank und lehnte seine Stirn an das Rückfenster.

Während das Auto gemächlich die Marienstraße hinabfuhr, blickten wir uns unentwegt an. Ich fühlte, dass Daniel denselben drückenden Schmerz in der Brust empfand wie ich. Es war der gleiche Gedanke, der uns quälte: Wann werden wir uns wiedersehen können?

33. Zukunftsträume

Als der Wagen am Ende der Straße im Tunnel verschwand, tat sich in mir eine schmerzliche Leere auf. Man hatte mich und meinen geliebten Freund getrennt. Niemand konnte mir sagen, ob für immer oder für unbestimmte Zeit. In unserem ganzen Leben waren wir nie länger als wenige Tage voneinander getrennt gewesen. Selbst während Daniels Diphtherie-Erkrankung waren kleine Botschaften von Haus zu Haus gegangen.

Ich schlug die Abdeckung der Klaviertastatur hoch und spielte „Die Wut über den verlorenen Groschen". Mit aller Kraft hieb ich in die Tasten, denn wie Beethoven, als er das Stück komponierte, war auch ich aufgewühlt und wütend. Nicht auf Ruth, die Daniel mit sich nahm, und nicht auf Daniel, der zu seinen Angehörigen und zu den Traditionen seiner Religion zurückkehrte. Meine Wut galt Hitler. Er hatte mir meinen lieben Vater genommen und Mutter ihren geliebten Mann entrissen. Hitler hatte diesen unheilvollen Krieg begonnen, weil ihm Deutschland nicht groß genug gewesen war. Und meine Wut galt Streicher. Er hatte meinem geliebten Freund die Eltern und meiner Familie lieb gewonnene Freunde genommen.

Männer wie Streicher, Goebbels und der NS-Ideologe Rosenberg hatten durch ihren fanatischen Antisemitismus unendliches Leid über die Juden und deren Freunde gebracht und durch ihren Hass Familien- und Freundschaftsbande zerstört. Hätte es keinen Hitler und keinen Streicher gegeben, würden die Rosenholzens und unsere Familie in aller Freundschaft und im schönsten Einvernehmen an der Uferpromenade leben. Daniel und ich würden weiterhin Freud und Leid miteinander teilen.

Wie sehr ich ihn schon jetzt vermisste! Ich spielte Beethovens Rondo wie in Trance unzählige Male hintereinander und meine Tränen tropften dabei unaufhörlich auf die Tasten.

Unversehens schoss mir ein Gedanke durch den Kopf: „Glückskind!"

Meine Hände glitten von den Tasten in meinen Schoß. Wie in so manchen früheren schwierigen Situationen meines Lebens erinnerte ich mich auch in diesem Moment plötzlich daran, wie Vater mir so oft versichert hatte, dass ich ein Glückskind sei, weil Gott mich an einem besonderen Feiertag auf die Welt kommen ließ.

Seine Worte klangen mir im Ohr: „Alles, was du dir fest vornimmst, kannst du auch schaffen! Dann wird sich mit Gottes Hilfe auch alles zum Guten wenden, Rosalie!"

Augenblicklich kehrten meine Zuversicht und mein Selbstvertrauen zurück. „Du kannst alles erreichen, was du dir wirklich wünschst", hatte Vater stets beteuert.

Ich wünschte mir nichts sehnlicher, als Daniel in New York zu besuchen.

„Arbeite daran, Rosalie!", pflegte Vater seinen aufmunternden Worten hinzuzufügen.

Und diesen Rat nahm ich mir zu Herzen. Ich wollte mir das Reisegeld verdienen, obwohl die gesamte Verwandtschaft Rosenholz uns allen angeboten hatte, die Reisekosten zu übernehmen.

In unserer Schneiderwerkstatt war meine Hilfe stets willkommen. Ich erhielt einen kleinen Lohn und nebenbei lehrte mich unsere Gesellin Klara, meine Kleider selbst zu nähen.

Als das Gymnasium eröffnet wurde und geregelter Unterricht begann, hatte ich das Glück, einigen Mitschülerinnen durch intensive Unterstützung zu besseren Noten verhelfen zu können. Deren Eltern steckten mir stets ein wenig Geld zu, das ich sorgfältig zu den Scheinen in meine Geldkassette legte. Sie füllte sich schneller, als ich erwartet hatte.

In spätestens fünf Jahren würde ich das Reisegeld angespart haben und erwachsen genug sein, um die Fahrt alleine zu unternehmen und einige Wochen in Amerika zu verbringen.

Meine Tage waren zielgerichtet ausgefüllt mit Lernen für die Schule, dem Musikstudium am Konservatorium und Arbeiten für die Reisekasse. An einigen Abenden der Woche widmete ich mich sportlichen Betätigungen. Nur gelegentlich nahm ich sonntags an Freizeitvergnügungen mit Schulfreundinnen teil, wenn sie mich dazu drängten. Ich hatte kaum Interesse an Ablenkungen; ich fieberte unentwegt dem Zeitpunkt entgegen, an dem ich Daniel, den engsten Gefährten und Vertrauten meiner Kindheit, wiedersehen durfte.

Immer, wenn ich die Augen schloss, hatte ich das Bild vor mir, wie er mich beim Abschied in die Arme nahm und zärtlich küsste und wie er mir ins Ohr flüsterte: „Du kommst mich bald besuchen! Versprichst du's mir, Röschen?"

Epilog

Sobald Daniel in Amerika war, konnten wir jede Woche mehrmals miteinander telefonieren, denn von den USA aus war dies günstiger und deutlich angenehmer, als sich schriftlich auszutauschen.

Nach fünf Jahren hatte ich tatsächlich das Reisegeld zusammen. Ich konnte aber trotzdem nicht reisen, denn ich hatte die Liebe meines Lebens kennengelernt – meinen Mann.

Dann bekam ich nacheinander die ersten zwei Kinder. Da ich eine liebe Mutter hatte, die den ältesten Sohn hütete, und eine liebe Tante, die auf den zweiten aufpasste, konnte ich mein Versprechen wahrmachen und Daniel in Amerika besuchen.

Durch meine Bindungen waren bis zu unserem Wiedersehen statt der geplanten fünf bereits zehn Jahre vergangen. Wir verstanden uns aber vom ersten Moment an, als hätte es nie eine Trennung gegeben. Daniel hatte eine reizende Verlobte und studierte Medizin wie sein Vater und seine Schwester.

Daniels Eltern Mirjam und David haben das Konzentrationslager nicht überlebt.

Auch von meinem Vater hörten wir leider nie mehr etwas.

Meine Mutter heiratete nicht Colonel Portman. Er ließ sich versetzen, als er einsah, dass sie ihn nicht nehmen würde. Sie heiratete nach etwa zehn Jahren einen deutschen Offizier, einen Oberst im diplomatischen Dienst.

Marianne J. Voelk

Die Autorin

Marianne J. Voelk – die Rosalie der Geschichte –, wurde 1933 in Nürnberg geboren. Mit sechs Jahren begann sie an einer Nürnberger Musikschule mit dem Unterricht in Klavier, Flöte, Akkordeon und Harmonielehre. Die letzten drei Kriegsjahre verbrachte sie als Schülerin in Markt Schnaittach. Aus der Ferne wurde sie Zeugin, wie ihre Heimatstadt bei einem Bombenangriff in Flammen aufging.

Nach Kriegsende kehrte sie nach Nürnberg zurück, besuchte das Gymnasium und bestand die Aufnahmeprüfung am Konservatorium. Siebzehnjährig verlobte sie sich noch zur Schulzeit und heiratete mit 18 Jahren einen jungen Nürnberger Spielzeugfabrikanten.

Als ihre vier Kinder selbstständig genug waren, holte sie das Abitur nach und studierte an der Nürnberger Dolmetscherschule Sprachen.

Anschließend leitete sie 17 Jahre lang eine eigene Privatschule, bevor sie sich der Naturheilkunde zuwandte und das Studium zur Gesundheitsberaterin GGB an der Dr.-Max-Otto-Bruker-Akademie absolvierte. Seither widmet sie sich der Gesundheitsberatung mit den Schwerpunkten Heilnahrung, Heilung durch bioaktive Pflanzenstoffe und weiteren Naturheilverfahren. Sie ist Fachbuchautorin für Gesundheits- und Ernährungsthemen. Ihre bisher 18 Bücher dazu erschienen vorwiegend bei den Verlagen Random House und Droemer Knaur, etwa „Schutz vor Killerviren" und „Ganzheitliche Pflanzentherapie".

Einige ihrer Bücher wurden mit Prädikaten ausgezeichnet, u. a. „Vom Deutschen Naturheilbund besonders empfohlen". Ein historisch-kulinarisches Werk „Das Nürnberger Knoblauchsland-Kochbuch" (ars vivendi verlag) und das Ratgeber-Kochbuch „Cup Soups for Mega Health" (Trias Verlag) erscheinen 2016.

Marianne J. Voelk lebt heute mit ihrem Mann in Franken.

Sie ist Mitglied der Gesellschaft für Christlich-Jüdische Zusammenarbeit in Franken e. V.